中国科学院规划教材

大学生入学教育教程

本书编写组

科学出版社

北京

内 容 简 介

怀揣着青春的梦进入大学之后，应该如何迅速地进入新的人生角色，如何坚实地走向人生的辉煌，这是每个大学新生和广大家长不能不思考的问题。本书由多位大学资深专家和相关工作者组成强大的作者阵容，站在制高点的位置，从最实用的角度出发，从 6 个层面提出 14 个问题，给大学新生以有力的扶助和支持。这些问题归纳起来，最核心的是以下四个方面：找到方向、设定目标、寻求方法、快乐健康与安全。

本书既可作为各层次高校新生的入学教育教材，也可供其他学生翻阅，亦可供学生家长阅读、参考。

图书在版编目 (CIP) 数据

大学生入学教育教程/本书编写组. —北京：科学出版社，2010.8
（中国科学院规划教材）
ISBN 978-7-03-028821-9

Ⅰ.①大… Ⅱ.①本… Ⅲ.①大学生-入学教育-高等院校-教材
Ⅳ.①G645.5

中国版本图书馆 CIP 数据核字（2010）第 169043 号

责任编辑：王剑虹 王 芳 / 责任校对：邹慧卿
责任印制：张克忠 / 封面设计：鑫联必升

科 学 出 版 社 出版
北京东黄城根北街 16 号
邮政编码：1000717
http://www.sciencep.com

北京市文林印务有限公司印刷
科学出版社发行 各地新华书店经销

*

2010 年 8 月第 一 版　开本：B5（720×1000）
2016 年 8 月第十次印刷　印张：12 1/2
字数：240 000

定价：19.80 元
（如有印装质量问题，我社负责调换）

引　言

很多刚入校的大学生在经历了短暂的新奇感之后，很快就陷入了迷茫和混沌之中，有的人开始感到莫名的失落，因为找不到方向和目标了。当然，也有人开始探寻出路。此时，他们最需要行家施以援手，给予最切实的指点。

翻开本书的时候，你就坐在了多位大学资深专家和相关工作者面前。为了取得更好的效果，本书的作者请你把自己进入大学之初的感触，以及迄今为止你有哪些困惑都好好地做一整理和归纳，其中最具有共性的问题已列在下面，请你在对应之处画勾：

1	你清楚大学与中小学的区别吗？	很清楚□	知道一点□	一点也不了解□	
2	你清楚所在大学有怎样的传统吗？	很清楚□	知道一点□	一点也不了解□	觉得没必要关心□
3	在上大学之前你就有下一步的目标吗？	有明确目标□	有模糊目标□	没有目标□	
4	你清楚人生目标的设定应该考虑哪些因素吗？	清楚□	不清楚□	从未考虑□	
5	你了解自己的专业吗？	很了解□	略有了解□	不了解□	
6	你清楚所学的专业对自己的人生有什么意义吗？	清楚□	不明白□		
7	你对学习有热情吗？	有□	没有□	无所谓□	
8	你清楚大学学习有什么特点吗？	清楚□	不清楚□		
9	你清楚大学阶段的心理发展有什么特点吗？	清楚□	略有所知□	不清楚□	
10	你对健康问题很了解吗？	基本了解□	不了解□	觉得没必要了解□	

11	你考虑过人身安全和财产安全等问题吗？	有过考虑□	从未考虑□	毫不关心□	
12	你考虑过求职的问题吗？	有过考虑□	从未考虑□	毫不关心□	
13	你了解与考研相关的事情吗？	知道□	略有所知□	不知道□	
14	你对出国留学有了解吗？	了解□	不了解□	不想了解□	

本书的专家为你总结了以下问题：

◆ 大学是怎样的地方？ 为什么人们要说大学是圆梦的地方？ 它能圆我们什么梦呢？ 本书第一章与你一起回答这个问题。

◆ 大学生活应该怎样度过？ 或者说，应该如何迅速进入大学生角色？ 大学可以如何为自己的未来定下调子？ 这是本书第二章要回答的问题。

◆ 大学与中小学大有区别，那么，在大学阶段，怎样才能学习好？ 大学生所要面临的考试也与过去大不相同，其中有什么规则？ 本书第三、四两章就这个话题展开讨论。

◆ 离开家长来到大学之后，"你"如何成为真正的独立个体？ 如何形成自己的独立人格？ 自己的情绪，可否自我识别、表达和管理？ 这些问题心理学专家在本书第五章与你专门探讨。

◆ 离开家长的呵护之后，身体的健康该如何把握呢？ 本书第六章是医学专家给你的提醒。

◆ 安全知识与人的安全感有直接的关系，怎样让自己更有安全感？ 本书第七章是大学安全保卫工作者的提醒。

◆ 当今对大学生就业的关注已进入全国人大、全国政协会议热议的范围了，对此，大学新生有必要关注并思考吗？ 本书第八章是从事招生就业工作的专家的观点，结合有关案例给出了具体的指导。

◆ 考研是很多大学生在大二以后选择的道路，本书认为大一新生应该早点了解这个问题，请在本书第九章听听行家的建议。

◆ 媒体早就有说："出国留学大众化时代已经到来。"对此，你有些好奇吗？ 请在本书第十章看看专家的指导。

目 录

第六篇　继续深造

第一篇 走进大学

大学是青年学子们心中的圣地、梦中的伊甸园，他们对大学的一切都充满了好奇和向往。

有人认为大学是一个培育和坚守人类精神的象牙塔，是那么纯洁、高贵而神圣，是人类梦寐以求的地方。

有人觉得大学是知识的殿堂，是大师云集的地方，在这里可以遨游在知识的海洋中，聆听智者的声音。

有人心目中的大学是培养高层次人才的摇篮，铸就人生的熔炉，从此可以塑造崭新、灿烂的人生。

有人说：大学是追求真理、创造知识、自由成长的场所，同时也是一个百家争鸣、各抒己见的地方。

虽然每位学子勾勒出的大学不尽相同，但他们都希望在大学吸取人类文明成果的精华，追求真理，放飞自己的理想，扬帆起航，去创造一片属于自己的美好天地。

从收到录取通知书、背起行囊、告别亲朋好友、远离熟悉的故土的那一刻起，你已开始踏上新的旅程。此刻的你也许心怀激动、兴奋、好奇，还有那么一点不安、紧张，带着复杂的心情进入神圣的象牙塔。

希望通过本篇的学习，能够帮助你逐步削减初次踏上这片土地的紧张与迷茫，摆脱不知所措，从而寻找到属于自己的大学生活轨迹，安排好大学时光，走好大学这条重要的转折路，使其成为心中一道美丽的风景线，留下美好的回忆。

第一章 认识大学

诺斯说历史是至关重要的，过去的选择可能影响你现在或者未来的决定。因此追根溯源，探索自大学产生起就具有的一些问题，是至关重要的。

◆什么是大学？

◆大学是怎么产生的？

◆大学具有什么功能、使命？

◆大学与成才有什么关系？

◆大学的学科与专业都包括哪些？

对于大学新生，有必要搞清这些问题，正确地理解和科学地认识大学是新生进入大学后适应大学生活的起点，也是大学生充分利用大学的资源、获取广博的知识、把握信仰和真理、扬起理想风帆的关键一步。

第一节　大学的起源与中国大学的变迁

一、大学起源于西欧

正如美国学者房龙所叙述："一个明智之士对自己说，我发现了一个伟大的真理，我必须把我的知识传授给别人。无论何时何地，只要能找到几个听他宣讲的人，他就开始把自己的智慧鼓吹一番……久而久之，某些年轻人开始按时来听这位伟大导师的智慧言词。"大学的前身就这样产生了。查阅《西方教育史》可知，早在古希腊、罗马时期，就已经有了高等教育，虽然当时的高等教育没有规范、固定的教育形式，接受高等教育的人也并不追求文凭，但是苏格拉底和柏拉图都曾建立学校，并以教师的身份授徒讲学，直接奠定了西方的数学、修辞学、哲学等学问的基础。也就是说，大学从最原始的阶段开始，就是人类智慧的摇篮。

作为现代意义上的大学，一般认为始于欧洲中世纪意大利北部的博洛尼亚大学，它诞生于 1088 年，是最早的一所大学，也是欧洲最古老、最著名的大学之一。这所大学是怎样形成的呢？博洛尼亚有一位叫格雷希恩的僧侣写了一本教会律法的书，开坛宣讲，吸引了许多人来听讲。这些听众为了保护自己不受地主、旅馆老板和房东的压迫，就组织了互助协会，也就是博洛尼亚大学。到了 12 世纪，博洛尼亚大学成为法律和宗教法规的中心。

意大利另一所古老的萨莱诺大学，也是因汇聚和传播知识的需要而产生的。公元 9 世纪时，意大利的萨莱诺有不少医生，吸引了众多学医的人。他们热衷于对医术、医学的持久交流，这种持久交流把很多有相同志向的人聚集起来，逐渐发展成一所大学。

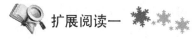 扩展阅读一

西方一些大学的形成

1222 年，博洛尼亚大学发生分裂，对该校很不满的教师和学生迁移至帕多瓦（Padua）办学，于是帕多瓦大学诞生了。在中世纪，西班牙、法国、德国和波兰等国家的许多大学，都是这样自发组织创办起来的。至于英国牛津大学则诞生于 1167 年，英国国王亨利二世与法国国王菲利普三世发生争吵，在盛怒之下召回了在法国的英国学者和学生，并且禁止他们到法国从事讲学和研究。这批人被召回后来到牛津，从事教学与研究，牛津大学就这样诞生了。1209 年，牛津大学的一些学者与当地居民发生冲突，部分学者逃到了剑桥，遂创办了剑桥大学。美国的哈佛大学是在 1636 年由移居美洲的英国清教徒仿效剑桥大学的模式建立起来的，因此始称剑桥学院。到 1639 年更名为哈佛学院，目的是为了永久纪念学校的创办人之一和办学经费的主要捐赠者——约翰·哈佛。

二、中国大学的变迁

中国在上古时期就非常注重教育，到西周时期，就有比较完备的教育体系，但能享受教育的仅为贵族。到了春秋时期，孔子开始兴办私学，进入孔门的弟子，甚至包括贫寒学子，如闵损和颜回。私学的兴起，直接催生了春秋战国时期"百家争鸣"的文化景象。那时的私学当然不能视为大学，却有了现代大学的部分重要功能，可作为现代大学的渊源来看待。

到了后世，朝廷兴办的"国子学"、"太学"，继续担当着培养高级人才的使命。与此同时，私人授徒、书院讲学也成为政府教育的重要补充形式。其中，宋、元、明时期的书院，更以活跃的方式，在思想文化的传播上产生了重要影响，可视为中国古代大学最为活跃、最具影响力的形式。

中国近代的大学，一类由教会创办，如 1888 年创办的私立岭南大学、20 世纪上半叶创立的燕京大学；另一类是在洋务运动和戊戌变法的背景下诞生的，当时人们的想法是学习西方先进科学技术，从而实现富国强兵的目的。为此，洋务派创立了一批新式学堂。其中，第一所具有大学雏形的学校是天津中西学堂，是盛宣怀任天津海关道时奏请，1895 年在津创建，这所学校于 1902 年更名为北洋

大学堂，后来演变成现今的天津大学。1898 年成立的京师大学堂是我国近代第一所国立大学，1912 年改名为北京大学。天津中西学堂和京师大学堂的创办，标志着我国近代高等教育的正式开端。

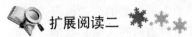 扩展阅读二

从中国大学的发展来看，实用主义过强，某种程度上抛弃了大学从事高深学问研究、培养精神的传统，诞生之初就是为实现富国强兵。抗日战争时期成立的抗大，更是侧重培养军事人才，为战争服务。现今，实用主义仍具有一定的市场，但我国大学办学应具有多样性，才能促进我国教育快速、健康地发展。

要想成为世界一流大学，就不要迫使大学成为追逐社会潮流的风向标，而应该有自己独特的精神和价值追求。也就是说，要与市场保持一定距离，不受利益和其他目的支配，从而恢复大学的宁静，使其成为真正追求真理、自由探索学问的地方。

第二节　大学的内涵、使命与功能

通过对大学发展的回顾，我们对大学也有了初步的了解，但要认识大学，还需继续探寻大学的内涵、使命及功能，把大学的实质了然于心，才能更好地享受大学生活。

一、大学的内涵

哈佛大学前副校长 A.L. 洛维尔曾说："大学的存在时间超过了任何形式的政府、传统、法律和科学思想，因为它们满足了人们永恒的需要。在人类的种种创造中，没有什么东西比大学更能经受得住漫长的吞没一切的时间历程的考验。"大学到底具有什么魅力，能够持久地发光呢？

自大学出现以来，人们就从未停止对"大学是什么"的追问和深思，中世纪的大学被称为人类文化史上的"智慧的花朵"。而从字面上来考察，大学应该有两层含义：一种是指"高深的学问与修养"，另一种是指实施高等教育的学校。

那么大学究竟是什么呢，在探索大学起源时，有人说，其根本动力在于大家交流的需要，而沟通需要讲和听，同时要有一个场所，于是大学就产生了。这种说法虽不全面，但也阐述出一定道理。大学某种程度上就是教师与学生的结合体，是在教师的引导下大家自由追求知识与真理的地方，这是大学的真谛。师生、学生之间，在一起无拘无束、自由、开放地探讨，发表自己的见解，有争执，有坚持，有怀疑，大家徜徉在知识的海洋与辩论的乐趣中，在沟通和互动的过程中一起进步与成长。

大学是座神圣的象牙塔，是大师云集的地方，一所大学能不能成为有名的学校，关键要看有多少优秀的高素质的教师，因为最吸引学生的是风雅、知识渊博、充满激情的教师。意大利博洛尼亚大学的格言："大家来学"。它的意思就是大学提供一个场所、一种环境、一套机构，以便大家交流思想、激励意志、启发创新，达到学习研究的目的。大学要提供一种舒适、幽雅、宁静及宽松的环境，成为教师和学生自由交流思想、研究学问的自由天地，从而创造新思想、新知识、新文化，挖掘学生的聪明才智和潜力，培养具有创新性、对知识和生命充满热情的人才。

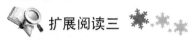 扩展阅读三

所谓大学者，非谓有大楼之谓也，有大师之谓也，一所大学之所以为大学，全在于有没有好教授。

——清华大学前校长梅贻琦

大学是一个推动探索，使各种发现得到不断完善和证实的地方，是使轻率鲁莽也变得无伤大雅，使错误通过思想与思想之间、知识与知识之间的碰撞暴露于众的地方。

——纽曼

大学的荣誉不在于它的校舍和人数，而在于它一代又一代的教师质量。一个学校要站得住，教师一定要出名。

——康南特

二、大学的使命：引导社会向前发展

耶鲁大学，属于世界最顶尖大学之列，连续几年在美国大学排名中位居第三位，紧跟普林斯顿大学与哈佛大学之后。它成立于 1701 年，现有学生总数为11 483 人，其中大学生（耶鲁学院）5316 人，研究生（文理研究生院）2522 人，专业学院学生（医学院、法学院、音乐学院等 11 个学院；均在大学毕业后进入）3552 人。它的使命是什么呢？该校在创立的时候就有一个建校使命：为国家和世界培养领袖。耶鲁大学是老布什、小布什和克林顿等美国总统的母校。迄今为止，培养了 530 名美国国会议员，还为墨西哥和德国培养过总统，为韩国培养过总理，为日本培养过外交部长等，很多一流大学杰出的校长也毕业于耶鲁大学。随后耶鲁大学又提出了它的基本使命：保护、传授、推进和丰富知识与文化。初看耶鲁大学的基本使命，似乎只是词语的堆砌，但是仔细品味，就能了解，假如使命只有"传授知识"，那么它就对美国近 4000 所大学与学院都适用；若加上"推进和丰富"，只有 3％的大学能够胜任；再加上"文化"两字，就只剩 1％；

至于能够涉及"保护知识和文化"的，只怕不足 3‰。耶鲁大学所拥有的世界最好的稀有图书馆正是承载着这样的使命，例如世界上有些孤本图书资料只有在这里才能找到。

早在 19 世纪初，牛津大学林肯学院院长爱德华·塔汉姆（Edward Tatham）就提出，大学是探索普遍学问的学府（a seat of universal learning），大学也是传播普遍知识的场所（a place of universal teaching），并认为传授普遍知识是大学的第一个也是最重要的职责。塔汉姆的这种理念在 19 世纪上半叶在牛津大学具有一定的代表性，纽曼的大学理念实际上是 19 世纪中期以前在牛津大学占主导地位的理念。

19 世纪中叶，以赫胥黎为代表的科学教育的旗手不满于牛津大学的自由教育传统，倡导大学实施科学教育，开展科学研究，对牛津大学的办学理念产生了不小的冲击。牛津大学在社会的压力下不得不进行一系列改革，加强了与社会发展的联系，扩大了教育内容的范围，增加了科学研究的职能。牛津大学在维持其基本办学理念的前提下，逐步实现了现代化。

2000 年，牛津大学将自己的使命陈述为："牛津大学的目标是：在教学和科研的每一个领域都达到和保持卓越；保持和发展作为一所世界一流大学的历史地位；通过科研成果和毕业生的技能而造福于国际社会、国家和地方。为了达到这一目标，大学致力于：适应知识界和社会各界发展的需要，与广大学术界、专业界、工业界和商业界建立密切联系，为教师从事创造性的研究提供设备和支持，以使牛津取得杰出的研究成果；建立教学与研究环境的富有成效的联系，促进具有挑战性的、有活力的教学，通过导师制和小组学习促进思想交流，充分利用大学图书馆、博物馆和科学收藏物资源，培养毕业生在全国和国际上的竞争能力；保持并充分利用各独立学院的优势，通过提供富于激励作用的、多学科的学术社区促进学生智力和人格的发展，通过提供高质量的支持服务，加强大学的学术生活；从英国和国际上吸引高素质的学生来牛津大学学习本科生、研究生和继续教育课程，积极拓宽招生渠道，吸收多样化背景的学生，并为牛津及更广大的地区提供更多和更加多样化的终身学习机会。"

从上面材料中可以发现，每个学校都有自己独特的使命，并随着时代的发展，不断赋予新的使命。耶鲁大学在创立之初就有一个建校使命：为国家和世界培养领袖。随后又提出了它的基本使命：保护、传授、推进和丰富知识与文化。牛津大学也从最初的传授知识到教学与科学研究并重，21 世纪，更是加入通过科研成果和毕业生的技能服务于社会的使命。那么，现代大学到底担负着怎样的使命呢？作者认为，应该是"引导社会向前发展"。在"引导社会向前发展"过程中，要"传启文化、培养人才"，要"科学研究、探索真理"，要"服务社会、引领社会"。

大学要传启文化，不只是传授给学生各种技能知识，更应该传承给学生完整的文明，尤其是精神文明。大学教育应该是以培智养德为核心的教育，只有坚持这样的教育理想，才能把普通人培养成具有自由、独立精神，追求真善美等完美人格的人。大学更需不断提高科研和创新能力，创造文化，丰富中国灿烂文化。在传承和创造文化的基础上，充分利用大学的优质资源为社会提供全方位的高水平服务，并以其新思想、新知识和新文化引导社会不断前进。

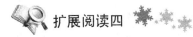 扩展阅读四

完成大学使命的基本要素

原清华大学校长梅贻琦早在 1931 年就说过："一个大学之所以为大学，全在于有没有好教授。孟子说'所谓故国者，非谓有乔木之谓也，有世臣之谓也'。我现在可以仿照说'所谓大学者，非谓有大楼之谓也，有大师之谓也'"。

梅贻琦讲这句话的背景是 1931 年清华大学的建设基本完成的情况下，学校已把重点放在引进大师上，而不是过多地关注房子。其实一所大学只有大楼与大师是不够的，英国诺丁汉大学校长杨福家认为还应有"大爱"。耶鲁大学校长 Richard C. Levin 从诺贝尔奖得主 James Tobin 的文章中引出了实现大学使命的基本要素：第一，要有有形资产（tangible assets）；第二，要有人力资源（human resourccs）；第三，要有文化内涵（internal culture）。有形资产不仅包括大楼，而且还有设备、图书等。同样，人力资源也不仅仅指大师，还有学生和管理人员，一所大学若没有优秀的学生，是成不了一流大学的。

三、大学的功能

大学主要有三大功能，即培养人才、科学研究和社会服务。这三大功能是相互联系、相互渗透的。这是从社会实践的角度分析得来的，也是经过历史沉淀和印证的最具生命力的大学功能。大学功能不是一成不变的，而是与时俱进、不断拓展的，其在不同的历史时期具有不同的侧重点，这与社会的需求和对大学的期望有关。这三大功能的基本内涵如下。

1. 培养人才是现代大学最基本的功能

培养人才是自大学产生之日起就具有的功能，无论大学怎么发展，这一功能永远不会消失，这是大学之所以成为大学，而有别于研究院和其他组织的最主要特点。大学教育的一切工作都要把培养人才作为出发点和落脚点。

知识经济的到来，需要大学改革教学方式，以适应时代的要求。在单纯的知识传授的基础上，让学生明白如何对待知识、运用知识和创造知识。大学不仅要教给学生学习的方法，培养他们的探究精神，更要培养他们理解复杂世界和他人不同想法的能力。

大学培养人才的功能是永恒的，尤其是在知识经济时代，要把大学当做知识创新体系的重要环节。因此，大学在注重培养学生具备一定的专业能力和综合素质的同时，要着力培养学生的创新精神和创新思维，增强学生的实践能力、创新能力，强调科学素养与人文素养的统一，使其成为有理想、有知识、有能力、有责任感的自由全面发展的人才。

2. 科学研究是现代大学的重要功能

教学和科研是大学的两项功能，其标志是 1810 年德国的柏林大学的成立及其在世界范围内的影响。1876 年，美国创办了约翰·霍普金斯大学，其开办伊始，校长丹尼尔·吉尔曼即宣布"研究生教育和高一级教育是大学最重要的使命"。大学发展至今，科研在其中的地位日益凸显，并逐渐成为大学最主要的职能之一。

大学是科学知识创新的重要场所，邓小平同志曾强调："高等学校，特别是重点高等学校，应当是科研的一个重要方面军，这一点要定下来。他们有这个能力，有这方面人才。事实上，高等学校过去也承担了不少科研任务……朝这个方向走，我们的科学事业的发展就快一点。"国外大学更是如此，美国 60％的基础研究、15％的应用研究是在大学中进行的。据资料统计，美国公司 1997 年在大学投入的资金达到 17 亿美元，是 20 年前的 7 倍，而大学对公司的回报绝不仅仅是投桃报李。同样是在 1997 年，大学发明的专利就给投资公司带来了 300 亿美元的销售额。

大学的科研成果也成为衡量大学办学水平和办学质量的主要标准，这更加重了各大学对科研的追求，但不应该仅仅按照市场的需求，把目光只盯在应用研究上，而对基础研究缺乏长远的眼光和思考，这会导致大学的科技竞争力不能完全满足社会经济发展的需求，从而制约经济的发展。

3. 服务社会是现代大学功能的延伸

大学的社会服务职能是继大学人才培养职能和科学研究职能之后的第三大功能。其中，尤以威斯康星大学最具代表性，其校长查尔斯·万和斯更明确地提出"服务应当成为大学的唯一理想"、"大学应当成为服务于本州全体人民的机构"。

如今，随着现代大学对国家、社会、政治、经济影响的不断扩大及联系的日益紧密，使得大学的社会服务职能更加凸显和重要，大学不仅是社会良知的灯塔，同时也是促进经济社会发展的发动机。大学应该融入社会中去，为经济建设和社会发展提供支持与服务，促进社会的发展。当代大学服务社会的范围可以说是遍及社会的各个领域，服务社会的内容也尤为广泛，加速了科学研究向现实应用转化的速度。

但有一种倾向值得引起注意，即社会的功利性过强、诱惑力过大，致使大学精神衰微，丧失了自己的独立品格和价值追求，成为社会的传声筒而失去了灵魂，这对社会发展有害无益。所以，大学应该与社会保持适当的距离，既要扎根社会，又要超越社会、引领社会，同时大学必须优化自身的资源配置，集中力量为其教学与科研的根本使命服务。

第三节　大学与人生成长

大学就像一个实验室，在这里，可以犯错误，可以失败，而且一切可以从头再来，成长比成功更重要。在这里，我们可以放飞梦想，展翅高飞。大学是人生中最美丽、最绚烂的时节，这个时期可以激扬文字，指点江山；可以踌躇满志，勇敢前进。

大学是学会思考、探究真理的场所；大学是人生的转折点，也是身心发展的特殊时期和个人成才的关键时期。学生在课堂上可以领略老师的风采，学到专业知识，让人更为惊叹的是老师独特的思考方式，以及大学课堂的轻松活跃，你可以向老师提问，哪怕是愚蠢的问题。爱因斯坦曾说过："我没有特别的才能，只不过是喜欢刨根问底罢了。"

在这里也可以对老师的观点提出质疑，与他辩论，智慧的火花就在碰撞中产生，从而体会思考的乐趣。一位刚进哈佛的新生曾对哈佛校长说："我一直在跟踪你的数据，你的数据有错误。"一个新生可以对校长说："你错了。"你也可以私下和老师交流，谈古论今，成为亲密的朋友。在这互动的过程中不断成长。

你现在是不是迫切地想在一群充满智慧与激情、学识渊博、风度翩翩的教师的引导下，享受学习知识、探索学问的乐趣呢？大学的学习资源非常丰富，拥有众多书籍和学术期刊的图书馆和电子阅览室等，还有各种讲座、报告、竞赛，帮助你掌握时代脉搏与学术前沿，拓宽知识面。只要你好好利用，一定能学到各种知识，以后也必然会收获成功的果实。

大学的生活更是多彩多姿。大学拥有形形色色的社团，可以参加自己感兴趣或者能提高自身能力的社团，它们为我们提供了很好的实践平台。在这里，你不仅可以发挥你的特长，还可以提高你的领导能力、沟通能力及合作能力，扩大你的交际圈，对以后的人生有很大的帮助。

有人问耶鲁大学校长："耶鲁为什么能为国家和世界培养那么多领袖呢？"耶鲁大学校长谦虚地说："所有后来成为总统的，都是在导师的指导下，在学院里组织的各种各样的社团中担任过领导职位的学生。"社会工作是同样重要的学习和锻炼，是重要的"第二课堂"！总统、领袖式的人物都是从这些组织中培养出来的。

大学是真正意义上的独立生活的开始。要学会照顾自己，安排自己的学习、生活。值得庆幸的是，有很多朋友的相伴。要说人间还有一片净土的话，那一定是大学，大学的友情是那么纯洁，是那么令人感动、难以忘怀。大学同学共同走过人生最美好的青春岁月，一起探讨理想与人生价值，一起面对追梦过程中的迷茫与不知所措，分享成长中的喜悦与失落。他们至情至性、激情飞扬、斗志昂扬，没什么可以打倒他们，因为他们年轻、自信，有重新来过的资本和勇气，可以去尝试人生的很多可能性。

在无数人向往的象牙塔中学习与生活，有一群志同道合的老师、朋友的陪伴，岂不是人生成长中的一大幸事。

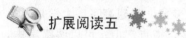扩展阅读五

再试一次

什么东西比石头还硬，或比水还软？然而软水却穿透了硬石，是坚持不懈而已。

有个年轻人去微软公司应聘，而该公司并没有刊登过招聘广告。见总经理疑惑不解，年轻人用不太娴熟的英语解释说自己是碰巧路过这里，就贸然进来了。总经理感觉很新鲜，破例让他一试。面试的结果出人意料，年轻人表现糟糕。他对总经理的解释是事先没有准备，总经理以为他不过是找个托词下台阶，就随口应道："等你准备好了再来试吧。"

一周后，年轻人再次走进微软公司的大门，这次他依然没有成功。但比起第一次，他的表现要好得多。而总经理给他的回答仍然同上次一样："等你准备好了再来试。"就这样，这个青年先后5次踏进微软公司大门，最终被公司录用，成为公司的重点培养对象。

提示：也许，我们的人生旅途上沼泽遍布，荆棘丛生；也许我们追求的风景总是山重水复，不见柳暗花明；也许，我们前行的步履总是沉重、蹒跚；也许，我们需要在黑暗中摸索很长时间，才能找寻到光明；也许，我们虔诚的信念会被世俗的尘雾缠绕，而不能自由翱翔；也许，我们高贵的灵魂暂时在现实中找不到寄放的净土……那么，我们为什么不可以以勇敢者的气魄，坚定而自信地对自己说一声"再试一次"！

再试一次，你就有可能达到成功的彼岸！

第四节　大学的学科与专业

很多新生从收到录取通知书的那一刻起，就对大学充满向往，迫切想知道有关自己学科与专业的情况，我们对此作个简要的介绍。

一、学科的介绍

我国教育界的研究者通常从三层含义上定义学科：一是学问的分支；二是教学的科目；三是学术的组织。不论如何界定，学科是知识或学问总体中的一种划分或一个部门，即知识的门类、学问的分支。

一般认为，科学研究发展到成熟而成为一个独立的学科的标志是：独立的研究内容、成熟的研究方法、规范的学科体制。

国家 1997 年颁布了《授予博士、硕士学位和培养研究生的学科、专业目录》，分为哲学、经济学、法学、教育学、文学、历史学、理学、工学、农学、医学、军事学和管理学 12 大门类，每大门类下设若干一级学科，如理学门类下设数学、物理、化学等 12 个一级学科。每个一级学科又根据实际学科的内涵分为若干二级学科（或称专业），如数学下设基础数学、计算数学等 5 个二级学科。"学科门类"是学科专业目录中的第一个层次，决定了授予学位的名称。《中国图书馆图书分类法》将知识门类分为：马克思主义、列宁主义、毛泽东思想，哲学，社会科学，自然科学，综合性图书五大部类。我国第一个学科分类的国家标准是 1992 年国家技术监督局发布的《中国国家标准：学科分类与代码》，该标准以学科的研究对象、研究特征、研究方法、学科派生来源及研究目的为依据，将所有的学科分为自然科学、农业科学、医药科学、工程与技术科学、人文与社会科学 5 大门类，下设 58 个一级学科，635 个二级学科，2058 个三级学科。

学科水平成为衡量高等学校办学水平的标志，人们往往用高校学科水平衡量该校在社会上的地位和办学水平。

二、专业的介绍

目前高校主要按专业进行招生和培养，专业教育是高等教育的基本特征。专业的设置主要是根据社会的需要及人的能力。随着市场的日益专业化以及学科知识的分化，需要更多在某一领域具有较高素质的专业人才，而人的精力和能力是有限的，不可能都成为通才，何况在一个领域取得丰硕的成果实属不易。因此作为培养并向社会输送合格人才的大学，只有按专业进行招生和培养，才符合市场和社会发展规律。

三、专业的选择

中国地质大学的小萌是一个典型的案例。2003 年考入中国地质大学石油工程专业的他因为不喜欢自己的专业，大学四年里经常逃课，后来更是迷上了网络游戏，成绩一路红灯。由于"挂科"太多，无法按期毕业，2007 年当其他同学找到理想工作或者继续读研的时候，他不得不开始了自己的"大五"生活。

"学这个完全是被迫的选择，我自己一点儿也不喜欢"。小萌坦言他对现在的专业毫无兴趣。"我的父母都是石油系统的职工，他们认为这个行业收入稳定，前景也不错，因此希望我以后也能从事这一行。其实那时候我本来想报考计算机，但他们觉得那个学的人太多了，也没什么保证"。拧不过父母，小萌最后还是选择了父母为自己选定的未来。但如今已是"大五"的他，依然对自己的专业提不起兴趣。"每天面对着枯燥无味的各类流体力学、油藏工程、钻井工程，我感觉很烦躁，压力也很大，常常向父母抱怨"。他说原本以为适应一年，自己会慢慢喜欢上这个专业，既然选择了，还是要对自己负责任。但实际上即使到现在，他依然没有一点学习的热情。未来的路该怎么走，小萌依然很迷茫。

这只是一个具有普遍性的个案，从中我们可以很清楚地看出，小萌选择石油专业，是由于其爸妈的缘故。很多学生面对专业的选择时，也有过像小萌同学这样的困惑，当初选的时候或存在很大的盲目性、随意性，或只选热门专业，或者由爸妈大包大揽。其实专业的选择是根据各种因素综合考虑而决定的。

专业选择前要考虑清楚以下几个问题：

◆我喜欢做什么？

◆我做什么更出色？

◆社会需要什么？

◆我更看重学校还是专业？

◆我的分数够吗？

专业的选择主要是根据分数、兴趣、特长及社会的需要。那么，在我们已经进入大学，并且对自己的专业不了解、不喜欢，甚至对它产生了厌恶的情绪时，你可以考虑转专业，现在很多学校在进校或者一两年后还可以重新选择专业，只是各高校、各专业处理措施不同。你可以根据学校的相关规定、政策做准备，选择自己真正喜欢并适合自己的专业。

四、专业的学习

专业的学习对于学生而言是十分重要的，因为它主要培养学习能力、思考能力，你不仅可以掌握专业知识，还可以提高综合素质，这对以后的事业发展有很大的帮助。况且，学校一般都开设了选修课，你可以根据你自己的兴趣等去选择。

在充分安排好自己的专业学习时间后，只要有精力，同样也可以去辅修第二专业，现在很多学校都有这个政策，你可以自愿选择学校的跨学科专业或课程。毕业时，你就可以成为"双专业"毕业生，当前这种复合型人才很受企业欢迎。无疑，提高了自己择业的竞争力。

扩展阅读六 ❋ ❋ ❋

摩托罗拉的素质要求

摩托罗拉在招聘时非常注重应聘者的素质之一是"发展意识"，看应聘者有没有发展意识，既要发展自己，同时也必须发展别人。因为员工在摩托罗拉发展到某一阶段，就有发展别人的义务。

摩托罗拉在招聘时从应聘者以往的工作经验来看他在这方面的素质。应届毕业生则看他的社会活动，看他愿不愿意学习，从书本还是实践中学习，了解他的团队精神，以及这个人是否能适应变化和正确地看待这个变化。

摩托罗拉在天津的生产厂主要招聘技术员和操作工，人力资源部根据工厂需要的工作岗位出考题，通过笔试来录用人。通过考试，摩托罗拉已经录用了上万人。摩托罗拉有标准的试题库，每次考试的试题都不一样。通过对招聘进来的员工的考核，摩托罗拉觉得考试成绩非常准确地反映了应聘者的工作能力。

青睐大学应届毕业生

没有哪个外企像摩托罗拉这样喜欢应届大学毕业生，在高峰期，摩托罗拉招聘的应届大学生占总招聘人数的 50%。摩托罗拉认为，从长远来看，应届大学生是生力军，他们会有很多长处。个人的创新能力和可塑性都比较强。摩托罗拉并不会特别关注你学的是什么专业，获得了什么学历，从什么学校毕业等，关键在于你本身的能力，看你自身的能力和素质能不能在这个企业生存。这几年摩托罗拉招聘的应届毕业生只占总招聘人数的 10%～20%，主要原因是应届大学生流失严重，有很多毕业生工作几年后想出国。摩托罗拉为了留住他们，准备将海外的 MBA 课程移到中国来。摩托罗拉有时候"定向"培养大学生，在他们处于大三大四还未毕业时就和他们联系，希望他们能够关注摩托罗拉，毕业后加入摩托罗拉。摩托罗拉虽然用应届大学生的比例有所下降，但是长远的目标还是 50%。

总结多年来的招聘经验，摩托罗拉对应届大学生提出了一些建议：在求职的时候大学生首先要知道自己能在这个企业中要求什么样的职位，而不仅仅是我想做什么。因为很多时候不可能说你想做什么就一定有什么样的职位，还得配合公司的情况；其次是要会学习，一旦加入这个群体，要能以最快的时间去适应环境，与这个企业的文化相融合。

第二章 适应大学

　　小邦多少年来为能考入一所理想的大学而寒窗苦读，当他迈进大学门槛的时候，心中的兴奋和激动是难以表述的。上大学是他自幼的夙愿，如今终于如愿以偿。但"入学教育"结束，正常的学习生活开始之后，他心中却泛起了一丝莫名的失落感，觉得大学生活与他原来的想象有很大的差距，它是那样的平淡无奇，甚至有些枯燥乏味，老师的教学方法和中学明显不同，集体宿舍的生活和过去的家庭生活大不一样，各方面都使他感到很不适应。他开始彷徨，不知该怎样度过这四年的大学生活？这一切使他的情绪变得低沉起来，不知道大学生活该怎样起步？

　　这是很多大学新生会面临的处境，那么我们的大学应该怎么读呢？我们要怎样来尽快适应大学生活呢？在这几年大学生活中我们要学会什么呢？怎样为将来能找到理想的职业而做好准备呢？这就是我接下来要为大家讲述的内容。

第一节 大学生活的适应与角色调整

　　金秋之初，伴随着高考的喜悦，新入学的大学生怀着激动、期盼的心情走进神圣的大学殿堂，准备开始美好的大学生活。跨入大学后，大学新生扮演的社会角色、所处的生活环境及其学习特点、面对的人际关系等都发生了很大的变化：生活相对独立、学习自主自立、管理模式新颖、人际交往频繁。这一转折点"过渡"的好坏，将直接影响其整个大学阶段以至一生的成长。

一、角色转变

　　面对新的环境和新的角色，大学新生容易产生一些不适应：

　　其一，学习上不适应。过去已经习惯于"填鸭式"教学，而不适应自主性"启发式"教学；习惯于小班而不适应于大班听课；习惯于接受"少而细"，而不适应于"多而精"；习惯于"教师安排"，不适应于自主安排，不知如何利用和有效管理好业余时间；习惯于别人帮其确定目标，而不是自己去进行大学生涯规划。

　　其二，生活上不适应，例如：起居上不适应、生活自理上不适应、生活环境上不适应。同学们刚刚离开原来的生活轨道，会感到环境的骤变，学会生活上自理，是紧迫而现实的任务。有人说，当代大学生是"被抱大的一代"，如果仅从生活自理能力而言，似乎并非完全失实。中、小学时期，作为家庭"重点保护"的对象，享受了别人给予生活照料的待遇。其结果，使部分同学不但缺乏劳动习惯、生活常识，而且缺乏生活自理能力。近年来，不少新生入校时由家长陪送，代办各项报到手续，帮助安顿行李，整理床铺，安排诸多生活琐事。在日常生活中，有的同学不会洗衣服，不会购置衣物，不会照料自己；有的同学生活懒散，不修边幅，宿舍和个人卫生脏、乱、差。不管家长放心也罢，不放心也罢，对自己子女生活上的照料毕竟已经鞭长莫及了，具有自理特点的新生活已展现在每一个大学生的面前。

其三，人际交往上不适应。虽然大学阶段的人际关系比较单纯，但相对于中学阶段而言，却发生了一些变化。一方面，由于彼此陌生，互不了解，交往中的自我保护意识较强，彼此交往比较谨慎，情感得不到充分的表达。特别是那些常常习惯于以"自我为中心"的独生女子，面对来自全国各地，兴趣爱好各异，性格、习惯有别的同学一道学习，甚至是同居一室的现实，一时间感到束手无策。另一方面，大学人际关系以多种形式出现，如：老乡关系、师生关系、新老生之间的关系、恋人关系等，需要从原来的依赖性向独立性转变，需要每一个大学生以平等独立的人格进行交往。而面对新的生活环境和人际关系，有些大学生可能产生一些不良心理状况，如自卑感、放松感、焦虑感、失落感等。

因此，大学生的第一课应该是正确认识和努力实现自己的角色转换。即从中学阶段的尖子生到大学阶段普通生的角色转变、从中学时期的学生干部到大学阶段一般学生的转变、从"未成年人"到"社会人"的角色转变，既要看到自身的能力、特长、兴趣和爱好等优点，树立信心，又要给自己正确定位，还要培养自己的社会责任感。

第一，要调整心态，正确认识自己。进入大学后，由于人才济济，一方面在中学当"尖子"时的优越感消失了，老师不会向自己多点两下头，同学也不再围着自己转，一个"优秀"的人竟变得"平庸"了，对这样的变化，他们一时难以接受。另一方面通过自己的一番努力后，觉得理想与现实距离很大，要想名列前茅，并非容易之事，于是产生消极悲观的情绪。我们就需要正确地评价自我，接纳自我，要客观地认识自身的条件，包括兴趣爱好、健康状况、能力特点等，从而认识自己的优缺点和特长，使自己能正确地评价自我、接纳自我。因此，新生应以平和的心态，面对现实，树立自信，发挥自身优势，争取出类拔萃，再创辉煌。

第二，要树立明确的生活目标和学习的努力方向。没有生活的目标和努力的方向，使许多新生倍感茫然。在中学时，大学是黑暗中的一盏灯。一进大学天就亮了，不知道该往哪儿走。有的新生把大学当做休整、放松、享受的"乐园"，认为高中吃了"苦中苦"，进入大学应该尽享"甜上甜"，要尽情地放松一下，有的胸无大志，上课迟到、睡懒觉，作业抄袭，专业学习不放在心上，临到考试搞突击，甚至有的在考试中作弊；还有一些新生对大学学习的终极目标不明确，学到什么程度才算学好了呢？没有可行的、现实的、明确的目标是一些新生感到茫然的最主要原因，出现了"学习动力危机"。其实，每一个新生都知道：将来的就业是"双向选择"，将来要找到一份理想的工作，要在事业上干出一番成就，就要从眼下开始努力。"九层之台，起于垒土。"大学和高中相比，是在高中的起点上的新一轮竞争，竞争从进校的第一天就已经开始了，否则你在"休息"过后会追悔莫及。

第三，积极参加班团组织的活动。班团组织的活动，一般由具有共同的组织目标和有凝聚力的一群学生在一起活动，可以促进同一组织的学生共同成长、进步和发展，增强同学之间的交流，同学相互之间也容易在活动中建立友谊。

第四，主动和学长（姐）交流。新生可以在学长学姐那里了解到关于入学适应、大学学习、生活的许多间接经验，让自己更多、更快地了解大学校园生活，尽快消除对大学校园的陌生感，缩短自己对大学生活的适应期。不过一定要向积极向上的学长学姐学习，抵制消极、落后思想的影响，迈出成功大学生活的第一步。

第五，学会自立自律，完成生活模式的转变。大学生活提倡的是"自主、自立、自律"，这就要求新生从中学时期依靠父母向大学阶段的独立生活转变，合理安排好个人的学习与生活，注重培养自主学习能力。高校每年都有一定数量的大学生被退学处理，究其原因，大多是因自制力差，平时爱玩，放松了自己，或不能自拔，因此，大学新生尤其要注意在信息社会、网络时代，要很好地利用网络但不迷恋于网络。

第六，调整学习的方式。在大学里，更强调学习思考方法，培养举一反三的能力，培养自学能力。因此，新生应充分利用好自习时间，充分利用好图书馆和互联网，培养独立学习和研究的本领。有的学生由于缺乏自我约束能力而使自己的学习、生活陷入盲目、无序状态，如有的晚上看小说到深夜，白天上课昏昏欲睡；有的早上睡懒觉，甚至干脆逃课；有的上网入迷，甚至几天几夜沉迷于网络游戏中不能自拔，严重影响了身心健康和学习成绩。有的学生因此由中学时的优秀生而变为大学中的差生，甚至被学校淘汰的教训也是有的。因此，首先要转变对学习的观念，变"要我学"为"我要学"，让自己主动学习。

二、如何适应大学生活

第一，适应语言环境。在大学新生的群体中，大家都来自五湖四海，许多新生的普通话水平不高，这样不仅会影响到他（她）的人际交往，更重要的是交往的障碍将对其自尊心和自信心产生负面影响，进而影响到学习、生活的方方面面。因此，大学新生首先应该适应语言环境，提高自己的普通话水平。不要因为怕出错，怕别人笑话而减少开口说话的机会，否则几年的大学生活下来，仍然是一口家乡话。多和其他同学交流，发现自己的不足，进而改正自己发音不标准的字词，也可以结伴练习普通话，互相纠正，互相促进、提高。除此之外，为了方便出门办事或上街买东西，我们尽量要让自己熟悉当地的方言，如果会说当地的方言，交流起来更方便，也能避免可能会发生的"欺生"现象。

第二，适应新的校园环境。要尽快熟悉校园的"地形"。有的新生入校后一安排好行李，马上就到校园的各处熟悉情况。例如，了解教室、图书馆、商店、电话亭在什么地方，食堂什么时候开饭，都在短时间内了解清楚。这样，在办理各种手续、解决各种问题的时候就会比别人更顺利、更节省时间。与此相反的是，一些大学新生在陌生的环境中显得非常拘谨，生怕走远一点儿就会迷路，又不好意思开口向别人寻求帮助，最后不得不尽量少走动、少说话，实在迫不得已就跟在别人的后面。

第三，培养生活自理能力。对于大一新生来说，上大学可能是他们第一次离家，第一次开始独立生活，第一次开始住宿生活。因此，培养生活自理能力是大学生活的重要一课。上大学后，生活环境有了很大的变化，没有了父母、长辈的悉心照料，许多事情要靠自己处理，可以说，真正的独立生活开始了。独立的大学生活，不仅仅意味着独自面对吃穿住用行，也意味着你开始独立的规划并创造自己的人生，很多事情你要开始独立地思考和解决。

刚入大学的新生，首先应学会日常生活的打理。要学会准时起床、运动，学会自己料理床铺、收拾房间，学会自己洗衣服，学会自己照料自己……在学习的过程中，如果能够和同学进行交流就更好了，因为同学间的互相影响和互相学习能够在一定程度上促进生活自理能力的提高。

独立生活的另外一个重要方面是对钱财的管理。由于家长一般每月或每几个月给一次生活费，大学生就要自己独立计划如何进行消费。计划不当甚至没有计划的学生常常在最初的时间里大手大脚，把后面的伙食费提前花掉。因此，大学新生要学会"理财"，要注意考虑：在生活中，哪些开支是必需的，哪些开支是完全不必要的，哪些是可有可无的。钱要花在刀刃上，要避免完全不必要的消费，可花可不花的尽量少花。

第四，调整心态。大学生进入学校后，会因为离开家乡、离开亲人而出现心理上的不适应，产生孤独感，使思家的情绪变重。为了尽快适应大学学习生活，新生应积极调整心态，对自己要有一个再认识：不因远离父母不适应新环境而产生孤独感；不因在中学时的优势消失而产生失落感；不因对学校管理制度不适应而产生压抑感。目前，大学里基本上都有心理咨询机构，可多去参加有关的健康讲座和心理咨询等活动，帮助自己尽快适应新的学习生活。

大学对新生本身就是一种考验和锻炼，只要大家有坚强的意志和积极向上的态度，满腔热情地投入到新的集体中，那么，你的大学生活就一定是丰富多彩的！

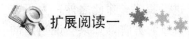
扩展阅读一

大学生活应如何规划

大学生活规划应从大一做起，大学时期是毕业起跑的助跑期。只有做好了规划，才能坦然地面对大学四年和未来的生活。

一、大学生活规划的必要性

所谓"大学生活规划"，是指学生个人结合自身实际情况和大学环境等因素，为自己确立大学在校四年的学习、生活以及择业、就业的计划和打算。它是人生规划的一部分。大学四年是一个人的人生观、价值观、世界观形成的时期，是大学生精神成人的时期，尽早做好规划，其重要性和必要性不言而喻。而且面对严峻的就业压力，作为大学生活规划重要组成部分的职业生涯规划也显得越来越重要。

据有关调查，很多大学生对自己的发展规划并不明确，不能运用有关理论规划未来的工作与人生，这种情况严重影响了学生的提前准备和准确定位，甚至影响将来的生活和对社会的适应性。而且，不少用人单位认为，大学生的社会实践少，实际解决问题的能力弱，只学到书本知识而没有掌握学习方法，缺乏团队精神、人际沟通能力和自我认识。而且相当多的大学生没有注重有计划地在大学生活中培养自己真正有发展潜力的素质。所以，大学生活规划是必要的，而且要从大一开始做。

二、大学生活规划的内容

大学生活是丰富多彩的，每个人的大学生活都会不尽相同，这里提到的只是一些基本的内容：①政治上的追求。关注政治，关注社会，有兴趣的可以参加有关理论研究会。②学习上的合理安排。不要局限于课堂，加深对爱好学科的学习，参加与之相关的学科竞赛。有能力的还可以多拿证书。家境不太好的同学更要争取拿奖学金，学有余力的可以辅修第二专业。③人际交往方面。要多与同学交流，提高自己的人际沟通能力。④身体素质的提高。身体素质是生活和工作的基本保障。大学期间尤其要注意身体的锻炼。⑤心理素质的训练。⑥社会活动。包括社会实践活动、演讲比赛、征文活动、辩论赛、知识竞赛、各类球赛、文艺晚会，以及加入学生社团、竞选学生干部等。⑦职业生涯设计（创业设计）。它是大学生活设计的重要内容。

三、大学生活规划的步骤

（1）熟悉环境，适应大学生活。应特别注意的是大一新生的心理调试问题。心理素质是走向成功的关键。不少新同学由于心理准备不足，或高中时期的心理问题没有得到及时调整，而导致不能适应新环境、人际交往能力差、过分自卑和不够自信。怎样才能让大家尽快适应新环境，走出迷惘和困惑呢？我们认为，除了做好充分的学习准备以外，还要摆正心态，进行自我评估、正确定位，努力培养自立、自理能力，学会把握自己。

（2）按照大学生活的规律确定长短期目标，制订行动计划和内容。大一应注重对大学的认识以及未来职业的设想，大二着重基本能力的培养，大三着重职业定向考虑，大四着重择业或考研等。当然学习一直应该为最主要的。

（3）根据行动计划选择方式和途径。每个人因长期目标不同而有差异，但一般要经历四个时期：适应期、确定期、冲刺期、毕业期。一年级要尽快了解本专业，特别是自己未来所想从事的或自己所学专业对口的职业，提高人际沟通能力。二年级为确定期，应考虑清楚未来是否深造或就业，以提高自身的基本素质为主，踊跃参加学生会或社团等组织，可以开始尝试兼职、社会实践活动，并开始有选择地辅修其他专业的知识充实自己。三年级为冲刺期，临近毕业，目标应锁定在择业或考研上。参加和专业有关的暑期工作，和同学交流求职工作心得体会，学习写简历、求职信，了解搜集工作信息的渠道，并积极尝试。希望出国留学的学生，可注意留学考试资讯等。四年级为毕业期，大部分学生的目标应该锁定在择业上。这时，可先对前三年的准备做一个总结，尽可能地在准备比较充分的情况下施展演练。

四、大学生活规划的注意事项

为了不影响规划的效果，大学生在规划自己的大学生活时，特别要注意以下几个问题：

（1）不要将职业生涯规划等同于大学生活规划。职业生涯规划是大学生活规划的重要部分，但它不能代替大学生活规划。

（2）切忌急功近利。目标要出于自己的意愿，不可急于准备考研或找工作，而应该注意提高自身综合素质、适应社会的能力及交际能力。

（3）做好充分准备。大学生往往在时间、实力和经验方面准备不足。所以要注意文化知识的学习和学习方法的掌握，加强对社会的认识、资料的收集、能力的提高、经验的积累以及团队精神、合作意识、人际沟通能力等的训练。

第二节　大学成长目标的确立

一、确立正确的人生价值观

一个人怎样与人相处，怎么生活，如何面对自我，如何处理各种事务，总而言之，这个人的成长道路、发展前景，往往与别人不同。这些不同，多由人生价值观所决定。

价值观是什么？就是每个人在面临各种人生选择时的态度、立场和原则，或者是每个人判断是与非、好与坏、高与低、善与恶等的理念。简而言之，价值观就是人的生活信条。譬如，张三不管到什么环境，不管碰上什么人，认识的还是从未谋面的，总能通过几句话，就和人熟悉起来了。而与他很要好的李四，却只跟很好的朋友谈话，出门遇到陌生人，一般都默默无言。这不仅是性格差异导致的，还往往与他们各自的价值观有关系。因为张三认为，与人说话，不仅能让自己消除寂寞，在生活中显得很快乐，而且在与人交往中，可以增长很多见闻，况且朋友多总是好事。而李四则认为，朋友是缘分，所以，他与人交往总是相信"随缘"二字。另外，李四还认为，自己是否有真本领才最关键，所以，他并不主动结交朋友，他更相信自己个人的努力。这就说明，在交友时一个人主动与否，这往往受到他价值观的制约。其他的事，也是如此。

再譬如，"希腊七贤"之一，希腊第一位哲学家，西方最早的哲学学派——爱奥尼亚学派的创始人泰勒斯，在西方思想史上有"科学和哲学之祖"的美誉。18 世纪德国哲学家黑格尔说，一个民族如果只是关心眼下，只在乎脚下的事情，这个民族是没有未来的。只有当一个民族有一批关注天空的人，这个民族才有希望。黑格尔的话就是因泰勒斯而发。据说，泰勒斯一天晚上行走在旷野上，抬头望着满天星斗，然后预言第二天会下雨。此时，他走到了一个池塘前，当他作出预言时，正好掉进池塘里。仆人把他救起来后，嘲笑他说："您连脚下面的路都没观察好，就仰望天穹？"后来，这被人当做关于哲学家的经典笑话，人们都说：哲学家是知道天上的事情却不知道脚下，不懂现实人间的人。而其实，正是因为泰勒斯对天空有浓厚兴趣，因为他认为参透"天上的奥妙"比处理眼前生活琐事重要得多，也就是说因为他有这样的价值观，他才将整个生命都交付给了天文学、数学和哲学，并最终成为西方科学和哲学的第一位巨人。

人在不自觉的时候，在社会环境的影响之下逐渐确立起来的价值观，我们称之为社会价值观。譬如，战国以来，儒家的经典有"三纲领"、"八条目"，三纲领的核心在于强调道德的完善，八条目为格物、致知、诚意、正心、修身、齐家、治国、平天下，这些思想逐渐为后代读书人崇奉，成为中国古代最为持久、经典的价值理想和人生信条。在此影响下，北宋的范仲淹提出了士大夫"先天下之忧而忧，后天下之乐而乐"的精神原则，张载则提出了"为天地立心，为生民立命，为往圣继绝学，为万世开太平"的崇高理想。另一方面，古代的女性教育中，"女子无才便是德"很流行，在这种社会价值观的影响之下，包括一些富家女子在内的古代大多数女性都基本不读书。而在 20 世纪 80 年代末 90 年代初，"读书无用论"也甚嚣尘上，一时间，高校学生，甚至包括很多科研人员、高校教师，都纷纷经商"下海"。虽然其中不乏转型成功的案例，但不可否认，这股风潮，对刚刚起步的教育和科技是一大重挫。

可见，社会价值观对个人价值观是有重要影响的，很多人从未理会自己应树立什么样的价值观，但在社会的各种影响下，他们也会在被动状态下逐渐形成自己的价值观。然而，如上所说，被动地从社会环境中形成的价值观，对个人的成长与进步而言，往往是负面的影响过大。一个人要进步，要成功，就应该对流行的大众价值观有所警惕，在时尚面前保持必要的清醒，流行的理念有其道理，但未必可取。谢道韫在大雪纷飞之时，能联想起"柳絮因风起"这样的意象，必定是因为爱读书，在心中挑战了"女子无才便是德"的传统价值观。当今科研机构和高校的中坚力量，那些独占鳌头的知识英雄，当然也是在当年"读书无用论"风潮下能坚守知识、甘坐冷板凳的人。

如果说在中小学阶段，学习就是我们最主要的生活内容，价值观问题还并不太紧迫，那么进入大学之后，我们就必须树立起自己的个人价值观。我们必须理性地面对以下问题：我的理想是什么？我要追求的中期目标、终极目标是什么？我必须怎样生活和学习？我做人的原则是否能明确地归纳为几条？我对上述问题的回答，是否需要调整与改变？

过去人们很看重一个人的"智商"，现在我们开始关注"情商"，甚至发现，人的成功，"智商"远没有"情商"重要。可是，进一步探究，我们认为，一个人成功的诸要素中，在"智商"、"情商"之外，人生价值观也许更为关键。我们愿意仿造一个词——"信商"，即一个人的人生信条具有何种优势程度的指标。我们认为，几年的大学学习，我们不仅要培养专业素质，更要主动地确立自己的人生价值观，提高自己的"信商"。

二、培养社会适应能力与综合素质

市场经济和科学技术的快速发展，高等教育大众化程度的迅速提高，使得今天的学生不但就业充满竞争，而且进入职场后竞争同样激烈。现实生活中我们看到这样一种现象：一批同时进入职场的学生，在同一起跑线上起步，用不了几年，便显现出千差万别了，有人春风得意，成绩斐然；有人苦苦奋斗却壮志未酬；也有人一事无成，悲观消沉。造成这一差距的原因固然很多，如社会适应能力、专业素质、思想素质的高低等。所以我们要在大学期间培养自己的社会适应能力以及综合素质。

当代大学生要培养的综合素质可概括为四个方面。

1. 思想道德素质

思想道德素质主要包括思想意识、政治立场和态度、道德品质修养和美学修养。思想意识的核心要求是树立辩证唯物主义和历史唯物主义的世界观，有利于社会进步和个人全面发展的人生观和以人民利益为重的价值观；政治立场和态度的基本要求是坚持爱国主义、集体主义和社会主义的政治方向；道德品质修养的主要内容是继承和发扬中华民族的优秀传统道德品质，坚持以为人民服务为核心，以集体主义为原则，以爱祖国、爱人民、爱劳动、爱科学、爱社会主义为基本要求的社会主义道德，努力做到"爱国守法、明礼诚信、团结友善、勤俭自强、敬业奉献"；美学修养的主要要求是掌握审美的标准和创造美的规律，努力成为心灵美、行为美、语言美、仪表美的新人。

2. 业务素质

业务素质就是指从事某种职业活动或专业活动所应当具备的知识和智能。知识包括基础知识、专业基础知识和专业知识。智能是智力和能力的总称，包括：知识力，即获得知识和储备知识的能力；认识力，即对客观世界产生感性认识和理性认识的能力；实践力，即能动地改造客观世界的能力；创造力，即创造出具有社会价值的新理论或新事物的能力。知识和智能既有联系又有区别，知识是发展智能的基础，但占有知识多，并不能说明智能高；智能是掌握知识的前提，但高智能只是说学习和掌握知识的能力强，并不意味已掌握了很多知识。培养业务素质，一是要刻苦学习科学文化知识，自觉构建反映自己个性和时代要求的合理知识结构；二是要有目的、有意识地培养和训练自己的智能，重点培养和训练自学能力、时间运筹能力、语言和文字表达能力、人际协调能力、组织管理能力、操作能力和创新能力。

3. 文化素质

文化素质是指大学生在社会科学、自然科学、文学艺术、心理等方面应具备的基本知识和基本修养，以及在这些方面所达到的水平。它的核心要求是具有人文精神。人文精神是一种关注人和社会的精神，主要是指追求人生真理的理性态度，包括关怀人生价值的实现、人的自由平等，以及人与社会、人与自然间的和谐等。从我国高等教育来看，许多高校还存在着注重专业教育，忽视文化系统教育；注重学生做学问，忽视引导学生如何做人等不利于学生文化素质培养的倾向。培养文化素质，关键在于重树人文精神。一是要重视传统文化的学习，继承和发扬传统文化中人文精神的精华，如仁爱、信义、自省、见贤思齐、见利思义、杀身成仁等；二是认真学习现代科学文化知识，汲取现代科学文化中的人文精神，如自由平等、博爱宽容、民主法制、公平竞争以及科学精神、人格独立等；三是就当前大学生的现状来讲，理工科的学生应加强人文社会科学知识的学习，文科学生应加强自然科学知识和技术的学习，无论是理工科还是文科学生，都应加强文学艺术知识的学习和修养，重视心理卫生和心理保健。

4. 身心素质

身心素质简单地讲就是身体健康、心理健康。身体健康的指标主要包括活动时表现出的力量、耐力、速度、弹跳、柔韧等，心理健康的指标主要包括正常的智力、良好的情绪、健全的意志、客观的自我意识、较强的适应能力、适度的行为反应等。身心素质的培养，一是要积极参加体育活动，既锻炼身体，也锻炼意志；二是要养成良好的行为习惯，饮食作息要有规律，远离或克服不良嗜好；三是积极参加社会实践和人际交往，锻炼社会适应能力，提高自我意识的水平；四是要重视心理卫生，既要重视科学用脑，又要及时排解不良心理；五是要学会自我调适，如主动转移注意、合理恰当地宣泄、灵活地改变认知、积极地自我暗示等。

综合素质的四个方面是一个有机的整体，它们相互影响、相互渗透、相辅相成。对于每个人来说，思想道德素质是灵魂，业务素质是关键，文化素质是基础，身心素质是本钱。因此，大学生培养综合素质，要结合自己的具体情况，持之以恒地协调进行。

三、树立正确的学习观

当代大学生应树立以下面向未来的学习观。

1. 终生学习观

中国古人"活到老，学到老"的思想就是这种学习观的体现，但这种学习理念的重要性在传统的农业经济和工业经济时代并没有被充分认识。这种学习观要求人们把学习从单纯接受学校教育的学习中扩展开来，并从少数人的学习扩展到所有的人，从阶段性的学习扩展到人的终生，从被动的学习发展到主动的学习，从而使学习真正成为所有人终生的行为习惯和自觉行动。在知识经济时代科学技术日新月异，知识和信息呈爆炸式膨胀。随着知识总量的迅猛扩张、知识更新速度的加快，一个大学本科毕业生在校期间所学的知识仅占其一生所需知识的10%左右，而其余90%的知识都要在工作中不断学习和获取。所以，人们只有不断学习，更新知识，才能跟上时代的步伐。

2. 全面学习观

知识经济时代需要的是复合型人才、全面发展的人才。因此，大学生必须树立全面学习观。既要学习知识，提高能力，又要培养良好的道德品质，做一个德才兼备的人，树立正确的人生观和价值观；既要博又要专，既要做一个精通自己业务的"专家"，也要让自己成为基础理论扎实、知识面宽、适应性强的"通才"；既要全面发展，又要突出个性。

3. 自主创新性学习观

自主创新性学习，是指通过学习提高一个人发现和吸收新知识、新信息以及提出新问题的能力，以迎接和处理未来社会发生的各种变化的学习。这种学习观与传统的维持性学习观相对立，是与知识经济时代发展相适应的。当今，信息技术的发展加速了知识的传递和扩散，使得人们接触知识更容易、更快捷，从而使得选择和利用知识和信息的技能和能力变得日益重要起来。学习者具有独立的主体意识，不再是由知识主宰控制着去被动地学习，而是主动采集、猎取、掌握和占有知识。对大学生来说，就是在学习过程中充分发挥自身的主动性和积极性，能够在教师的启发、指导下独立地感知教材，学习教材，深入地理解教材，把书本上的科学知识变成自己的精神财富，并能够运用于实践，解决实际问题。同时，还有明确的学习目标，并能主动规划和安排自己的学习。学习者能够在客观认识自我的基础上，结合自身的优势和兴趣以及社会发展的需要，根据自己学习的目的，有效地选择适合自己的近期和远期的学习目标，选择那些对自己学习和未来发展最有价值的学习内容，选择适合自己的最有效的学习方法。

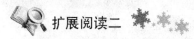扩展阅读二

社会适应能力测试量表

社会适应能力，指的是一个人在心理上适应社会生活和社会环境的能力。社会适应能力的高低，从某种意义上说，表明一个人的成熟程度。下面的问题能帮助你进行社会适应能力自我判别。

1. 我最怕转学或转班级，每到一个新环境，我总要经过很长一段时间才能适应。 （ ）

A. 是   B. 无法肯定   C. 不是

2. 每到一个新的地方，我很容易同别人接近。 （ ）

A. 是   B. 无法肯定   C. 不是

3. 在陌生人面前，我常无话可说，以至感到尴尬。 （ ）

A. 是   B. 无法肯定   C. 不是

4. 我最喜欢学习新知识或新学科，它给我一种新鲜感，能调动我的积极性。 （ ）

A. 是   B. 无法肯定   C. 不是

5. 每到一个新地方，我第一天总是睡不好。 （ ）

A. 是 　　　　　 B. 无法肯定 　　　　　 C. 不是

6. 不管生活条件有多大变化，我也能很快习惯。 （ ）

A. 是 　　　　　 B. 无法肯定 　　　　　 C. 不是

7. 越是人多的地方，我就越感到紧张。 （ ）

A. 是 　　　　　 B. 无法肯定 　　　　　 C. 不是

8. 在正式比赛或考试时，我的成绩多半不会比平时练习差。 （ ）

A. 是 　　　　　 B. 无法肯定 　　　　　 C. 不是

9. 我最怕在班上发言，全班同学都看着我，心都快跳出来了。 （ ）

A. 是 　　　　　 B. 无法肯定 　　　　　 C. 不是

10. 即使有的同学我有看法，我仍能同他（她）交往。 （ ）

A. 是 　　　　　 B. 无法肯定 　　　　　 C. 不是

11. 老师在场的时候，我做事情总有些不自在。 （ ）

A. 是 　　　　　 B. 无法肯定 　　　　　 C. 不是

12. 和同学、家人相处，我很少固执己见，乐于采纳别人的看法。 （ ）

A. 是 　　　　　 B. 无法肯定 　　　　　 C. 不是

13. 同别人争论时，我常常感到语塞，事后才想起该怎样反驳对方，可惜已经太迟了。 （ ）

A. 是 　　　　　 B. 无法肯定 　　　　　 C. 不是

14. 我对生活条件要求不高，即使生活条件很艰苦，我也能过得很愉快。 （ ）

A. 是 　　　　　 B. 无法肯定 　　　　　 C. 不是

15. 有时自己明明把课文背得滚瓜烂熟，可在课堂上背的时候，还是会出差错。 （ ）

A. 是 　　　　　 B. 无法肯定 　　　　　 C. 不是

16. 在决定胜负成败的关键时刻，我虽然很紧张，但总能很快镇定下来。 （ ）

A. 是 　　　　　 B. 无法肯定 　　　　　 C. 不是

17. 我不喜欢的东西，不管怎么学也学不会。 （ ）

A. 是 　　　　　 B. 无法肯定 　　　　　 C. 不是

18. 在混乱的环境里，我仍然能集中精力学习，并且效率较高。 （ ）

A. 是 　　　　　 B. 无法肯定 　　　　　 C. 不是

19. 我不喜欢陌生人来家里做客，每逢这种情况，我就有意回避。 （ ）

A. 是 　　　　　 B. 无法肯定 　　　　　 C. 不是

20. 我很喜欢参加社交活动，我感到这是交朋友的好机会。 （ ）

A. 是   B. 无法肯定   C. 不是

［评分办法］

1. 凡是单数号题（1，3，5，7，…）是－2分，无法肯定0分，不是2分。

2. 凡是双数号题（2，4，6，8，…）是2分，无法肯定0分，不是－2分。

将各题的得分相加，即得总分。

35～40分：社会适应能力很强。能很快地适应新的学习、生活环境，与人交往轻松、大方。给人的印象极好，无论进入什么样的环境，都能应付自如，左右逢源。

29～34分：社会适应能力良好。

17～28分：社会适应能力一般，当进入一个新的环境，经过一段时间的努力，基本上能适应。

6～16分：社会适应能力较差，依赖于较好的学习、生活环境，一旦遇到困难则易怨天尤人甚至消沉。

5分以下：社会适应能力很差，在各种新环境中，即使经过一段相当长时间的努力，也不一定能够适应，常常感到与周围事物格格不入而十分苦恼。在与他人的交往中，总是显得拘谨、羞怯，手足无措。

如果你在这个测查中得分较高，说明你社会适应能力较强。但是，如果你得分较低，也不必忧心忡忡，因为一个人的社会适应能力是随着年龄的增长，知识经验的丰富而不断增强的。只要你充满信心，刻苦学习，虚心求教，加强锻炼，你一定会成为适应社会的成功者。

第二篇 学习之道

鉴于可以预见到的速度，我们能推测出知识会越来越快地陈旧和过时。今天人们认为是"正确"的东西，明天将成为"错误"的东西，大学生们必须学会摆脱过时的概念，并且知道什么时候、如何去代替这些过时的概念。未来的文盲不再是不认字的人，而是没有学会学习的人。

——阿尔温·托夫勒《未来的打击》

在当今社会，学会学习是大学生必须面临和解决的问题。大学学习的范围，首先指学业学习，包括进入大学后面临的专业课程学习，公共基础课程学习，实践课程学习等，简而言之就是列入高校学生培养方案中的各门学科的学习。概括起来，在学业学习方面，大学学习的目标，或者说要成为一名合格的大学生应该具备以下基本素质：第一，了解中国国情，包括中国的历史、现状和发展趋势，其内容涉及政治、经济、人文、地理等方面，这是作为一个中国公民的基本素养。第二，了解世界历史和局势，包括国际政治、经济、宗教、文化、环境、能源等方面，这是成为一个地球公民的基本素养。第三，掌握一门外语，能熟练运用计算机和互联网等现代化科技手段进行基本文字信息处理和资源搜寻，这是作为一个新时代大学生必备的基本技能。第四，精通一门专业，甚至能初步取得自己的研究成果，这是确保在今后工作生活中站稳脚跟长足发展的核心战斗力。

但是，大学学习不能简单看做学业学习，实际上它有更加广泛的含义。从更根本的意义上说，大学学习最核心之处在于人的全面成长，心智的全面成长，精神的砥砺、情操的陶冶、思想的锤炼，都是这个时期学习的基本任务。

在本篇中，我们将要思考和寻找以下问题的答案：

◆大学生到底该如何学会学习呢？

◆学习的目的是什么呢？

◆"小学生只会背，中学生只会套，大学生只会抄"的局面该如何打破呢？

◆知识经济时代，大学生应该具备哪些基本素质呢？

◆面对纷繁复杂的各类考试，大学生们又应该如何应对自如呢？

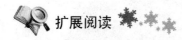扩展阅读

当今大学生学习现状的三大问题及其思考

1. 彻底放松"无目标"型

在经过漫漫求学征程后，在经历大大小小无数次的考试后，在拿到录取通知书步入大学校门成为大学生的那一刻起，中学长期堆成山的作业、模拟练习、名目繁多的考试等高强度的学习一去不复返，沉重的升学压力顿时烟消云散，父母喋喋不休的监督与管教也宣告结束，渴望已久的"解放"终于来临，不少学生开始放松下来，认为"船到码头车到站"、"高考受了苦，大学补一补。一进学府门，悠闲安乐乎"、"粮本换过了，饭碗到手了，可以松气了"、"60分万岁的思想"迅速占了上风，"课堂抄笔记，课后对笔记，考试背笔记，考完全忘记"的风气在校园里迅速蔓延。甚至有的大学生，上足了弦，铆足了劲，就想在大学里找个漂亮对象，亦或一心等着家人为自己毕业后谋个吃香的位置，有意无意地放纵自己，把大量学习时间用于享乐，迷恋上网游戏，没有计划，纪律松散，甚至荒废堕落，无聊散漫，得过且过，对学习不管不顾。这部分同学最大的误区就在于一方面把读书看成了负担，看成了早就想甩掉的包袱，殊不知学习更是一种磨炼自己、提升自己、超越自己的行为方式；另一方面学习强度的巨大落差导致他们迷失了学习目标，动力锐减，一时间分不清自己为什么而读书，要读什么书，要怎样读书。其实，读书的目的不是为了父母，也不是为了老师，而是为了自己能有资本、有能力更好的在社会上生存。

2. 沿袭中学"死读书"型

如果说小学生是抱着走，中学生是扶着走，那么大学生就要自己走，创造性地走。中学阶段学生怎样听课、读书、提问、记笔记、做作业和考试等涉及课堂学习的许多方法，对大学生的学习来说是远远不够的。大学生的学习方法还应该由课堂拓展到课外，由继承性学习发展为创造性学习，从间接知识的学习扩大到获取直接知识的学习。许多学生不去了解也不去想怎样迎接大学的学习，对中学的学习方法一味地生搬硬套，他们不知道大学学习的知识无论从广泛性、系统性还是操作性来说都是很强的；不知道大学的教学课时少，课程进度快，知识容量大，课余时间多的特点；不知道大学里学习的不仅仅是知识，更是一种思维方式，是一种能够运用获取知识的方法和手段的能力。正如笛卡儿所说："最有价值的知识是关于方法的知识"。而这些，单单依靠教师课堂上的讲授，背诵课堂笔记是远远不够的。

3. 苦不堪言"压重担"型

学习是一种快乐，这是孔子的思想。孔子说："学而时习之，不亦说乎？"宋代教育家朱熹在《四时读书乐》的诗中说：春季"读书之乐乐如何，绿满窗前草

不锄"；夏季"读书之乐乐无穷，拨琴一奏来春风"；秋季"读书之乐乐陶陶，起弄明月霜天高"；冬季"读书之乐何处寻，数点梅花天地心"。学习可以满足人的求知欲，本应是件快乐的事。然而，有的同学不仅没有感受到学习的快乐，反而感到学习是背在背上的石头，是件极苦的差事。在学生中，想出人头地的大有人在，"人争一口气"，很多人习惯了争强好胜，生怕比别人低一头；有的人因为家人的重托，无形中形成了巨大的心理压力；更多的人因为社会的飞速发展，感受到了新时代大学生前所未有的挑战，认为学习是将来在社会有所发展的必经之路，从而使学习成为负担。在这些同学眼中，"自古华山一条路"，刻苦关乎命运，读书改变命运，"吃得苦中苦，方为人上人"，强烈的功利欲望成为支配学习的重要动力，有功利目的本身并没有错，可是，急功近利的学习会偏离学习的本质。真正意义的学习，并不是苦读书本的孤立活动，不应是满足功利欲望的纯粹手段，而应该是工作和生活的有机组成部分，正如古人所云"晴耕雨读"，读书不是人生苦役，而是生活的必需，是重新创造自我，直至"乐以忘忧"的生存状态。

以上所述是现今大学生中常见的几种不良的学习现状，是我们应该注意和摈弃的毛病。江泽民同志在清华大学 90 周年校庆上的讲话中，希望大学生"成为理想远大、热爱祖国的人；成为追求真理、勇于创新的人；成为德才兼备、全面发展的人；成为视野开阔、胸怀宽广的人；成为知行统一、脚踏实地的人"，学习之于人生，意味着幸福地成长，丰富的精神生活，主动的学习态度，进取的生命意志。只有如此，我们才能成为全面发展的人，才能促进整个社会群体的和谐。

第三章　学会学习

《礼记》中说："善学者，师逸而功倍，又从而庸之；不善学者，师勤而功半，又从而怨之。"这是说，会学习的人，可以提高学习效率及知识掌握水平。请问你是会学习的人吗？以下情况在你的身上是否曾经出现过呢？学习安排无计划；利用时间不科学；死记硬背不理解；重点难点抓不住；理论实际相脱离。

这是当前大学生中常见的几种不会学习的表现，如果你存在这些毛病，那就应该好好反省自己，认真阅读本章内容，帮助自己改进并掌握更为科学的学习方法。

如果上述问题在你身上并未出现，那么请进一步思考以下几个问题：

◆你来大学进行学习的目的是什么呢？

◆你的学习有方法、有策略吗？这些方法适合你吗？

◆在学习上你很依赖老师吗？

◆学习的最优效果是什么呢？

如果你已经知道答案，就请再看看我们的观点以完善你对学习的认识。

如果你还不是很清楚，就请带着这些问题，细细阅读，帮助自己形成对学习的全面认识。

第一节　步入学习的佳境

有人说：中学学习的目的是为了考上大学。这样的说法，不能说非常正确，但却很符合一般人的认识，有一定的现实合理性。但是，大学学习的目标却没有那么单纯，最通行的、最大众化的毕业目标，至少有这样几条：

◆成功就业，找到一份好工作；

◆考上公务员，获得一个有保障的岗位；

◆考上研究生，得到深造的机会。

可是，实际上，大学的培养计划、教学安排，却往往并不是按照这样的目标来设定的。所以，一个大学生若只被动地按照学校设定的课程走，从不为自己的未来设计，那么，实现上述目标是很难的。

而大学学习的真正意义远不止于此，它有非常广泛的意义。孔子说："古之学者为己，今之学者为人。"可见，从他的时代开始，把学习当做工具，当做获取现实利益的敲门砖就很普遍。而在孔子看来，这是学习的本质意义的迷失。因为学习是人的生命本来的需要。每个人在世界面前都很有限，起初都有茫然无措之感，于是，他需要从先行者、先知者那里获得有益的经验启示。学习就是这样开始的。

明白了学习的本质，我们的学习才能渐入佳境。下面我们站在学习的本质这一高度，提出几个值得重视的意见。

一、设定目标，树立理想

大学生不能不为自己设定目标。与中学生不同的是，他的目标会有很多方面。完成课业，顺利毕业，是其中之一。更重要的是，他应该而且必须主动地为自己的未来进行设计。也就是说，他必须尽快设定人生目标，早早地考虑毕业去向。譬如很多学生在分析现实因素之后，认识到一般大学生最主要的毕业出路就是：就业、考公务员、考研。于是应早早地进行自己的抉择，抱定上述目标之一，这样的人，他的大学生涯应能过得很充实，他的大学学习会很有收获，很有成效。

当然，真正优秀的大学生，往往并不满足于上述目标，他们往往有更高远的理想。树立高远的理想，其意义如肖海涛在《中国大学的理想》一书中所说："在于为平淡的生活提供美好的希望，为不完美的现实提供完满的参照，从而促使人们努力追求完美。"诚然，一个人有了理想，他的人生总是趋向于完美的。而大学生有了远大的理想，他的大学学习便能进入高境界。

20 世纪 70 年代末 80 年代初的大学生，如今大多是我国各领域卓有建树者。一直到现在，当他们谈起自己的成长经历，有一点往往是共同的，这就是：他们进入大学之后，都有一股很强大的精神动力，对未来的无限遐想和憧憬，点燃了他们的人生梦幻和生命激情。而这种理想主义精神，又作为他们克服和战胜种种困难，实现人生的飞跃，并最终有所成就的关键因素。

原清华大学校长梅贻琦说："所谓大学者，非谓有大楼之谓也，有大师之谓也。"大学是知识创造的摇篮，是大师云集的地方。进入大学，我们便来到了一个有着大批知识精英和学术专家的殿堂。每所大学拥有的优秀教师数量有别，专业侧重也可能有异，但总是有较大数量的德高才卓，在教学方面有专长，在学术上卓有建树的学者。这是其他一般社会组织所难有的资源。因此，大学生要首先通过学校网站等渠道了解所在学校的教师队伍，然后要通过听课（包括旁听）、通信（电话、短信、电子邮件）、拜见等方式，尽可能多地走近那些优秀教师，向他们讨教，接受他们的影响，吸收他们的智慧。

扩展阅读一

20世纪80年代，来自农村的大学生小林，在懵懵懂懂地读了半年之后，一天在校园林荫里背诵《离骚》，旁边经过的一位老教师听到后，问他是否很喜爱古典文学，然后告诉他古典文学有些基本书要读，要他傍晚再来这里，给他一份书目。就是这位老师，后来正好教小林班的古代文学，从汉代一直讲到南北朝。他慢慢知道，他就是该校广受人们尊敬的刘世南先生，他没有上过一天大学，却与马一浮、杨树达、吕叔湘等学界名家书信往来，还与钱钟书、钱仲联、程千帆等先生有密切交往。刘先生学问非常好，他声如洪钟的讲授，旁征博引、随手拈来的教学风度，给各届学生留下了深刻印象。小林不仅在课堂上认真听讲，而且经常将自己学习中碰到的问题拿去向刘先生请教，他的古代文学成绩在班上名列前茅。刘先生是位博雅君子，对待学问非常虔敬，在学术问题上敢于提出自己的见解，又总是以"五四"知识分子的救民、救世的立场思考历史和现实问题，其苦心热肠和凛然的风节，也深深地影响着小林。小林毕业20周年回到母校的时候，感言道：是刘世南先生，改变了他的人生，是刘先生领他步入了学问之门，也是刘先生让他懂得了学问与现实人生的关系。

二、充分认识大学的多种资源，全面提升自我素质

丰富的学术信息资源是高校非常重要的资源。其中，高校的图书馆一般总是当地藏书最多的图书馆，且不说北大、清华、复旦等学校的图书馆，就是一般的省级高校，图书馆藏书也都是很多公共图书馆所不及的。再说，现在一般高校的图书馆都是开架借阅的，经常出入于图书馆的书库，有关知识系统的学问，无形之中就入门了，而学术信息的刺激，也能激励人不断探索的学术热情。图书馆里阅览空间的学习气氛，也是许多大师成长的基本条件。每天坐拥书城，沉入自由阅读和深入探究之中，学习就不再是被动的、沉闷的，而一定会是快乐而充实的。

高校的电子信息资源，如中外文电子书、电子期刊、数据库，都是学校购买的信息资源，在学校规定的IP地址范围内的师生可以免费使用，这些资源大多是针对图书馆用户开发和定价的，个人一般无力购买，因此，在大学读书阶段，特别是做课程论文、学年论文、毕业论文的过程中，应该学会利用这些资源。有经验的人都知道，现在研究问题，离不了专业的电子信息资源。在大学是否善于利用学校图书馆的电子信息资源，是衡量一个大学生是否善于学习的重要指标。

除了上述资源，每所高校还有其他很多重要资源，譬如学术讲座、大学生社团、大学生文化活动、大学生社会服务等。其中，高校的学术讲座种类繁多，内容非常丰富，一般都有很大的信息量，往往是一所高校的学术窗口。经常听到别

人说，如果能在北京住段时间，那一定要天天去北大听讲座。2005年以来，以《在北大听讲座》为名的系列书已成为畅销书。媒体评论说："《在北大听讲座》开创了一个思想阅读的新时代，为读书界贡献了一个新的阅读形态，为中国的文化普及和学术大众化起到了不可估量的推动作用。"

扩展阅读二

有些大学生抱怨过去英语没学好，尤其是口语和听力很差，大学的英语课堂跟别的课程一样大，通过课堂，英语不仅没有进步，反而还退步。小桑在中学的英语成绩不差，但学的完全是哑巴英语，进入大学之后，有位老乡拉她参加每周四晚在红场上的english corner。她开头总也不敢开口，见大家全都开心地随口漫谈，也就慢慢打消顾虑，从说得很拘谨，很不地道，直到自己开口的畏惧心理没有了，她慢慢找到了突破英语听力和口语的路子。后来，她在第三学期就过了英语六级，英语逐渐成了她的强项。

提示
对学习的爱好是需要培养的。多去了解自己的大学，熟悉大学的各种资源，我们往往能在不经意中改变自我的人生路向，找到学习的乐趣，然后在学习中进步，在学习中获得快乐和满足。

第二节 大学学习的层次性及相应的学习策略

一、大学学习的四个阶段

大学时代是学习的黄金时期，温馨如三月的春风，绚丽如夏日的花朵。根据学习内容的变化，大学学习可以分为如下四个阶段。

第一，公共基础课学习阶段。一般是在大一，包括哲学基础，社会科学基础，如马克思列宁主义、毛泽东思想、邓小平理论、"三个代表"重要思想等；自然科学基础，如高等数学、高等物理、高等化学等；语言基础，如英语、日语、俄语等；军事基础，如军事理论等；体育基础，如体能训练、体育达标训练、体育基本常识等各门课程的学习。

第二，专业基础课学习阶段。一般是在大二，主要是学习专业基础课，根据不同专业开设不同的专业基础课。这个阶段专业性比较明显，开设的课程基本上都是跟本专业有关的课程。

第三，专业主干课学习阶段。一般是在大三，根据不同专业人才培养方案的要求，开设主要的专业课程，包括专业核心课程、专业主干课程、专业拓宽课程等。

第四，综合实践阶段。一般是在大四，主要是毕业实习和毕业设计，综合运用所学知识解决生产实践和教师提出的课题。这一阶段，主要是训练学生运用知识解决实际问题的能力，包括思维能力、分析能力、创新能力、实践操作能力等。

大学学习的四个阶段虽然各有侧重，但也不能决然分开，基础课学习阶段也是培养能力的过程，专业课学习阶段也同样运用基础知识。因此，大学学习过程，整体而言是一个解开知识的帷幔，锻炼能力，提高素质的过程，是一个由量的积累到质的飞跃的渐进过程，是一个涵养人性、完善人格的过程，是发现知识之外的意义世界，使精神获得自由，情感变得丰富，体验到生命的力量与意义的提升过程。

二、专业课、专业基础课、公共课的学习

大学生无论学习何种专业，其课程大致都由四个板块构成：一是基础知识课程，包括政治、文学、历史、哲学、外语等社会科学基础知识和数学、物理、化学、天文、地理、生物等自然科学基础知识。二是基础技术课程，包括计算机、实验操作、调查研究等。三是学科专业课程，是基本方法论、基础科学与具体应用领域相结合而产生的，并以此显示其学科特色。如中文文秘专业的文学理论、语言学概论、写作、现代汉语、古代汉语、现代文学、古代文学、秘书学等。四是专业实训课，即通过校内的仿真模拟和校外实习提高学生实践能力的课程，如师范类学生的教育实习、旅游专业的导游实习、国际商务专业的电子商务模拟等。

可以看出，前两个板块是属于公共基础课的内容，其中基础知识课是知识结构的根基所在，是大学学习的基础，要求广博而坚实；技术课属工具课的范畴，是从事学习必不可少的手段，要求规范而熟练；后两个板块则属于专业课的内容，学科专业课程是大学生获得专业特长的主干课，要求系统而精深；实训课则是巩固学科理论，获得专业能力的实践性课程，要求实际而专一。

首先，大学的学习离不开基础学科，基础知识是分析问题的出发点。例如英语考试，再难的题目也会在基础上做文章，如果基础知识掌握得不扎实，想得高分就会很难。又如数学对于理工科学生来说是必备的基础学科，绝大多数理工科专业的知识体系都是建立在数学的基石之上。因此，如果说大学是一个学习和进步的平台，那么这个平台的地基就是大学里的基础课程。在科技发展日新月异的今天，如果没有打下好的基础，大学生们便很难真正理解高深的专业知识，很难把自己的技术水平上升到更高的层面。

其次，大学学习过程是一个逐步进入专业轨道的过程，经过大学阶段的学习

之后，一个受过基础教育的人就变成了一个受过专业训练的人，成为某个方面的专门人才。可以说，专业性是大学学习的显著特点，学好专业是大学生在未来行业中站稳脚跟、出类拔萃的核心竞争力。

因此，根据专业课、专业基础课、公共课的不同目标与特点，我们在学习中既要注重它们之间的联系，全面掌握各类知识，夯实学科基础，决不有所偏废，又要采取不同的学习态度与学习策略，区别对待，坚持广博与精深的辩证统一、理论与实践的辩证统一原则，努力提高学习的质量。除了要学好专业知识外，还应根据自己的能力、兴趣和爱好，选修或自学其他课程，扩大自己的知识面，只有这样，我们才能在进行专业教育的同时，兼顾到社会对人才的综合性知识要求，把自己培养成社会所需的复合型人才。

三、理论课、实践课的学习

1. 理论课、实践课的不同特点

理论课程是学科知识的基础，是各类科学的本源，只要抓住本源、抓住核心，无论出现什么具体问题，就都可以不慌乱、都知道从哪里下手。现在很多人学习时，觉得东西太多、什么都要学、什么都要看，就是因为把目光过多地放在了具体实践上，而没有放在本源上，没有学好理论基础，或者说学习时忽视了本源，没有能够从具体实践中抽象出其本质。以学习金融学课程为例，首要的就是要牢牢掌握金融理论、原则，去研究为什么会有这样的理论，其核心性与合理性在哪里，而不是去死记硬背一些具体实践中的规定。任何金融机构的具体操作以及国家的具体经济政策（包括货币政策和财政政策这两大主要政策）都是这些金融理论在解决实践中遇到的具体问题时的应用，而且虽然多种具体操作方法千变万化、千差万别，但其核心都是在这些理论指导下形成的。

学习理论课程，是为培养独立思考，认识问题、分析问题、解决问题的能力打下基础的。例如，通过大量阅读苏格拉底、柏拉图、马克思、恩格斯等撰写的哲学经典著作，能使人透过现象找到本质、能够在复杂事物中找到主线、能够找到主要矛盾与关键点、能够用逻辑推理事物发展的进程，从而获得分析、归纳、推理等思维能力。这类书籍我们应该常读常新，随着阅历的增长，不断加深对理论知识的理解，并不断用其武装自己的头脑，学习一辈子，受益一辈子。学习任何专业，如果没有扎实的理论功底打基础，就好似在沙滩上的建筑，经不起狂风暴雨的冲击，也经不住岁月流逝的考验，只有用正确的理论知识武装自己的头脑，才能指引我们正确地看待人生、正确地选择人生，也才能让我们在专业课的学习中真正学到课程的本质与精华。

实践是检验真理的唯一标准。实践，作为书本知识的"源"，既是检验和运用理论知识的标准，又是完善和丰富理论知识的宝库。大学学习是学生将高度抽象的专业理论知识运用于具体实践活动，以发展学生应用技能与改造世界能力的过程。理论课程很重要，然而，它毕竟是属于知识的层面，只有理论没有实践的学习是苍白的，经不起检验。知识再多，不会运用，也只能是一个知识库。人才的根本标志不在于积累了多少知识，而是看其是否具有利用知识进行创造的能力。正如有句谚语所说："我听到的会忘掉，我看到的能记住，我做过的才真正明白。"无论学习何种专业、何种课程，只有在学习中努力实践，做到学以致用、融会贯通，才可以更深入地理解知识体系，牢牢地掌握学过的知识，内化为一种能力。

因此，获取理论知识和培养实际运用能力是人才成长的两个重要方面，它们的关系是相辅相成对立统一的。广博扎实的知识积累，是培养和发挥能力的基础，而良好的能力又可以促进理论知识的掌握。当代大学生应当注重两方面的培养，在全面掌握理论知识的基础上，加强专业技能的培养和智力的开发，在学习书本知识的过程中重视教学实践环节的锻炼和学习，克服学习中存在的理论脱离实际和"高分低能"的不良倾向。

2. 理论课、实践课的学习策略

1）理论课的学习策略

第一，站在系统的高度把握知识。理论课程通常是学科最主干的课程，类似于房子的框架和房梁，具有高度的综合性和概括性。很多同学在学习过程中习惯于跟着老师一节一节的走，一章一章的学，不太注意章节与这门学科整体系统之间的关系，只见树木，不见森林。随着时间推移，所学知识不断增加，就会感到内容烦杂、头绪不清，枯燥无味。事实上，任何一门学科都有自身的知识结构系统，我们在学习理论课程之时，要时时提醒自己了解这一系统，从整体上把握知识，弄清每一部分内容其在整体系统中的坐标和位置，这样才能较好地把握理论知识。

第二，寻求事物之间的内在深层联系。大学学习最忌死记硬背，特别是理论学习属于深度学习，不能仅仅停留在肤浅的表面，要从深层次挖掘事物之间的内在联系，不论学习什么内容，都要问"是什么—为什么—还有什么"，弄清楚其中的道理。"是什么"是知道事实、原理的环节。"为什么"是理解消化的环节，就是思考得出结论的原因，从中学习这门学科的逻辑推理。在这一环节中，我们可以从三个方面检测是否真正理解：一是用自己的语言定义所学的概念；二是举出自己想到的关于它的例子；三是解释它跟其他概念间的联系。"还有什么"是联想研究的环节，就是从这里让自己想起了什么，将所学新知识与掌握的旧知识建立联系，思考目前未解决的相关问题，进行延伸研究。只有经过这样的追问过程，学到的知识才似有源之水，有本之木。

第三，养成联系实际的思维习惯。理论学习中，我们要注意将所学内容与生活实际等方面联系起来，不要孤立地对待知识，养成多角度思考问题的习惯，有意识地去训练思维的流畅性、灵活性及独创性，长此下去，必定能将自己的理论水平推向新的高度。

2）实践课的学习策略

第一，多选与实践相关的专业课程，积极参加学校组织的各种形式的实践活动。通过团委、学生会和学生自创的社团、兴趣小组等组织举办的文体、科技、劳动、娱乐等活动激发创造欲望，产生创造能力，检验学习效果。认真搞好专业实习和毕业设计，积极参加社会调查和生产实践活动，努力运用现代化科学知识和科学手段研究并解决社会发展和生产实践中的各种实际问题。实践时，最好是几个同学合作，既可提高效率和质量，也可同时学会如何与人合作，培养团队精神。

第二，主动寻求在老师指导下做实际项目，走出校门寻求社会实践机会。如果有机会在老师指导下做些实际的项目，或者走出校门打工，只要不影响学业，这些做法都是值得鼓励的。外出实践或做项目时，目的在于锻炼自己，不要只看重薪酬待遇（除非生活上确实有困难），有时即便待遇不满意，但有许多培训和实践的机会，我们也值得一试。跟着老师做项目，可以把我们带到科学发展的前沿，培养探索求知的素质，走出校门实践，则是完全与社会接轨，真正对所学知识进行检验。

四、人文课程、社会科学课程、科学课程、实用技能课程的学习

大学课程一般分为四种类型，分别称为人文课程、社会科学课程、科学课程、实用技能课程。人文课程学习的是有关人及其精神文化、有关社会现象及相关问题；科学课程学习的是有关自然现象及其规律；实用技能课程学习的则是具体操作性的技能。

1. 人文课程的学习提示

人文课程以哲学、心理学、文学、艺术为最典型，这些课程追求的是"善"和"美"，突出人的精神、情感、审美，注重内心的体验与领悟，强调要从经典著作、经典作品中吸取智慧，获得养料，以个人精神成长为起点，以思想和审美的训练作为重要手段，最好能辅以创造实践，譬如对哲学问题、心理学问题进行理性探索，创作出文学或艺术作品。

具体来说，学习人文课程建议注意以下几点：

第一，各种人文课程之间互相的关联性很强，因此学习哲学的，应同时对心理学、文学、艺术也有一定的学习；学习文学的，既要加强艺术修养，还要在哲学、心理学等领域有相当广泛的知识。广博的视野，是深入钻研所学专业的重要

条件。而由于大学学习的专业性很强，教学计划往往不能很好兼顾相关的专业。譬如，音乐、美术专业的课程设置中，很少有文学和哲学、心理学的内容，这些方面的学习就只有自己自主解决了，你可以旁听相关专业的课程，也可以自学相关的专业书。培养自己对相关人文课程的广博兴趣，是提高自己学习成效的重要方面。

第二，重视经典的学习是人文课程最重要的要求。任何一个人文专业都设置有很多的课程，它们构成该专业的课程知识体系。但是，这些课程所归纳的知识系统，譬如中国文学史所归纳的知识，需要我们去掌握，这是构成我们专业素养的基本因素。但是，比这些知识更重要的是对经典本身的学习。经典的哲学著作、心理学著作、文学艺术作品，是先哲精神智慧的结晶，具有经久不衰的永恒意义。这些经典，可能会在一些课程中涉及，少量的甚至会做专门的课堂训练，可是老师能讲到的经典总是很有限的。举例说，那些部头大的经典，很难进入课程，或者说总是不能完整地走进课堂。所以，人文课程要学好，一定得让自己沉静下来，大量地自主阅读经典。

第三，人文课程的训练包括两方面，一是对经典的鉴赏或/与分析，二是创造实践。前者需要有基本的专业素养，同时还依赖专门的思想训练、审美训练，换句话说，经过若干专业课程的学习，就具备了鉴赏分析经典的基本条件，在经典阅读时就应注重鉴赏分析，而不可停留在一般外行人对经典的"消费"状态。人文课程的训练还有一个重要方面是创造实践，譬如学乐器，就需要勤练；学文学，就得经常动笔写作。上手实践，与走近经典，两者相互促进。

2. 社会科学课程的学习建议

社会科学课程包括历史、政治、经济、法律、教育等领域的课程，它们是以人类社会的现象、问题及其规律作为对象，强调要有开阔的视野，要关注社会生活，注重调查研究，以解决问题为最重要的追求。在学习上，有以下建议：

第一，社会科学关注的是人类社会，面对的是现实社会生活，因此，在书本学习的同时，还得学习和重视调查研究。调查研究是认识、了解社会的途径，是文科大学生必须具备的一项基本功。为了全面客观地了解社会现象，掌握社会发展变化规律，非得接触社会，深入实际，有目的性、针对性、计划性、有效性地进行调查研究，在调查、走访、查阅资料的基础上，加以整理、总结，写出有一定认识价值和指导意义的调查报告。这不仅可以加深对学习的内容的理解，而且还能大幅度提高理论知识的实际应用水平。

第二，学习期间，由于实地调查和考察的条件不是很好，因此社会科学课程的学习还要多关注各种媒体，善于从中搜集、积累各种相关信息，及时捕捉社会动态。其中，对于社会热点现象应给予相当的关注，因为凡是热点现象都是各种媒体特别关注的，提供出来的信息角度就会比较多，内容会较为丰富，思考和总结的条件就较好。此外，结合所学专业，持续关注某个社会领域，持续性用心收集这领域中的资料，也是专业训练的重要方法。

 扩展阅读三

　　张萍是某高校一名历史系大三的学生，她曾在高中时学习了印度政治领袖甘地的"非暴力不合作"运动，当时只是为了高考死记硬背，不理解为什么非暴力运动也可以使印度摆脱英国殖民地的统治，取得民族独立运动的胜利。进入大学后，担任了班干，有了多次组织活动的经历，在老师再次讲到甘地领导的"非暴力不合作"运动时，她突然意识到周围同学中也存在着部分"不合作"、"文明不服从"的人，对于指定参加一些他们不感兴趣的活动时，他们并不正面反抗，而是表现出一种"软抵抗"的形式，随即她联想起身边的社会现象，发现生活中存在着很多"出工不出力"的人，而这部分人的不理睬，不合作，不作为其实正是最令人头疼的不服从，她猛然深刻地理解了甘地的政治主张，对其深感兴趣并以此作为课题展开调查研究，发现非暴力的概念在印度的宗教中长久以来就有，印度一直以来就是一个崇尚柔韧的民族，在通过大量的查找资料和调查研究后，形成了一份研究报告，并在学校的学术节中参选，最终获得了一等奖的好成绩。

3. 科学课程的学习技巧

　　科学课程主要是以自然现象及其规律和人们改造自然过程中形成的生产技能技术为研究对象的学科。包括数学、物理、化学、天文、生物等。根据课程特点，其学习技巧有三个重点：

　　第一，注重实验的学习方法。实验是学习科学课程的学生获取知识、理解知识的一个非常重要的手段。科学课程中所研究的现象虽然有的也在现实生活中发生，但是更多现象是人们无法用感官直接观察和感受的，必须借助一些专门的仪器、设备和各种观察工具才能捕捉和发现，一些物理、化学现象只有通过实验室的活动才能表现出来，一些生产技能、技术成果也必须经过反复的实验才能形成。例如天文学中就只能利用光谱红移来测定天体运动的速度。所以，大学生应重视实验，在实验过程中获得知识，是学好科学课程的基本功。它不仅可以使抽象的理论具体化，还可以使模糊的认识明朗化。掌握实验的方法，对大学生在校学习和今后从事科学研究工作，具有极其重要的意义。

　　第二，加强逻辑推理的训练。任何学科都有内在的逻辑联系，而科学课程的逻辑联系更为严密，几乎所有课程都是从基本要领和定理出发，严格按照逻辑推理的顺序步步展开，从而形成了一个系统完整的知识结构体系。例如在高等数学学习过程中，掌握定理及其证明是关键，我们在理解过程中要善于提出问题，为什么要提出这个定理？定理的条件在证明中起什么作用？这样不但可以加深对定理的理解，还可以启发和训练自己的思维，真正理解定理的来龙去脉，培养举一反三的学习能力。大学生要学会将书从"薄"到"厚"，再从"厚"到"薄"的读书方法。所谓从"薄"到"厚"，就是通过各种联想或变通思维加深对科学概念、定理、法则和公式的理解，培养思维的深刻性和灵活性，克服单一的思维方法。所谓从"厚"到"薄"，就是要将所学的内容归纳整理，按自己的体会纵向地串联起来，在自己头脑中有一个总的整体框架。这样有利于理解和巩固所学的知识，用起来就能随心所欲，得心应手。大学生在学习的过程中，一定要注重知识之间的内在联系，学会逻辑论证和推理的方法。逻辑推理不仅是一种学习方法，也是重要的思维方式，还是从事发明创造的工具。

第三，学会观察和善于观察。学习科学课程要善于观察，观察的学习方法主要有以下几种：一是按照一定的顺序进行观察；二是根据现象的特征进行观察；三是对前后几次实验现象或实验数据的比较进行观察；四是对现象进行全面的观察，了解观察对象的全貌。在观察的过程中一定要联系理论知识，同时运用学科的理论知识来解释过程中出现的现象。例如：化学实验的观察，一般是按照"反应前→反应中→反应后"的顺序，分别进行观察。观察的同时还要积极地思维，例如，在观察铜、锌分别投入稀硫酸中的现象时，要思考为什么看到锌放在稀硫酸中会产生气体，而铜放在稀硫酸中却无气体产生呢？通过思考，把感性知识升华为理论知识，就会获得较深的认识：锌的活动性比氢强，能将氢从酸中置换出来，而铜没有氢活泼，故不能置换酸中的氢。

除此之外，学习科学课程还应该多做习题加深理解，并注重学习不同的专业知识运用不同的方法，例如，在学习化学时，可以运用辩证法、置换法和逆向思维法；学习生物学时，可以运用演绎法、仿生法；学习数学时，要训练自己的逻辑思维方法和立体思维方法等。最为关键的是，要做一个方法学习的有心者，如古人所说："处处留心皆学问"。

4. 实用技能课程的学习提醒

在现代化进程加速发展的今天，大量专业技术用语进入我们的视野，各种现代化设施影响着我们的每日起居，你是否曾面对陌生城市机场闪烁跳动的触摸式电子问路机不知所措；在自动取款机前无从下手；手持地铁磁卡却过不了检票口；有钱买不走无人售货机中的冰镇汽水；英语过了四级，面对老外却无法开口……如果经常面对这种尴尬场面，那说明你已经面临着悄悄变成一个"功能性文盲"的危险了。如何改变这种现状，就必须注重实用技能的培养。实用课程就是侧重培养实际运用能力的课程，它包括外语，计算机，演讲与辩论，仪器操作等操作技能类知识，其学习方法具有一定的独特性，归结起来，主要有以下两点：

第一，反复训练，边学边用。实用课程应当不断训练，在反复使用中巩固。只有边学边用，才能将所学知识迅速转化为从事实际工作的本领，培养解决实际问题的能力。以学习外语为例，对于非外语专业的同学来说，外语属于一种交流工具，学习它最终的目的是能够熟练地使用它，为自己的学习、工作创造条件。因此，学习外语不能光死背单词，而应当不断循环往复地听、说、读、写、练。试想一个人如果长期生活在另一种语言的环境中，他对这种语言的掌握将非常迅速而牢固，这正是因为他在这个环境中不得不反复使用的缘故。

第二，总结规律，触类旁通。任何学科都有自己的规律，实用课程也不例外。以学习计算机操作为例，我们应当学好数据结构、编译原理、计算机原理、数据库原理等基础课程，学会分析、总结不同软件的规律和特点，这样即使语言和平台的发展日新月异，也可以万变不离其宗，如 Photoshop、Illustrator、CorelDRAW、Flash、3D Max 等图形图像处理软件，CAJViewer 和 Adobe Reader 阅览器，它们的使用方法大同小异；学习外语也是如此，汉语和日语之间就有许多共同点，英语、俄语、德语之间也有不少相近处，我们要善于比较它们的异同之处，灵活运用，才能触类旁通，收到事半功倍的学习效果。

第三节 大学学习的自主性及科学的学习方法

一、大学学习的自主性

大学学习是以教师指导下的学生自学为主的学习。在中学时，老师总会一次次地重复每堂课的重点难点，手把手地给学生讲解，学生有很强的依赖心理，进了大学以后，教育的专业性很强，除了传授基础知识，还要介绍本专业、本行业最新的前沿知识和技术发展状况，知识的深度和广度比中学要大为扩展，课堂教学往往是提纲挈领式的，老师只会充当引路人的角色，在课堂上只讲难点、疑点、重点或是自己最有心得的一部分，其余部分就要由学生自己去攻读、理解、掌握。因此，自主学习的能力是大学生必须具备的本领。联合国教科文组织专门就自学的重要性作了深刻的论述，并指出："自学，尤其是在帮助下的自学，在任何教育体系中都具有无可替代的价值。"可以说，一个人在大学四年里，能否具备自主学习的能力，在很大程度上决定了他能否学好、学通、学活大学的课程，甚至决定了他毕业后能否具备不断地吸收新的知识，进行创造性的工作的能力。

大学学习的最大特点是宽松、自由、自主。大学生拥有选择专业和学习课程的自由、决定什么时间学习和怎样学习的自由，以及形成自己思想的自由。大学阶段的学习不像中学那样完全依赖老师的计划和安排，不再有强制的习题、频繁的考试和家长的督促，大部分时间靠自己自觉、自主把握，个人支配的时间很多，主动学习的机会很多。同学们可以尽情发挥自己在中学时被压抑的特长和兴趣，利用课外时间进行科学实验，到社会生产实践中开展调查研究，充分利用图书馆和资料室的资源进行文献检索，大量阅读本专业的参考书籍，获取一些教师未曾讲授的、前沿的东西，遇到问题可以随时向知识渊博的专家、教授请教，还可以利用互联网进行信息搜集……

自主学习是学生主动地、有主见地学习，做自己学习的主人。大学生要培养学习的自主性，必须做到以下几点。

1. 自我激励

自我激励是进行自主学习的前提。对于相当多的学生来说，不是学不好，而是没有树立远大的学习目标，缺乏学习积极性。在整个学习过程中，我们大学生应当持续激励自己的学习意向，保持百折不挠的学习劲头、探索求知的学习热情和坚忍不拔的学习毅力，以使自己的心理、意识始终处于清醒活跃的积极状态中。

2. 自我识别

自我识别是自主学习的基础，是学生对自己的智能特点、长短所在、兴趣爱好和学习状态的基本估价。例如，自己的个性特征如何？最有可能在哪些方面取得更大成就和突破？最佳的学习方法是什么？不同的学生自身状况是不一样的，就连最佳的学习时间每个个体也有差别，我们应该结合自身特点，如果你属于"百灵鸟"型，可多利用白天时间学习，如果属于"猫头鹰"型，则应多利用晚上时间。

3. 自我选择

学习的方法多种多样，学习的知识无穷无尽，我们的精力是有限的，不可能用尽所有方法，学尽所有知识，哪些方法最适合自己，哪些知识对自己最有用，是我们必须面临的选择。这种选择也是一种能力、一种智慧、一种素质。我们要学会放弃不重要的，集中精力学习自己最需要、最有利于自身成长的知识。

4. 自我调控

学习不是一成不变的，而是一个动态的过程。大学生的学习要根据自己的学习状况和学习要求适时地修正学习目标，排除学习障碍，强化学习动力，优化学习策略，调整学习方向，改进学习方法。

5. 自我发现

自学是主要通过自己的独立思考和钻研去获取知识、培养才干的学习方法，它需要大学生开动脑筋，积极思考，去查阅大量资料，观察事物特点，探索事物规律，寻求解决问题的方法，得出实事求是的结论。一句话，就是运用发现法去获取知识。

6. 自我评价

学习到一定阶段后，大学生要根据学习目的和计划，对学习的进程和效果进行检查，加以评价，既不要过高，也不要过低，要实事求是，恰如其分，这样才能不断保持学习的信心和勇气，使学习进入良性循环。

许多同学总是抱怨老师教得不好，知识不够渊博，学校的课程安排也不合理。"与其诅咒黑暗，不如点亮蜡烛"。在知识不断增长与更新的今天，仅靠教育传授的知识总是有限的，大学生不应该只会跟在老师的身后亦步亦趋，而应当主动走在老师的前面，培养自己获得知识的能力，学会自主地学习、探索和实践。

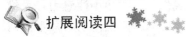扩展阅读四

古今中外，靠自学成才者大有人在，不胜枚举。例如，齐白石只读过几年私塾，12岁学木工，15岁学雕花木工，27岁才开始学绘画，通过刻苦自学，成为国画大师；叶圣陶只有中学毕业，但通过自学成为一位大文学家；现代剧作家曹禺，年轻时三次报考医学院，三次失败，后来他刻苦自学，广泛阅读中外戏剧作品，最终创作出了《雷雨》和《日出》等名著；华罗庚14岁开始自学数学，19岁开始撰写数学论文，25岁成为世界闻名的数学家。在国外，最引人注目的例子是比尔·盖茨的成功，他是一个哈佛大学二年级的肄业生，却凭借自己高超的智慧、非凡的胆识、刻苦的自学和钻研精神，创建了微软公司，成为当今"计算机革命的点火人、软件的天才与皇帝"和世界首富。

二、科学的学习方法

学习方法是提高学习效率、达到学习目的的手段，学习方法正确，就能事半功倍。毛主席曾经用很形象的比喻说明方法的重要性，他说："我们的任务是过河，但是没有桥或没有船就不能过。不解决桥或船的问题，过河只是一句空话。不解决方法问题，任务也只是瞎说一顿。"在大学学习中，要想掌握科学正确的学习方法，应该把握好预习、听课、记笔记、复习、总结和读书等几个主要环节，这些环节把握好了，就能为进一步获取知识打下良好的基础。

1. 听课

听课是整个学习过程链条上的中心环节，是获取书本知识的主要阵地。竭尽全力地听好老师的课堂讲授，是赢得优异学习成绩的重要基础和必要条件。大学课堂与中学有很大不同，中学教师就像喂婴儿一样，把食物嚼得很细，口对口地喂给学生，学生吃得很舒服、很省力，但是到了大学，老师上课内容多，进度快，一不留神就会连老师讲到什么地方都找不到。那么大学生们究竟应该如何听

课呢？

第一，听课前要做好充分的准备工作。一是充分复习上一堂的内容，因为课程内容有连贯性和衔接性，章节设置也有内在逻辑，对前一节课的内容牢固掌握，能为我们在听下一节课时打下坚实的基础，从而使得听课顺利通畅、从容轻松；二是大致预习本堂课即将讲授的内容，"凡事预则立，不预则废"。所谓预习就是将教师要讲的内容，事先看一遍，记下疑难的问题，使自己在听课时脑子里大体有个轮廓，在教师讲到时，一目了然，心中有数，不懂的部分特别注意听，尽量在课堂上把问题弄懂。这对提高自学能力，养成独立思考问题的良好习惯也是大有好处的。

第二，听课时要高度集中注意力。在听课时，我们一定要集中注意力，思维要紧跟教师的思路走，边听边思考问题。荀子说："目不能两视而明，耳不能两听而聪。"怎样才能全神贯注地听课呢？一是要对所听的课程产生兴趣，"兴趣是最好的老师"。如果有些课程的内容你并不喜欢，这时你应该在内心提醒自己，每门课程都蕴藏着科学奥秘的宝藏，它们或者为我们开启奇妙无比的科学迷宫的大门，或者带我们探索古圣先贤的精神世界，或者让我们站在巨人肩膀上眺望远方……如果这些还不能让你提起兴趣，你也应该注意关注每个老师不同的讲课风格，认真听取他们最有心得的部分，欣赏他们身上各具特色的人格魅力，加以批判性地学习，这都将成为你今后人生最宝贵的一笔财富。二是要有意识地自我克制和适当调节，我们要一方面把听课视为开车，不能容许一丝的疲沓、松懈和心猿意马；另一方面要学会调节精神的紧张和松弛，在老师讲课时，使自己的注意力高度集中，等到老师讲完一个段落后停顿下来或擦黑板时，立即使自己的精神暂时松弛下来，以达到张弛有度、劳逸结合。三是通过记笔记抵制外界干扰和防止走神。对老师讲授的内容，专心致志地记笔记，可以让我们心手合一，帮助我们的思维集中，注意听取老师讲述的每句话语和在黑板上书写的每段文字、每个公式，从而无暇关注课程外的其他干扰，也就顾不上走神去想其他事情，实现听课的最佳状态和最优效果。

第三，听课时要紧跟老师讲授的思路。在听课时，大学生一方面要紧跟老师讲课的逻辑线索，主动思维，使新旧知识衔接与融合，尽可能地对所学知识进行重新发现与探索。在老师提问的时候积极思考，在老师要求讨论的时候充分互动，对比自己的预测和老师的结论，如果一致，可以帮助加深印象；如果不一致，可以比较自己和老师的出入，找出自己错误的症结所在，避免今后重蹈覆辙。另一方面要紧跟老师正在讲授的当前内容，力争在课堂上弄懂，并经过认真思考，消化吸收，变成自己的东西，一旦遇到不懂的地方，不要总徘徊在疑难问题的反复思考和斟酌上，以致思维停滞不前，落后于老师的讲课进度，影响和阻断听取老师接下来的授课内容。这就好比跨栏障碍赛跑，如果不慎踢倒障栏，应该毫不犹豫地继续快跑下去。我们可以先把没听懂的部分用"？"注明，然后继续认真听取老师讲授后面的内容，把疑难问题留到课后复习时再仔细思考，或再另找时间向老师请教，直到完全明白。

2. 记笔记

为了更好地优化听课效果，我们必须在听课时记好笔记，因为每门课程的教学内容和逻辑体系都是经过任课教师重新科学合理的编排和细化的，具有更强的系统性和逻辑性，并且老师会在讲授课中增添许多教材里没有的补充资料，它们往往是教师整合许多文献和参考书的相关内容的结果，有些甚至就是老师本人的心得体会和研究成果。那么，我们应该怎样科学地记笔记呢？

（1）明确必须记的内容和可以不记的内容。老师讲课的体系层次，包括篇、章、节、纲、目等逻辑层次的题号和标题等，课程的基本内容，包括概念的引入、定义和特性，规律的基础、内容、公式、要点、实质和适用范围，数理推导的出发点、步骤、依据和结果，承上启下的关节点和中介的中间环节等，章、节、段的总结，包括各部分之间的逻辑联系，重难点的划分等，这些都是我们笔记必须记录的内容。除此之外，老师强调的重点、难点和独到的见解，我们也要认真做好笔记。教材中的冗长叙述，老师旨在说明抽象理论而引用的形象的通俗比方和具体的生活事例，对于这些内容则可以不记，或者简单带过。

（2）有重点的记录。大学里有的老师板书很零乱、很发散，有的老师甚至几乎没有板书，讲的内容也不全是书本的内容，这就需要学生综合分析教师的讲课内容，有选择有重点地记录。我们可以重点记录那些教材中没有的内容，教材中有的内容可以不记，这样一来既减少了笔记的分量，又可以有更多的时间花费在"听"上。另外，因为老师讲课的速度较快，我们没有必要像录音机似的一字一句地记录，对于听得懂的内容我们可以用自己理解的意思"意"记，或者用简写或符号进行缩记和速记，听不懂的内容按老师的原话"直"记，以便课后揣摩消化。

（3）课后注重整理笔记。我们要养成在笔记本上留出空余位置的习惯，一来我们可以补充课堂上来不及记录的内容；二来可以增添参考书、报纸杂志上对某些问题的详细说明和相关资料；三来可以记录心得体会；四来可以写下和教师、同学的讨论所解决的疑难问题的答案。

总之，记笔记应当掌握教师板书时迅速记，不懂问题特别记，讲解概念准确记，逻辑思维线条记的四大原则，使笔记详略得当。记笔记应该迅速、准确、详细，但不要求书写工整、端正、美观，只要求自己能看清楚并能获得最大的效果和收获。这样既能记好笔记，又不影响听课。

3. 复习

课后及时复习，是巩固所学知识必不可少的一环。常言道"学而时习之"、

"温故而知新"。任何人学的知识，时间长了，都会遗忘。大学生可以通过整理笔记和做作业的方法，对照课本和参考书，重温课堂内容，把一些破碎零乱的知识整理得井然有序、条理分明，把每节的主要内容、概念和定理相互联系起来，举一反三，在头脑中形成一个完整的体系，每隔一个月或一个阶段再复习一次，最后课程结束时再进行一次全面总结，这样既帮助记忆、加深理解、巩固所学知识，又能把知识学懂、学活，融会贯通，形成自己的思路，使得今后用起来得心应手。

4. 读书

大学与中学不同，不像中学那样比较侧重课堂教学和课堂解决问题。大学讲课经常采用画龙点睛、点到为止的教学方法，有时还要留下问题，让同学们课下思考。通常这些习题要求同学们查阅教科书和有关参考资料，弄清问题的来龙去脉，而后才能得到较圆满的答案。在文科学生中，有时留作业，就是让学生课下看参考书，写读书笔记或论文。学习不限于读书，但读书是学习的基础，华罗庚曾说："学习必须先从踏踏实实地读书开始。"面对纷繁复杂的各类书籍和学习资源，大学生们应该如何挑选，如何开展阅读呢？我们认为应当解决以下几个问题：

（1）筛选出"第一流的书"。读书，首先要解决读什么书的问题，当今世界各类书刊文献极其浩繁，使人目不暇接，读不胜读。如果不加选择，乱读一气，只会苦了自己，难有收获，其次书有好坏，新旧优劣之分，在同类书中有精品也有次货。读书要读好书，以便用有限的时间，读最有价值的书获得最大的读书效益。俄国作家别林斯基就说过："阅读一本不适合自己阅读的书，比不读书还坏。"怎样在浩如烟海的书刊文献中筛选出精品呢？途径一是请教老师、学长，看书评，挑一流的书刊文献；二是自己筛选，先把有关书刊文献大体上浏览一番，并比较选出经典的几本。通常我们应该选择那些言论全面完整，阐述深刻，图文并茂，表达精炼的书；或者能以最短的时间把自己引导至学科的核心领域和前沿的书；或者广博与精深结合，有助于改造和重建知识结构和智能结构的书；或者既能获得知识，又有助于提高智能和非智力品质的，有助于启发创造性的书。

> 真正的学者往往不是读了很多书的人，而是读了有用的书的人。
>
> ——亚里斯提卜
>
> 五经、二十一史、藏十二部，句句都读，便是呆子；汉魏六朝、隋唐、两宋诗人，家家都学，即是蠢材。
>
> ——郑板桥

（2）善于精读和略读。要看的书籍很多，但谁也不能全看，也不能漫无边际地看。大学生应根据培养目标，专业要求，课程设置来分辨哪些是必读书目，哪些是选读书目，哪些是经典书籍，哪些是一般书籍。凡对于必读的、经典的及有益于把学习引向深入专精的书，我们应该精读，要做读书笔记、写批语、做摘录、记卡片，著名教育家徐特立先生在总结自己学习经验时就说过"不动笔墨不读书"。同时，我们还要抓住重点，突破难点，深究疑点；要细心阅读，仔细思考，反复领会，以求融会贯通。南宋朱熹曾提出了六条读书方法："循序渐进，熟读精思，虚心涵泳，切己体察，着紧用力，居敬持志。"这六条至今仍然是精读的基本要领。值得一提的是，精读一定要量力而行，力戒浮躁，要静下心来，绝不能好高骛远，急于求成，应根据自己的能力水平，制定切实可行的读书计划，脚踏实地地实施。

对于选读的书籍可以粗读和略读。所谓"观其大略，举其大纲"，我们可以依据不同情况，看看前言，看看后语，或者翻翻目录，或抽其重要片断阅读即可。有些同学很刻苦、很焦急，往往胡子眉毛一把抓，但学习收效不大。我们应当学会快速地扫视阅读材料，从跳跃式的阅读中去把握表达中心思想的主要语句，充分运用阅读材料中的标题、摘要和不同形式的印刷体等有利因素来提高阅读速度和能力。这样既扩大了知识面，又节约了时间，可用主要精力攻读必读书，使专业知识和外围知识能有机地结合起来。

贴士

要想一下子全知道，就意味着什么也不知道。

——巴甫洛夫

读名著起码要读三遍，第一遍最好很快把它读完，这好像在飞机上俯瞰全景；第二遍要慢慢地读，细细地咀嚼，注意到各章各段的结构；第三遍就要细细地、一段一段地阅读、领会，学会运用，这时要注意练字练句。

——茅盾

（3）读书应达到的三个层次。第一是读懂，对于凡是必须掌握的知识，一定要反复琢磨，理解透彻，读一次不懂，再读，三读，直至完全读懂，决不走马观花一知半解，若明若暗。古人云，"读书破万卷"，关键在"破"字上，破即读懂。不懂就要有疑善问，务求破疑弄个明白。这属于学习吸收阶段。第二是读通，这要求我们融会贯通，闻一知十，举一反三，触类旁通。我们要搞清知识的来龙去脉，前后知识联系，使之连贯一气，成为体系。首先把书的内容联系起来思考，达到泾渭分明。其次，注意纵横比较，充分把握其纵向和横向的系统结构，再次，温故知新和新旧转换，不断改善智能结构。这属于理解消化阶段。第三是读活，这要求将静态知识化为活的知识。把书读活先要理解精髓、灵活运用，并对书的内容加以深化或再创造。这是灵活运用的阶段。

第四节　从快速有效地获取知识到研究与创造

一、如何快速有效地获取知识

1. 调动全部感官学习

众所周知，人有五官，即耳、目、口、鼻和舌，它构成了人们认识客观世界的五觉，人对客观世界的认知，无论是直接的知识或是间接的知识，无不都是通过这五种感官。哈佛大学心理学教授加德纳提出多元智力的理论，认为每个人至少拥有语言、数理、音乐、空间、运动、人际、内省等七种不同类型的智力。然而，传统的中学教育往往只是侧重发展这七个中的两个智力——语言智力（读、说、写的能力）和逻辑数理智力（推理、计算的能力），学生学习也局限于用单一的感官和"坐禅式"的学习，那些"坐不住"的同学总被老师、同学视为另类，贴上"多动症"、"坏学生"的标签。其实，最好的学习状态并不是割裂身心、单调乏味的"笔直地坐在教室里听讲"，"木然地坐在图书馆看书"，"呆呆地不停抄写"……据统计，普通的学生中大约有34％的学生主要借助于听觉学习，有29％的学生主要运用视觉学习，有37％的学生主要运用触觉学习。很明显，如果我们做到了五官并用，那么我们的学习效率就可以成倍地增加。例如，有些人习惯边听音乐边学习，很多同学认为这会影响学习效果，实则不然，对他们来说，音乐可以使自己很快地进入一种放松、开放的状态，从而更集中精力地学习和记忆，提高学习效率。爱因斯坦就是常常一面演奏着小提琴，一面产生一些"奇妙的想法"，被誉为"艺术的科学家"。因此，要达到快速而有效的学习，保持最佳的学习状态，我们应充分发挥各种感官的协调作用，通过多种渠道接受和反馈信息，正如墨西哥著名诗人帕斯在评价现代摄影家、世界级艺术大师布拉沃时所说："眼睛在思考，思想在看，视觉在触摸，文学在燃烧。"

2. 积极参与课堂讨论

大学是对人的培养，特别是对人独立思想的培养，与中学学习不同，大学课堂不再是采用传统的"一言堂"、"单向式"、"权威主义"等教学方法，而是经常采用开放式、启发式、讨论式、探索式的教学手段。教师们常常会利用上课时间开展课堂讨论，集思广益，碰撞思想的火花，达到师生间的双向交流。大学生们应该充分利用课堂讨论的机会，活跃思维，积极发表自己的见解，不要因为对教师的权威而不敢向他们提出挑战，或是因为讲情面而不好意思对他人的观点提出疑问或是批评，又或是因为怕出丑，总是担心提问不当怕被人笑话而想说不敢说。在学术问题上，包括教师在内的任何人都不能谋求权威，每个人都有发表见解和坚持自己学术观点的权利。我们要解放思想，拉下情面，敢于争鸣，敢于批评，敢于标新立异，在实质性问题上与他人展开思想交锋，只有这样，才能加深对问题的理解，锻炼流畅的表达力和逻辑思维能力，达到快速有效获取知识的目的。

 扩展阅读五

哈佛大学特别注重人的自觉精神的培养，积极倡导课堂讨论。100多年前，哈佛的毕业生、著名哲学家和心理学家威廉·詹姆斯说："就培植自主及独立思想的苗床而言，除了哈佛大学，无出其右者。哈佛的环境不只允许、而且鼓励人们从自己特立独行中寻求乐趣。相反，如果有朝一日哈佛想把他的孩子塑造成单一固定的性格，那将就是哈佛的末日。"哈佛至今仍然严格恪守着这一原则，学生一入校就会一遍又一遍地听到这样的话："你们到这里，不是来发财的。你们到这儿来，为的是思考、并学会思考！"在课堂上，教师和学生的关系是合作伙伴关系，绝非等级关系，教授视自己为引导者、推动者和共同思考者，与学生平等地讨论。在讨论中，教授们基本不提供答案，即使有答案也不唯一。他们早已习惯了学生尖锐直率的质疑和批判，他们最喜欢的、给分数最高的都是那些敢于并有能力挑战教师的学生。抄袭、剽窃、改头换面的思想，是哈佛教学、研究和学习的大忌。学生们所受到的最严厉的惩罚不是因迟到旷课、夜不归宿或者打架斗殴、损坏公物，而是学习上的剽窃。为了培养学生的独立思想，发挥每个学生的最大潜能，让每个同学都在课堂上踊跃发言，哈佛制定了一套严格的评分办法，在学生成绩中，课堂发言占分数的25%～50%。因此为了争得发言机会，学生们往往唇枪舌剑，竞争激烈。而发言的质量如何，与学生课外所做的准备是否充分有关，参与的质量，决定着学生考试分数的高低。之所以如此，是因为哈佛的教学理念是在教学过程中不重视是否得出正确答案，重视的得出结论的思考过程。哈佛前校长德里克·博克指出："在大学，最明显的需要是停止对传授固定知识的强调，转而强调培养学生不断获取知识和理解知识的能力。这个转变意味着更加强调学术研究的方法，强调论述和演讲以及掌握基本语言的方法，掌握这些方法是获得大量知识的途径。"

3. 充分利用图书馆和互联网

大学生应该充分利用图书馆和互联网，培养查找参考书和收集资料的能力，学会快速广泛涉猎各类所需知识和研究成果。例如，当我们在一门课上发现了自己感兴趣的课题，就应当积极去图书馆查阅相关文献和参考书，了解这个课题的来龙去脉和目前的研究动态。熟练并充分地使用图书馆资源，这是大学生特别是那些有志于科学研究的大学生的必备技能之一。除了图书馆资源以外，互联网也是一个巨大的资源库，大学生们可以借助搜索引擎在网上查找各类信息，很多问题只要在搜索引擎中简单检索一下，就能轻易找到答案。需要指出的是，庞大的互联网信息，有对的，有错的，有真的，有假的，同学们必须锻炼自己的判别能力，且学会利用搜索引擎自己查考、求证，不要轻易相信网上的谣言。除了搜索引擎以外，网上还有许多网站和社区也是很好的学习园地，各种新闻类内容也可以帮助自己有效地拓展国际视野，为今后走上社会储备知识。在21世纪里，使用计算机和网络就像使用纸和笔一样，是人人必备的基本功。

4. 广泛听取各类讲座

大学汇集了大批的社会精英，是学术的殿堂。在大学里，为了增强学术氛围和活跃思维，经常会举办各种各样的讲座。这些讲座内容丰富，形式多样，被称为"大学的第二课堂"：既有哲思型的，也有励志型的，既有欣赏型的，也有知识型的，既有介绍学科最新、最前沿理论和研究成果的学术性讲座，也有教育大学生如何充实有效地度过大学生活的指导性讲座，还有开阔眼界、感悟人生的社会性讲座……这些讲座或为主讲人多年精心研究的成果，或为他们的切身体会和深刻感悟，是他们每个人认为自身最精华和最具传播价值的东西，这对于大学生拓宽知识视野，增强学术修养，引导健康成才等方面具有非常大的帮助。所谓"听君一席话，胜读十年书"，对于身处大学校园的大学生来说，多听高质量的讲座，吸收最先进的思想，就一定可以快速有效地获取知识，享受真正的"思维盛宴"。

二、争取最佳的学习效果

什么是最佳的学习效果呢？是高分？还是渊博的知识？都不是。在大学学习，方法比知识重要，能力比分数重要，成果比文凭重要。因此，对于每个大学生来说，最佳的学习效果不是你记住了多少知识，考了多少分，拿了多少次奖学金，而是掌握了科学的思维方法，培养了独立分析和解决问题的能力，取得了创造性的成果。

1. 研究性地学习

科学研究是一种复杂的智力劳动，是艰苦的探索过程，是学习的最高境界。蒸汽机的发明，电子计算机的应用，互联网的建立，无一不是科学研究的结晶和硕果。可以说，人类文明的每一步发展都离不开科学研究工作。诺贝尔物理学奖获得者李政道先生曾说："我们的研究领域，是没有路牌的地方。真正的学习是要没有路牌也能走路，最后能走出来。这才是学习的本质。"他的意思告诉我们，大学生们不能仅仅吸取现成的知识，而应该积极参加科学研究，在科学研究中学会迁移、学会整合、学会创造，以达到增长才干和出成果的双重目的。

那么，大学生应当如何进行科学研究，其方法和程序是如何呢？归纳起来主要有四个步骤。

首先，确定选题。选题是每一项具体科研工作的起点，对以后研究工作的成败、效果和大小起着重要的作用。一个好的选题应该是既有现实性，又有开拓性的，既能适应现实需求，又能反映未来发展方向，需要研究者有高超的想象力和科学的鉴赏力。刚刚步入科研的大学生，要选好研究课题必须掌握好如下原则：①选题要有专业性。大学生要尽量将科研和本专业学习结合起来，这样，毕业之后就能在工作岗位上较快地承担起本专业的设计与研究任务。②选题要有综合性。我们要通过科研学会综合运用所学知识，使理论与实际应用相结合，如果课题过于简单，涉及知识面较窄，条件限制呆板，就不能提高综合解决问题的能力。③选题要有实际操作性。选题要尽可能结合社会实践和生产实际，要解决生产实际中的问题，并对国民经济或社会事业的建设有实际价值，力求取得一定的社会效益和经济效益，为生产服务，为社会主义现代化建设服务。

在了解了选题的基本原则之后，大学生可以从以下几个渠道寻找课题：一是同教师的科研课题结合，将教师研究的部分课题或子课题作为自己的研究选题，这样既可以分担教师的任务，又可得到教师的直接指导；二是接受有关部门或生产单位委托的课题，这部分课题最具现实意义，应积极参与；三是从生产实习或学年论文中选题。这对熟悉专业、深入钻研大有好处。四是选择自己平时学习、思考发现的感兴趣的课题。

其次，调查研究、制订方案。课题选定之后，就要围绕课题进行调查研究，并在此基础上制订出研究方案。调查的主要内容是历史和现状的调查，以及实地考察。了解类似的课题前人已经做了哪些工作？已经解决了哪些问题？还存在什么问题？他们采用了什么样的研究手段和技术？等等。经过周密细致的调查研究后，就可以对头绪纷繁、不甚了解的课题开始系统化、条理化，可以对研究任务中的问题进行综合分析，抽出本质性的问题，加以明确。在此之后，便可将总的问题划分为几个关键性的问题，再精心设计，为问题的解决提供合理的方案。

再次，论证思考，得出结论。方案确定后，我们就应该根据方案和思路仔细观察论证，得出科学、可靠的结论。例如大学生可以按照"问题—假设—推理—结论"的模式进行课题研究，"问题"是指围绕研究主题提出问题；"假设"是进行各种可能性的假设，包括正面与反向的假设，假设是对结果或答案的一种猜想；"推理"是寻找证据、分析证据，举例论证；"结论"是通过"推理"，一层一层地剥去表象，去伪存真，得出结论。

最后，撰写论文。科学研究工作的最终产物就是研究成果，研究成果可以是产品、设计、发明、著作或者论文，常用的形式是研究报告或论文。它是科学研究不可缺少的组成部分，是课题研究的最后一道程序。

2. 创造性地学习

古希腊有位哲人普罗塔说过一句名言："大脑不是一个要被填满的容器，而是一支需要被点燃的火把。"美国芝加哥大学前校长 H. B. 赫钦斯曾告诫他的学生："如果在大学就读期间，你只是积累了别人阐述的事实、数据和原理，没有同时学会独立地、合乎逻辑地思考，那么你将成为世界上最不合格的产品。"作为新时代的大学生，要积极点燃头脑中的创新之火，独立思考，创造性地学习。

我们要善于从日常生活中发现问题，进行探究，要提出"为什么是这样?"、"不这样行不行?"、"还有没有更好的或其他的办法?"等问题，不要墨守成规，总停留于满足现成答案和结果，而是要从多角度去认识、把握、创造事物。因为创造，之前学习有关杂志广告和报纸排版的学徒期限是六年，学习有关书籍排版需要五年，今天有了电脑排版，可以将这整整 11 年的训练压缩到一个星期之内完成。我们应当也在自己的领域里，在继续掌握前人积累的专业理论知识基础上，不断思考自己能给社会带来什么相似性的突破? 例如，在《学习的革命》一书中提到的：

把它加倍，就像伦敦的双层公共汽车? 把它减半，就像比基尼或超短裙? 把它扩展，就像能一处购足的购物中心或波音 747 大型飞机? 把它弄干，就像一小袋汤料粉? 把它切开，就像面包? 把它拉长，就像工装裤或加长轿车?

总之，对于那些被实践证明是正确的理论和观点或是学术价值和应用价值较高的知识，我们应当认真学习和掌握；对于那些陈旧过时甚至被实践证明是错误的东西，我们应当抛弃或批判；对于那些学科领域的疑点或尚未解决的难点，我们应当奋力拼搏，深入探讨，努力加以解决。

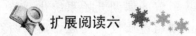 **扩展阅读六** ❄❄❄❄

有这样一则寓言：上帝为人间制造了一个怪结，称之为"高尔丁"死结，并许诺：谁能解开奇异的"高尔丁"死结，谁将成为亚洲王。所有试图解开这个怪结的人都失败了。最后轮到亚历山大，他想尽办法要找到这个结的线头，结果还是一筹莫展。然后他说："我要创建我自己的解法规则。"他抽出宝剑，将"高尔丁"死结劈为两半，于是他成了亚洲王。这个寓言深入浅出地揭示了"创新"的真谛。

第四章　赢在考试

在高中阶段，大家的目标是战胜高考，每一次的考试都是一个关卡，映照着最后的高考成绩！那么，到了大学，考试意味着什么？

大学生活丰富多彩，各类学生组织的活动缤纷登场。考试是给学子们一个检测自己所学知识的机会，也使大家对专业学习的重视度提高。毕竟大学是个学习的地方，学生的首要任务就是学习，找准自己学习、工作的平衡点至关重要，所以大学的考试是非常有必要的。在过去的学习中，每天铺天盖地的试卷，每隔30天揪心的月考，让我们对考试并不陌生。那么，大学的考试怎么考？考什么？

考试的方式包括笔试（闭卷、开卷或开闭卷结合）、口试、专题论文和技能测试等多种形式。

第一节　期末考试

也许你要说在大学嘛，考试"多一分浪费，少一分受罪，六十分万岁"，这和"把大学看成是没有压力的象牙塔"的观点一样踏进了误区。你会说在大学期末考试成绩说明不了全部，也不是学校或者用人单位考核的唯一标准，但是你无法否认两个事实：①大学里评什么奖项都会和成绩挂钩；②它确实从一个侧面反映出我们的学习态度和人生态度，在你毕业之时，用人单位可以很轻松地从你的就业推荐表上的学习成绩看到你对事情的态度。期末考试的成绩可以让人知道你能不能吃苦，能不能坚持，有没有方法，会不会应对，如果连小小的期末考试都无法令自己满意，试问你又如何面对激烈的就业竞争？

一、平时认真对待

期末考试考得好当然和平时的认真学习是分不开的，两者之间存在必然的联系。而且平时成绩一般占期末考试的20％～30％，因此平时上课认真听讲、积极发言、做好笔记，期末复习备考的时候再做整理。俗话说：冰冻三尺，非一日之寒。平日不努力，期末徒伤悲啊！

二、备考讲究技巧

既然是考试，就是有一定技巧而言的（请注意：这个技巧是建立在平时认真跟着老师学习的基础上的，对于某些逃课是常态、上课是偶然的同学来讲，这个作用微乎其微。）首先要善于通过和同学老师等各方交流获取考试信息，考试成功的第一步是尽可能多地掌握考试的各种信息，这样可以使你集中力量抓主要问题，合理地安排和利用有限的复习时间。通过和老师或者师兄、师姐了解各类科目的考试题型、考试范围、考察的重点等信息。

其次把老师平时专章专节讲的笔记和老师在考试前强调的重点整理好。说到整理，这个过程又是培养另一方面技能的关键，也就是要善于总结，这是考高分的关键。因为平时的学习较为松散，我们的知识并没有形成整体的框架，总结的过程是初步的复习，也便于集中地有侧重点地复习。将你从各种渠道得来的重点总结成干净利索、条理清晰的小册子，切忌不要复印别人整理好的现成的资料（但可以借鉴），因为在自己整理的过程中你已经把重点全面学习了一遍，而且自己整理的资料符合自己复习的方式，这时你稍加复习考 80 分应该没问题。

剩下的就是记忆问题了。合理安排时间是必要的，可按照迎考顺序依次调整复习重点，也可根据自身学习情况。然后找个同伴一起到图书馆或者教室上自习，图书馆和教室绝对是考试复习的最佳地点，那里有氛围，而且一天认认真真地坐下来，会很有成就感，不容易产生堕落感和内疚感。也可以和其他同学交流一下复习资料和复习进度，这样也会造成一种必要的紧迫感。（平时没事也要去图书馆翻翻书，无数的实例已经证明，天天待在寝室玩游戏或睡觉发呆，只会让你感觉无聊、烦闷、无所事事。）文史类的课程复习起来要有条理性地记忆，不能死背，尤其是画出的重点题目要反复记忆，可以和同伴在路上或者吃饭睡觉时互相问答。文科类的题都是大分值，要拿足分数。"临时抱佛脚"，在文科期末考试中也有它积极的意义。大学期末考试考的是知识点，是上课的态度，不是智力测试，所以在一门学科一定的范围内抱佛脚的效果是明显的，考试前一个晚上甚至是前两个小时的加强记忆也是可取的。

实践性比较强的科目主要采取笔试和实践相结合的方式进行考察，如数字/模拟电路、微机原理、程序设计语言等。实践考察主要有上机考试和实验考试两类。上机考试一般是计算机相关科目采取的一种形式，如程序设计语言类科目，要求你用相应编程语言，在规定时间内，实现一定的功能。实验类考试分为创新类实验和验证性实验考试两类。验证性实验考试，要求你能重现前人所进行的实验，得到相应正确的结果，难度提高一点的话，可能会让你进行误差分析或提出相应改进方法等。创新类实验一般会让你在规定的时间内，完成一个实际工程。这类测试一般有老师给题和自己选题两类，完成时间一般会比较长（主要决定于工程的难易程度），一般至少有一个月时间以上。

三、克服困难、坚持到底

众所周知，天公在期末考试的时候总是不那么作美。但是同学们请注意，学校不会因为天气原因而取消考试。所以你在备考的时候，需要的不是侥幸的心理，而是克服天气困难、做好准备的坚强精神。每逢学期末，看到图书馆爆满的情景，你还能心安理得地窝在寝室上网或是上街去 HAPPY 吗？如果是的话，那么等待着你的就是高高挂起的红灯，当然，大家都不希望是那种结果。邀上室友一起到教室整理笔记、背背书，虽然冬天湿冷、夏日炎炎，但是辛苦一段时间，换来过关、高分，甚至是奖学金，那种成就感是很让人兴奋的，想来还是非常值得的。

第二节　大学英语四、六级

在大学除了期末考试还有较多其他的考试，如英语四六级考试、国家计算机考试、教师资格证考试等，这些考试复习的方法与期末考试有些不同，这些全国性的标准化的考试要先熟悉《考试大纲》、考试流程、考试的时间安排、考试的题型、考试资料及前几年的考试真题。

大学英语水平测试等级考试（College English Test，CET）是大学期间一个比较重要的考试，现在实行的是四级和六级考试。尽管现在很多学校四、六级考试不与学位挂钩，但是请同学们不要掉以轻心，四、六级考试是大学期间很多评优秀、评先进的条件，是很多用人单位的门槛，也是毕业时保研的必要条件。可见，其重要性是不言而喻的。

所谓知己知彼，百战不殆。对于四、六级考试的一些基本政策和动态，大家还是要掌握的。大学英语四、六级考试是国家级考试，每个学期有一次，一年两次，一般在学期末统一进行考试。一般在大二上学期就可以报考四级，分数在425 分及以上者就有资格报考六级，如果没有通过，依然可以继续报考。四六级考试改革以后，题型都有了很大的变化，听力和阅读的比重加大，在备考的时候也要相应地有所倾斜。另外，评分标准也由原来的 100 分制变为 710 分制。

备考依然是通过四、六级考试的重头戏。其实一切考试都有一个固定的模式，万变不离其宗，那就是知识、方法加信念。

（1）知识。大一、大二时，学校会开设大学英语课程，不少同学认为这是公共课而不认真对待，认为它与四、六级考试无关，造成了上英语课时不好好听，反而在其他课上看英语的局面。其实，这种想法大错特错，是典型的丢了西瓜捡芝麻的可笑行为。每周 4～5 节的英语课可以接收到很大的信息量，了解西方的文化背景及基本的语法知识，很重要的一点是扩大词汇量，这些都是在为四、六级考试奠基的，要认真对待。

（2）方法。每一年的真题体现了四、六级考试的最真最原始的风貌，因此做真题是非常必要的。找一个安静的环境，定时做完一套真题，然后参照答案，找到不足，再做例如分析句型结构、做题技巧的分析。这个消化过程可以放慢，一个星期消化完一套试卷，查漏补缺。

现在社会上有很多考试培训机构传授一些考试宝典、考试秘籍之类，每个同学根据自身不同情况选择适合自己的培训班去参加，同学之间也可以参加不同的培训班，回来之后互相交流一下技巧，共同学习。考试改革后，听力比重加大，每天听一段"混个耳熟"，阅读也要每天相应做个一两篇，不要太追求正确率，保持状态对于考试是很重要的。对于作文来讲，考前背几个模板句也能起到"临阵磨枪、不快也光"的作用。

（3）信念。天下事有难易乎，为之，则难者亦易矣；不为，则易者亦难矣。《真心英雄》里唱得很好"没有人能随随便便成功"。确实如此，四、六级考试的周期是一个学期，时间比较长，需要同学们坚持不懈地认真对待，一日不练便生疏了，所以要经常地去"呵护"它，不要冷落它。坚持到最后的信念是成功的重要因素。

第三节　计算机考试

计算机等级考试也是大学里一个重要的考试，分为省考和国考。省考与学位挂钩，一般文科类学生要在大学期间通过省一级，理工科类学生要通过省二级。省考每学期都有，一般在学期末举行，大一的下半学期就可以报考，而国考也是每个学期都有，一般是在每年的 4 月和 11 月初左右。省考和国考都是分为笔试和上机考试，满 60 分就算通过，颁发证书。

该项考试分为一、二、三、四级：一级是初级，主要考查内容是一些计算机方面的基础知识，DOS 操作系统的初步知识，文字处理知识和简单数据库操作。二级主要考查程序设计，可以选择 C、ACCESS、PASCAL、FORTRAN、FOXBASE 等语言。考试合格者意味着具备一定的应用水平与编程能力。三级该级别考试试分为 A、B 两类，A 类偏重硬件系统开发、维护，微机原理，汇编语言；B 类偏重软件的开发与维护，程序设计及软件工程等内容。四级主要考系统的组成、原理，系统配置，网络等内容，有 40% 是英语原文试题。

等级越高，相对越复杂一些。计算机考试是一项能力测试，这就需要同学们在平时的时候就要注重这方面的素质培养。上机操作是成功通过的基础，会操作了自然就会做题目，包括笔试和上机。

计算机认证考试一般有各著名 IT 公司的认证考试，如思科、微软等，这类证书的含金量比计算机等级考试要高，当然考试费相比于计算机等级考试可要高好多哦，还有就是这类考试考点一般设在大中城市。

第四节　教师资格证考试

教师资格证考试包括教育学、心理学、普通话测试和试讲四部分。四部分全部都要合格才能取得教师资格证。

师范类学生的教育学、心理学和教育技能训练是必修课程，只要在期末考试时通过考试就不必再去专门考。只要通过了普通话测试就可以取得教师资格证。

非师范学生需要参加教育局举办的教育学、心理学和试讲的专门考试，还要通过普通话测试，方能取得教师资格证。教育学、心理学笔试通过后，就是试讲。试讲分三个步骤：首先是做个简单的自我介绍，说明为什么有志于当老师；接着是抽一个选择题作答；最后是说课。说课的教案必须自己准备，只要是人教版高中课文即可，一般准备 6 篇教案，然后从中任意抽取一份作为自己的说课稿，整个过程大概 10 分钟左右。

普通话测试满分 100 分，分为 6 个等级，分别是一级甲等（97 分及以上）、一级乙等（92～97 分）、二级甲等（87～92 分）、二级乙等（82～87 分）、三级甲等（77～82 分）、三级乙等（72～77 分）。申请语文教师资格证要通过二级甲等，其他科目则需通过二级乙等。

考试，是一种态度、一种心态。面对考试，我们应以淡定、平和之心对待，积极备考、轻松赴考、从容待考。纳兰性德有词曰，"被酒莫惊春睡重，读书消得泼茶香，当时只道是寻常"。殊不知，如今被我们视做"恐怖"的考试，在日后我们蓦然回首时，也许亦将成为我们生命里最寻常、最美好的回忆。

第三篇　健健康康

人的一生最重要的是什么？ 是健康，因为健康是事业、爱情、幸福和实现人生价值的基础。

关于健康的含义，早在 1948 年世界卫生组织成立之时就宣布： "健康乃是一种生理、心理和社会适应的完整状态，而不仅仅是没有疾病和虚弱的状态。" 它又具体提出健康的标志是，除了众所周知的没有病理改变和机能障碍外，还应该具有：

（1）有充沛的精力，能从容不迫地担负日常工作和生活，而不感到疲劳和紧张；

（2）积极乐观，勇于承担责任，心胸开阔；

（3）精神饱满，情绪稳定，善于休息，睡眠良好；

（4）自我控制能力强，善于排除干扰；

（5）应变能力强，能适应外界环境的各种变化；

（6）体重得当，身材匀称；

（7）眼睛炯炯有神，善于观察；

（8）牙齿清洁，无空洞，无痛感，无出血现象；

（9）头发有光泽，无头屑；

（10）肌肉和皮肤富有弹性，步态轻松自如。

上述对健康的详细解释表明，健康同时包括了生理健康和心理健康两个方面，一个人生理、心理和社会适应都处于完满状态，才算是真正的健康。 生理健康是心理健康的基础，而心理健康反过来又能促进生理健康，健全的心理寓于健康的身体，而健康的身体有赖于健全的心理，两者互为因果，互相影响，因此，健康是身心健康的统一。

现在人们又提出了亚健康的概念。 亚健康，人们又称其为人的 "第三状态"，它是介于健康与疾病之间的一种生理机能低下的状态。 是一种没有疾病，什么都不缺，但缺少幸福感的状态。 他们一般情况下能正常学习、工作和生活，但显得生活质量差，工作效率低，极易疲劳，同时伴有食欲不振，失眠健忘，心绪不宁，精神萎靡，焦虑忧郁，性功能减退等表现。处于"第三状态"便是在心理方面多出现疲劳、精神不振，心绪低沉、反应迟钝、白日困倦、夜晚失眠，注意力不集中，记忆力减退，烦躁、焦虑、多梦多惊等。

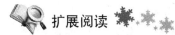 扩展阅读

生理健康的含义

指人的身体能够抵抗一般性感冒和传染病，体重适中，体形匀称，眼睛明亮，头发有光泽，肌肉皮肤有弹性，睡眠良好等。生理健康是人们正常生活和工作的基本保障，达不到这一点，就谈不上健康，更谈不上长寿。

现代医学研究表明，心理的、社会的和文化的因素同生物学因素（包括遗传、生理、生化和免疫等）一样，与人的健康和疾病都有非常密切的关系。

心理健康的标准

1946 年国际心理卫生大会提出："所谓心理健康是指在身体、智能以及感情上与他人的心理健康不相矛盾的范围内，将个人心境发展成最佳的状态。"

心理健康的标准可谓众说纷纭，国内外专家学者都有过研究和论述。其中美国心理学家马斯洛和密特尔曼提出了十条标准，我国心理学家们在此基础上，提出了中国化的标准：

（1）具有适度的安全感，有自尊心，对自我与个人的成就有价值感；

（2）有适度的自我批评，不过分夸耀自己，也不过分苛责自己；

（3）在日常生活中，具有适度的自发性与感应性，不为环境所奴役；

（4）与现实环境能良好的接触，能容忍生活中挫折的打击，无过度幻想；

（5）适度的接受个人的需要，并具有满足此种需要的能力，特别不应对个人在性方面的需要与满足产生恐惧或歉疚；

（6）有自知之明，了解自己的动机与目的，并能对自己的能力作适当的估计，对于违背社会规范道德标准的欲望不作过分的否认或压抑；

（7）能保持人格的完整与和谐，个人的价值观能视社会标准的不同而改变，对自己的工作能集中注意力；

（8）有切合实际的生活目标，个人所从事的多为实际的、可能完成的工作，个人生活中包含利己与利人的两种成分；

（9）具有从经验中学习的能力，能适应环境的需要而改变自己；

（10）在团体中能与他人建立和谐的关系，重视团体的需要，接受团体的传统，并能控制为团体所不容的个人欲望或动机；

（11）在不违背团体意愿的原则下，能保持自己的个性，有自己独立的意见，有正确的是非能力，对人不作过分的阿谀，也不过分追求社会赞许。

第五章　心理健康

哲学家苏格拉底有一句箴言："认识你自己，才能认识人生。"德国著名的作家约翰·保罗曾说："一个人真正伟大之处，就在于他能够认识自己。"人的一生，始终都在探索自我，实践自我，超越自我。对处在自我意识迅速发展这一特殊阶段的大学生来说，他们更是积极主动地去认识自我、体验自我、塑造自我、完善自我。

人格：又称个性，是一个人在一生漫长的历程中逐渐形成的，表现为稳定的和持续的心理特点以及行为方式的总体，通常包括气质、性格、能力、需要、动机、兴趣、爱好、理想、信念和价值观等。

自我意识：是指人对自己的身心状况、自己与别人以及自己与周围世界关系的认识，并由此产生的对自己的一切思想、行为与潜力所采取的自觉态度，是人格结构的核心部分，是人的心理区别于动物心理的重要标志，它是一种特殊的认知过程。它包括自我认知、自我体验、自我调控三个方面。

第一节　健全人格

一、大学生常见的人格问题

（1）鲁莽。以冒失、莽撞、急躁、马虎为特征，容易表现为思考不足、办事急躁，冲动。

（2）急躁。具有较大的普遍性。如表现在学习上，往往是什么都想学，而且都想在短时间内学会，急于求成，其结果是因为超出了自己的实际能力，加之时间有限，不得不半途而废，不了了之。

（3）悲观。有的大学生常常从消极的角度去看问题，总是盯着不利和困难的一面。用悲观来对待挫折，如有些人一遇到不如意、失败就垂头丧气，怨天尤人；有些人对前途失去信心，心灰意冷等。

（4）猜疑。好猜疑的人往往对人对事十分敏感多疑，看到同学背着自己说话，便疑心是在讲自己的坏话，看到同学没跟自己打招呼，便猜想该同学对自己有意见或不喜欢自己等。

（5）狭隘。凡事斤斤计较，耿耿于怀，好妒忌，好挑剔，容不得人等，都是心胸狭窄的表现。

（6）偏执。固执己见，盲目地固守自己的方法和手段，不改变自己的立场，对他人的意见和建议充耳不闻。

（7）拖拉。拖拉是不少大学生的通病，指可能完成的事而不及时完成，今天推明天，明天推后天。

（8）虚荣。过分看重荣誉和他人的赞美，自以为是，甚至夸大和抬高自己的形象，来捍卫虚假、脆弱的自我，以得到他人的认可。

二、健全人格的塑造

（1）培养自己的意志品质。意志在人格中占有重要的位置，成功的路上难免有困难和挫折，但认准目标后就一定得坚持。有志者事竟成，三天打鱼，两天晒网将一事无成。

（2）从小事做起，从每一件眼前的事情做起。一个人日常言行的积淀成为习惯，也就形成了一个人的人格。

（3）拥有积极乐观的人生态度。凡事往好处去看，从困境中看到希望，从危机中看到生机，从失败中接受经验教训，即使是失败，但从中得到了成长就是好的。

（4）融入集体中去。通过集体交往，自己的某些人格品质或受到赞扬、鼓励或受到指责，从而有助于自己做出调整。自觉地模仿榜样，要善于学习他人的良好性格特征。集体是锤炼人格品质的熔炉。

（5）丰富自己的知识。学习知识、增长智慧的过程也是人格优化的过程。培根说过："知识就是力量。"他还具体地阐述道："读史使人明智，读诗使人灵秀，数学使人周密，科学使人深刻，伦理使人庄重，逻辑修辞之学使人善辩，凡有所学，皆成性格。"

第二节　情绪调适

台湾作家罗兰说过："情绪的波动对有些人可以发挥积极的作用，那是由于他们会在适当的时候发泄，也在适当的时候控制，不使它们泛滥而淹没了别人，也不任它们淤塞而使自己崩溃。"人每时每刻都处在一定的情绪状态下，如何识别、表达和管理自己的情绪，对大学生的身心健康及事业的成功起着举足轻重的作用。

情绪是指人对于客观事物是否符合自己的需要而产生的态度和体验。当客观事物和情境符合我们的需要和愿望时，人就会产生诸如高兴、喜悦、满足、自信和幸福等积极、乐观、肯定的情绪；当客观事物和情境不符合我们的需要和愿望时，就会产生诸如焦虑、抑郁、自卑、恐惧和愤怒等消极、否定的情绪。

一、大学生常见的情绪困扰

（1）焦虑：是大学生中较普遍的不良情绪，是个体在主观上预料会有某种不良后果产生或模糊的威胁出现时的一种不安情绪，并伴有忧虑、烦恼、害怕、紧张等情绪体验。

（2）抑郁：是一种感到无力应付外界压力而产生的消极情绪，常伴有厌恶、痛苦、羞愧、自卑等不良情绪。主要表现为：情绪低落，思维迟缓，郁郁寡欢，闷闷不乐，兴趣丧失，缺乏活力，反应迟钝，干什么都打不起精神，对生活缺乏信心，体验不到快乐，失眠等。长期的抑郁会使人的心身受到严重损害，使人无法有效地学习、工作和生活。

（3）冷漠：是一种对人对事漠不关心、冷淡、退让，没有喜怒哀乐的消极情绪体验。冷漠通常比攻击对身心的危害更大，它往往是个体压抑愤懑的一种表现。

（4）压抑：相当多的大学生常常感到自己的情感不能得到尽情倾诉，大学生中流行的"郁闷"就是压抑的表现。这种感觉有些是由自己意识到的原因引起的，而有些则是自己也不知道的，只觉得自己有一种不满、烦恼、空虚、寂寞、孤独、苦闷等感觉。

（5）嫉妒：是大学生中有一定普遍性的不良情绪，嫉妒会影响大学生的人际关系，造成同学间的隔阂甚至对立，同时使自己处于烦躁，痛苦的情绪中。

（6）易怒：是当客观事物与人的主观愿望不相符时产生的强烈情绪反应。如因一句刺耳的话，一件不顺心的事，就激动得暴跳如雷，或出口伤人，或拔拳相向，铸成大错。发怒会使人丧失理智，阻塞思维，导致损物、殴人甚至犯罪等许多失去理智的不良行为。

（7）恐惧：是一种企图摆脱或逃避危险情境的情绪，如害怕被拒绝，害怕人际关系搞不好，害怕学习失败等。

二、健康情绪情感的培养

1. 著名的"理性情绪治疗理论"

"理性情绪治疗理论"由美国心理咨询专家艾利斯（Ellis）创立于20世纪50年代，其要点如下：

（1）人既是理性的，又是非理性的。人的精神烦恼和情绪困扰大多来自于其思维中不合理、不符合逻辑的信念。它使人逃避现实，自艾自怨，不敢面对现实中的挑战。当人们长期坚持某些不合理的信念时，便会导致不良的情绪体验。而当人们接受更加理性与合理的信念时，其焦虑与其他不良情绪就会得到缓解。

（2）人的不合理信念主要有三个特征：①"绝对化要求"，即对人或事都有绝对化的期望与要求；②"过分概括"，即对一件小事做出夸张的，以点概面、以偏概全的反应；③"糟糕透顶"，即对一些挫折与困难做出强烈的反应，认为一件事如不成功就会恶性循环下去，没有办法，没有指望，并产生严重的不良情绪体验。

凡此种种，都易使人对挫折与精神困扰做出自暴自弃、自怨自艾的反应。

艾利斯通过自己的临床经验总结出 11 条不合理信念，现做一列举，希望对大学生们有用：①每个人绝对要取得周围的人，尤其是生活中每一位重要人物的喜爱和赞许；②个人是否有价值，取决于他是否全能，是否在人生的每个环节都有所成就；③世界上有些人很邪恶，很可憎，是坏人，应严厉谴责和惩罚他们；④当事情不如己意的时候，感到实在可怕和可悲；⑤要面对人生中的艰难和责任实在不容易，倒不如逃避来得省事；⑥人的不愉快是外界因素造成的，所以人实在是无法控制自己的痛苦和困惑；⑦对于危险的和可怕的事物，人应该非常关心，要不断关注和思考，而且要随时留意它可能再发生；⑧一个人的过往经历往往决定了现今的行为，而且这是永远不可能改变的；⑨一个人总要依赖他人，同时也需要一个比自己强有力的人来让自己依附；⑩一个人要关心他人的问题，为他人的问题悲伤难过（注：指过分地关心和悲伤难过）；⑪人生中的每一个问题总会有一个精确的答案，若得不到答案，就会痛苦。

（3）"ABC"理论：在诱发事件 A，个人对此形成的信念 B 和个人对诱发事件所产生的情绪与行为后果 C 这三者关系中，A 对 C 只起间接作用，而 B 对 C 则起直接作用。换言之，一个人情绪困扰的后果 C，并非由事件起因 A 造成，而是由人对事件 A 的信念 B 造成的。所以，B 对于个人的思想行为方法起决定性的作用。

有这么一则轶闻：一位教授将赴异地讲学，临行前与夫人在家里整理行装。在收拾一套精美、较贵重的茶具时，一不小心，打碎了一只茶杯。面对这种情况，也许有人会十分心疼懊恼：好端端的成套茶具，打碎了一只杯，如何去配？谁知这位教授莞尔一笑，幽默地说："真不错，又多了一只碟子！"以上述的这则轶闻为例，理性情绪治疗理论认为，A 是教授不小心打碎了茶具的一只杯子，是一个客观事件；B 是教授的信念，一种乐观合理的态度"杯子打碎了已无法改变，不过这倒多出了一只碟子可以另作他用"；在这种理性信念的作用下他坦然幽默地付之一笑，并风趣地自我解压，这就是反应 C。但是，面对同样的 A，也许有人会产生悲观消极的信息 B"真是老了不中用了，这点小事都办不好"、"这么贵重的杯子打碎了真可惜，又没有办法再配对，叹，如果小心一点……如果再小心一点……"、"出门前打碎杯子是个不祥的预兆呀！"这么出现的反应 C，很

可能就是气恼、无奈、抑郁、恐惧、自怨自艾等一系列消极心态，甚至使当事人无法摆脱。

又如：一辆长途公共汽车在路上抛锚，车上的乘客所产生的情绪程度差异很大，有的焦虑不安，怨天尤人，消极情绪很强，有的心平气和，耐心等待，情绪波动较小。

所以人的情绪并不由客观事物本身所决定，而是由个人对客观事物的认知、评价、看法、态度所决定的。同一件事情，不同的人看法、感受不同，所引起的情绪、主观体验也不同。

2. 积极看待人生的苦恼

在美国北部的芝加哥及华盛顿地区，有一种蝉要在地下生活整整 17 年。这些蝉被称为"17 年蝉"。17 年一到，在极其有限的时间内，幼虫一齐涌出地面，一平方米的面积上同时有几百只进行着成蛾过程。涌出地面的蝉，停留在树枝上，尽情地歌唱着生命的喜悦。但是残酷的是地下生活长达 17 年，而在地上只能存活短短的两个星期。如果有一些蝉因此而烦恼、痛苦，它们会怎样？一生一眨眼便结束了……试着想象一只蝉正在苦恼中的情景吧！两个星期的地面生活，对蝉来说是一件不得了的大事，而周围的其他事物却不会有任何感觉。即使最快乐地生活也不过只是瞬间即逝的人生，那么，何苦在这宝贵的时间内烦恼、痛苦呢？这只能是白白地耗费生命。

蝉的一生是短短的两个星期，人生是 80 年，而 80 年与地球 46 亿年的历史对比看，蝉与人都处于同样的境地，都不过是眨眼间的、不可预测的生命而已。正因为如此，生命之火燃烧着的每一时刻才显得十分珍贵。只有向理想挑战，开朗而愉快地、乐观勇敢地生活，才能体现出生命的真正价值。

3. 以积极的心态对待事物

有一个人，他 22 岁做生意失败，23 岁竞选议员失败，24 岁重入商海再次失败，而且赔得一无所有，29 岁再次竞选国会议员又再次失败，35 岁经受恋人死亡的打击，36 岁脑神经受损伤，46 岁竞选参议员失败，47 岁竞选副总统失败，49 岁再次竞选参议员又再次失败。

在竞选参议员失败后他说："此路破败不堪，又容易滑倒，我一只脚滑了一跤；另一脚也因而站不稳，便回过头来告诉自己，这不过是滑一跤，并不是死掉爬不起来了。"正是这积极的心态及不屈不挠的努力，最终，他在 51 岁时竞选总统成功，干成了一番永垂史册的伟业，成为美国历史上与开国元首华盛顿齐名的最伟大的总统。他就是亚伯拉罕·林肯，他的生活信念是：永不言败。

4. 苦恼由人自己决定

人生是好还是坏，全因人的思维方式而定，这是一条不变的法则。你认为成功的可能性大，则大；你认为成功的可能性小，则小。也就是说人们是在无意中，决定了苦恼的大小以及苦恼的轻重。积极的思维越强大，苦恼越小。即思维本身决定了苦恼变大还是变小，变轻还是变重。

5. 世界上和你有同样烦恼的大有人在

一个人在痛苦中挣扎时，往往缺乏冷静，所以，很容易忽视周围的一切，只认为全世界就自己是个倒霉蛋，就自己一个人挣扎在痛苦中。但是，和你拥有同样痛苦并挣扎在痛苦中的人，社会上有的是。一位残疾儿的母亲说道："在出席残疾儿大会之前，我一直认为人世间就我一个人背负着这样的不幸。但是，参加残疾儿大会时，询问其他人后才知道人家背负着比我更大的痛苦，比我更烦恼。我曾经想过和孩子一起死掉算了。现在想来，真是太惭愧了！""只有自己一个人在痛苦中煎熬"这种孤独感会加大痛苦。不论怎样的烦恼，都不是孤立的，它都有自己的伙伴。

这个世界上，还有人比现在的你更为苦恼。同他相比，你还是较为幸运的。一个人只看表面上是看不出来的，有些人一眼看去似乎陶醉在幸福里，实际上却深埋着许许多多的不幸。

6. 注重依旧存在的东西

"不要计算已经失去的东西，数数还剩下的东西"，这是英国哥特曼博士的一句名言。是注意已经失去的东西，还是珍惜仍存在的东西？习惯于运用哪一种思考方式，决定你的人生是灰暗、忧郁的，还是明朗、愉快的。如果你注意那些已不存在、已失去的东西，你就会憎恨他人或自怨自艾。相反，如果你注意那些现存的、剩余的东西，你就会心存感激。二者之间有着天壤之别；心存感激的时候，就会拥有安定的精神状态；相反，则会烦躁不安不知所措。

有这样一个故事，一次，美国前总统罗斯福家失窃，一位朋友闻讯后，忙写信安慰他，劝他不必太在意。罗斯福给朋友写了一封回信："亲爱的朋友，谢谢你来信安慰我，我现在很平安。感谢上帝：因为第一，贼偷去的是我的东西，而没有伤害我的生命；第二，贼只偷去了我部分东西，而不是全部；第三，最值得庆幸的是，做贼的是他，而不是我。"

人生有风调雨顺的时期，也有坎坷泥泞的时期。面对困境与失败，把一切朝良好的发展方向去设想的思维方式，从困境中找到希望，这是必不可少的。挫折和困苦是一种财富，人不遭遇种种逆境，他的人格、本领，也不会长得结实。一切的磨难、忧苦与悲哀，都是足以助长我们、锻炼我们的。

7. 换个角度找优势

如：一位画家想画出一幅人人都喜欢的画来，于是，他把画好的画拿到市场上，请过往行人在自己不满意的地方做下记号。结果，他发现画上的每个地方都被人们作了记号，他感到非常失望和伤心，曾一度想放弃画画。朋友提议：你可以试试看请他们指出他们喜欢的地方啊！于是，他又仔细作画，完成后，放在街边，请人们指出自己喜欢的地方，结果，他的画又被过往行人画满了记号。他非常高兴，并悟出一个道理，那就是：一个人做事，只要有一部分人喜欢就行了。有些人认为是丑的东西，有些人却认为是美的。

8. 学会说三句话

"算了吧！"——生活中有许多事，可能你付出再多努力都无法达到，因为一个人目标的实现要受各种条件的限制，只要自己努力过，争取过，结果已经不很重要了。

"不要紧！"——不管发生什么事，没有过不去的坎，上天在关上一扇门时，必定会打开另一扇窗，那么现在要做的就是寻找那扇窗。

"会过去的！"——不管雨下得多么大，连续下了多少天，你都要对天晴充满信心，因为一切都会过去的。不论何时，以积极的心态去面对生活，坚信总有雨过天晴之时。

9. 正确地认识和悦纳自我

拿破仑·希尔说过："真正伤害你的，只有你自己而不是他人。"

要快乐，我们就必须学会客观公正地去评价自己。有人也许因自己的容貌不佳而深感自卑，有人也许因感情一再受挫而垂头丧气，有人也许因事业无成而怨天尤人。古人云："尺有所短，寸有所长。"我们在看到自己不足一面的同时，有没有发现身上还有可取之处呢？也许你的能力有限，但你工作勤恳踏实；也许你相貌平平，但你心地善良；也许你身有残疾，但你思维敏捷；人只有客观公正地评价自己才能找到心理平衡的支点，也就不会自暴自弃，自寻烦恼。

人除了要尽量客观地看待自我外，还要尽量乐观地看待自我。这就好比同是半杯水，自信的人会尽量看到自己已经拥有的一半，而自卑的人却总盯着自己还欠缺的一半。这种视觉上的差异会极大地影响一个人的情绪。

英国心理学家克利尔·拉依涅尔增强信心的原则：不要总想着自己的身体缺陷，每个人都有各自的缺陷，人们一般不会注意你的缺陷的；请记住，你感觉明显的事情，其他人不一定注意到。

10. 对人对己，宽容以待

雨果说："世界上最宽阔的是海洋，比海洋宽阔的是天空，比天空更宽阔的是人的胸怀。"

（1）不要拿自己的错误惩罚自己。生活中有很多烦恼都源于自己同自己过不去，由于自己的一些过错终日陷入无尽的自责、哀怨、痛悔中，觉得如果自己曾做好了或没做某事该多好。原谅自己的过失，把"如果"改为"下次"吧！

"如果我那时再努力些就好了。"改成"下次我会努力把事情做好！"

"如果我当时坚持不去就好了。"改成"下次我会坚持到底！"

"如果我那时不那样对待他（她）就好了。"改成"下次我会好好对待心爱的人！"

（2）不要拿自己的错误惩罚别人。为掩饰伤疤，维护自尊，把自己的过错归咎于别人或迁怒于别人，这样只会导致更多的指责和埋怨。谁也不想做"替罪羊"、"出气筒"，伤害我们身边真正关心自己的人，只会让生活更加不幸福。承担自己的失误，取得自己和别人的宽恕和谅解，做出弥补和改进。

（3）不要拿别人的错误惩罚自己。康德说："生气是拿别人的错误惩罚自己。"人生旅途中总会遇到伤害自己的人和事，这已对自己造成伤害，若自己再对此耿耿于怀，沉浸在痛苦、愤怒中不能自拔，就是反复伤害自己。人非圣贤，孰能无过，学会宽容别人的过错就是让自己保持快乐的心情，原谅别人就是善待自己，我们控制不了别人的行为但我们完全可以控制自己的态度，一笑而过，轻描淡写，做自己心情的主人。

启示

让有些话穿耳而过

李肇星曾在一篇文章中记述了他儿子3岁时的一些充满童趣的奇言妙语。有次他儿子在回答"人为什么会长两只耳朵"时说："可以一个耳朵进，一个耳朵出，光进不出就会装不下。"

由此，我想起了一句话：让有些话语穿耳而过。

譬如某一天，你无意中听到了一些诽谤和中伤你的话语，就让它穿耳而过。那也许是别人对你某一个不经意的行为、某一句不经意的话产生了误解。你要相信，浊者自浊，清者自清，只要假以时日，他一定会看出你的初衷与本真。于是你便拥有了一颗平静安宁的心。

如果偶尔听到有人指责你太不细心，未能做到未雨绸缪、防微杜渐，要让它穿耳而过。尽管他的指责是善意的，可是在这个世界上，每个人都是渺小的，谁也不能保证自己不踏入认识上的歧途。不要太过相信"人无远虑，必有近忧"的话，无论自己对将来有多少设想，可它终究没有发生。最为紧要的是要抓住今天，认认真真活在当下。如此，才会在有限的生命中不为一些似是而非的东西浪费掉自己宝贵的光阴，才会不为那些旁逸斜出的枝杈失去自己的吟咏与歌唱。你才能听到妻儿的欢声笑语，才能沐浴到金色的夕阳、绚烂的晚照。即便风雨骤然而至，也依然轻装缓带，玉树临风。

如果有人说你才貌双全，要让它穿耳而过。那才华学识本是天外有天、山外有山，那形貌亦是父母的遗传并非自己的努力，原本不值得他人夸奖。

如果有人说你出类拔萃，却白璧微瑕，也要让它穿耳而过。是否出类拔萃姑且不说，不完美本是人生的一种常态，如此，你就能摆脱"一次失败就成永远颓势"的阴影，就能走出"局部不完美就泛滥成整体否定"的误区，就始终能保持清醒的头脑。

对于一些冷漠无情或者耍小聪明的话，对于一些玩世不恭、不知轻重的话，对于一些上下之势、高低权争、男女绯闻的话，都要让它们穿耳而过。这样，你就会秋波无痕，素心如玉。纵然那些对你有用，却让你智所不能逮、力所不能及，以致褫夺了幸福与快乐的话语，也要让它们穿耳而过，随风而逝。

人生是一个容器，可这个容器的容量实在是非常有限。愁苦和畏惧多了，欢乐与勇气就少了；局促和紧张多了，恭谨与谦虚就少了。一些不需要的话语存放太多，一些箴言就会无处落脚。让有些话穿耳而过吧……

三、大学生情绪调适的技巧

（1）培养积极乐观的人生态度：凡事往好的方面想，凡事乐观，好运自然来（心理学家研究 8 年揭秘）。

（2）不苛求自己：世界上没有十全十美的人，做事也不可能尽善尽美，不管是做人还是做事，只要自己尽力了就问心无愧。

（3）有求助的意识，找人倾诉烦恼（包括心理咨询）。

（4）呼吸调节：呼吸放松，肌肉放松等。

（5）音乐放松：①当你紧张、失眠时——配以平稳、松弛、安静类的音乐，用以调节人的心律与呼吸，具有镇静、松弛的作用，如舒伯特《圣母颂》，贝多芬《月光奏鸣曲》、《摇篮曲》；中国民乐《春江花月夜》、《二泉映月》、《彩云追月》等。②当你忧郁、焦虑、烦躁时——配以柔和、优美、抒情类的音乐，用以让人心情舒畅，心旷神怡，如舒伯特《小夜曲》，门德尔松《春之歌》，巴达捷芙斯卡《少女的祈祷》，卡普阿《我的太阳》，中国音乐《渔舟唱晚》、《茉莉花》等。③当你寂寞、抑郁、孤僻时——配以活跃、欢快类的音乐，用以让人轻松愉快、开朗、热情，如莫扎特《土耳其进行曲》，贝多芬《献给爱丽丝》，约翰·施特劳斯《蓝色的多瑙河圆舞曲》，中国音乐《步步高》、《花好月圆》、《喜洋洋等。④当你沮丧、抑郁、缺乏兴趣、绝望时——配以激情、兴奋类的音乐，用以让人兴奋、振奋、坚强、开朗，如柴可夫斯基《睡美人》、《天鹅湖》、《第五交响曲》，中国音乐《金蛇狂舞》、《满江红》、《长江之歌》等。⑤当你注意力不集中、好动、孤僻时——配以趣味性、故事性类的音乐，用以增强兴趣，集中注意力，安静。如罗杰斯《音乐之声》中的《多来咪》、《英俊少年》，圣桑《动物狂欢节》，中国音乐《十面埋伏》、《拔萝卜》等。

（6）融入集体中去，在团队中体会到快乐，生活的意义和价值。

（7）积极的自我暗示：如"我行，好极了，没关系"。

（8）加强自己人文方面的修养，多看人文书籍，把一些伟人、名人、科学家等作为自己学习的榜样。

（9）运动宣泄：跑步，打球等。

（10）外出散心：在持续的心境恶劣、心理压力非常大时，不如休息一段时间，或去参加一些文体活动，或去野外亲近大自然，或进行一次旅行，回来时心情可能与以前大不一样。

 扩展阅读一 ❄ ✳ ✳ ✳

某大学 BBS 上一个女生的遗书中写道："我列出一张单子，左边写着活下去的理由，右边写着离开世界的理由，我在右边写了很多很多，却发现左边基本上没有什么可以写的。回想 20 多年的生活，真正快乐的时刻，屈指可数，记不清楚上一次发自心底的微笑是什么时候；记不清楚上一次从内心深处感觉到归宿感是什么时候……我并不是不愿意珍惜生命，如果某一时刻你发现活下去 20 年、30 年，活着，然而却没有快乐，没有希望，不愿去想象，还要这样活几十年下去……不用再说生命的价值了……是的，20 年，但是却无法忍受这种行尸走肉一般的生活。觉得生活如同死水、泥潭一般，而我自己猥琐、渺小而悲哀，不可能再做出任何改变……"

——摘自：北大女生跳楼，列清单比较生死理由

请思考：如果体会不到人生的幸福和快乐，觉得生活没有意义，你觉得这会对我们整个人生产生什么影响？

第三节　健康恋爱

著名作家柳青说："人生的道路虽然漫长，但紧要处只有几步，特别是在人年轻的时候。"

恋爱问题一直是大学校园的热门话题，也是大学生们倍加关注的自身问题之一，如今的大学生表现出对爱情的强烈向往和追求。对于生理上急剧成熟和心理上相对幼稚的大学生们而言，并非都能轻易地驾驭爱情之舟，顺利地驶过浪漫的人生海洋。一旦涉入爱河后，却发现爱情带给自己的并非都是甜蜜和幸福，它有时令人难以琢磨，有时令人万分痛苦、备受折磨和煎熬。

许多大学生还未深刻理解恋爱的意义和爱情的真谛，不能对爱情作出正确有效的选择，也不能处理好恋爱中的种种矛盾，就匆匆忙忙地恋爱，这正是他们缺乏爱的知识与责任的表现。学会正确处理恋爱问题，培养健康的恋爱心理及行为，有利于大学生的身心健康与发展。

哲学家们说：爱情是一位甜蜜的暴君，一半是火焰，一半是海水，不懂爱情的人，天天受尽它的折磨；盲目恋爱的人，品尝到的只是痛苦和悲伤。因此对于大学生来说，要渴望未来的爱情幸福，必须要了解爱情的真谛。

一、爱情的真谛

爱情是什么？是一对男女基于一定的客观物质基础和共同的生活理想，在各自内心形成的对对方的最真挚的仰慕，并渴望对方成为自己终身伴侣的最强烈的感情。

（1）爱情具有自主性：自主是双方发自内心的爱，出于自愿，不是强扭的瓜，不是撮合的情缘，不能违背人的意志而去追求自己的爱情。爱情作为一种涉及双方的人类感情，是不能强求的。真正懂得爱情的人，会尊重自己所爱的人。

（2）爱情以互爱为前提：前苏联作家伊萨可夫斯基说过："爱情是两颗心撞击出来的火花，不是一颗心对另一颗心的敲打。"真正的爱情不是单恋，是一种"你爱他，他爱你"的情感，而不是"落花有意，流水无情"。如果爱情的双方自主自愿，又能以互爱为前提，不会因为外界的压力、相隔两地或其他因素将二者分开。

（3）爱情具有排他性：我国已故教育家陶行知诙谐地说："爱情之酒甘而苦，两人喝是甘露，三人喝是酸醋，随便喝要中毒。"年青男女一旦确立恋爱关系，决不允许第三者出现，一定要真挚、专一、纯洁。这是恋爱道德的重要表现，男女双方一旦确立了恋爱关系，就要在内心世界中珍惜这份情感，做到彼此忠诚，坚贞不渝。

（4）爱情具有持久性：男女双方的情感持久稳定，这是真正爱情的标志，双方不会因一方地位的变化及其他因素而移情别恋。

二、树立正确的恋爱观

（1）理想与现实：许多大学生追求爱情时，往往理想化色彩浓郁，单纯追求浪漫，注重花前月下，诗情画意，追求丰富多彩的精神生活，不以结婚为目的，也很少涉及经济、家庭等现实问题。

（2）品德与容貌：著名翻译家傅雷提醒儿子在找恋人时应考虑的要点："我看最主要的还是本质的善良，天性的温柔和开阔的胸襟。有了这三样，别的都可慢慢培养，有了这三样，即使遇到大大小小的风波，也不至于酿成悲剧。"

俄国著名作家契诃夫说："面貌的美丽当然也是爱情的一个因素，但心灵与思想的美丽才是崇高爱情的牢固基础。"

我们说，找爱人就是要找一个心地善良，能和你朝夕相伴，既能同甘苦，又能共患难的人，因为谁也无法预料生活的曲折与阴冷，无法料定自己的一生都是成功与顺境，只有真心相爱具有美德的人才会陪伴你度过那些失意与艰难的岁月，这才是寻找爱人或伴侣的真正含义。

（3）物质因素与精神因素：真正的爱情既不是柏拉图式的"精神之恋"，更不是只注重家庭、经济条件、长相和职业等，这是没有摆脱物欲的功利之爱，属于较低层次。我们说，爱情离不开物质因素，但更重要的应是相爱双方的精神因素，即志趣的相投，理想信念的一致，品德的高尚和性格的和谐。

（4）事业第一，爱情第二，在大学期间，这是一种相对正确的恋爱观，把爱情建立在坚定的事业和学业之上，这样的爱情才有基础，才会牢固持久。

（5）理性选择伴侣：我们会因为各种各样的原因而受他（她）人的吸引，也许，他让你觉得自己受尊重；也许，他的外形是你最中意的那种。希望这时从一般朋友开始，在朋友式的相处中，了解他的个性、言行、举止、人际关系、价值观等，以此来衡量他是否可以成为你的潜在恋人。恋爱的过程，是感情发展的过程，是彼此深入了解，互相适应的过程。

（6）善于控制感情，理智行事，避免婚前性行为，以尽量减少游戏爱情带给自己的伤害。恋爱中大学生需要理智地控制自己，凡事多为恋人想一想，做到理智而不疯狂，高尚而不低俗。心理学家弗洛伊德说："一旦满足变得唾手可得，头脑中的性爱价值便荡然无存了。"（有调查显示：在同居的大学生中，婚姻的成功率还不到 5%，73% 的男性很介意结婚后发现自己的伴侣曾有过性伙伴）。一旦发生婚前性行为，便会产生许多重大的危害，特别是女性在生理、心理上的压力更大，她要承受性行为带来的一些后果，各种疾病也会接踵而来。一是使爱情美好的神秘感荡然无存；二是给爱情蒙上了不洁的阴影，产生相互猜疑和不信任；三是未婚先孕带来的一些伤害和压力。

（7）培养爱的责任：在爱情的选择上，应有高度的责任感，对自己和对他人负责任。"相爱是一个人不仅从生活中获得快乐，而且首先是把这种快乐奉献给自己心爱的人。"真正的爱情是双方互相尊重，在长期的相处中经受住各种考验，从而培养出更真挚的情感。

张洁在小说《爱是不能忘记的》中所言："人在年轻的时候，并不一定了解自己追求的、需要的是什么，甚至别人的起哄也会促成一桩婚姻，等到你再长大一些，更成熟一些的时候，你才会知道你真正需要的是什么。可那时，你已经干了许多悔恨得使你锥心的蠢事。"

三、恋爱中的有关心理问题及其对策

1. 恋爱动机不当

（1）脚踏几只船：有少数大学生同时跟几个异性建立恋爱关系，即多角恋爱。多角恋爱易引起纷争、不幸和灾难，也极易发生冲突，酿造悲剧，本身也为社会规范所不容。

（2）弥补空虚、解闷：大学时期相对中学时期闲暇时间多一点，很多同学又没有明确的目标，就纯粹拿恋爱来消愁解闷，弥补空虚的心灵，甚至有一部分同学片面地认为在大学期间如不谈恋爱就枉读了四年大学。

（3）从众心理：看到身边的同学恋爱了，盲目跟从，也不管恋爱对象适合不适合自己，有无感情，随便找一个先谈谈，以免他人说自己找不到对象，最终是害人又害己。

（4）虚荣攀比：认为有人追求才表明自己有魅力，追的人越多越觉得了不起，这是一种典型的虚荣行为。

2. 恋爱中的不成熟性与不稳定性

很多大学生对于自己的人生目标和需要，还没有一个很清楚的概念，对未来的生活角色定位模糊；二是在恋爱中没有考虑到将来的结婚，不是清楚地、自觉地意识到应选择怎样的一个终身伴侣，他们的恋爱，只是因为需要爱和被爱（有调查显示 37.4%的大学生恋爱动机在于消除寂寞，57.6%的大学生认为恋爱的目的不是婚姻，缺乏对未来生活的考虑）。造成在对待恋爱问题上简单、幼稚和不成熟。只一味追求浪漫。如在择偶标准上，往往重外表，轻内在；在恋爱方式上，往往重形式，轻内容；在恋爱行为中，往往重过程，轻结果；重享乐，轻责任等。

3. 爱情表露方式欠妥

有些大学生错误地认为，恋人间越亲密越好，常在公共场合及教室，食堂过分亲昵，令旁人难以接受，显露出极其不文明的现象。我们说爱情是纯洁的、美丽的、高尚的人类情感，它的内涵是神圣的、它的外显也应是纯洁、美丽和神圣的。不同的民族有不同的爱情表达方式，爱情的表达同样也要合乎民族的习惯，做到含蓄而文明。马克思说："在我看来，真正的爱情是表现在恋人对他偶像采取含蓄、谦恭、甚至羞涩的态度，而绝不是表现在随意的流露热情，过早亲昵。"可见大学生情感和爱的表达应该分清场合，公众场合应含蓄而文明。一是恋爱言谈要文雅，讲究语言美，交谈中要诚恳与坦率；二是恋爱行为要大方，亲昵动作要高雅文明，符合我们的民族特色，避免粗俗化。

4. 有拒绝爱的能力

每个人都有爱与被爱的权力，每个人又都有拒绝被爱的权力。生活中有一种爱是被动的爱情，当别人追求你时，你觉得对方不是你所需要的那种人时，要理智地加以拒绝，以免陷入更深的痛苦。寻找他人的爱是艺术，回绝他人的爱也是艺术。对自己不喜欢的人学会说"不"字，不但是人生智慧的积累，也是人格的再塑造。在这点上，如何明确表明自己的态度，又尽量减低对方失恋的痛苦程度，是爱情这门学问对人生的直接教诲。

（1）态度要坚决、果敢。一些女孩子在接到对方的求爱信或口头表达时，一是出于害羞，再是出于一种怜悯，尽管内心不爱对方，却唯恐伤害了对方而没有果断拒绝，只是推托，导致对方的误解，往往误认为你害羞，而产生幻想，继续纠缠不清。

（2）理由要充分。不喜欢对方可明确摆出充分理由，以使对方彻底死心。

（3）拒绝要有艺术。做到既不伤害对方，又能给对方台阶下。另一种意义上的拒绝即是当双方相恋一段后，发觉对方并非你的意中人，应当立即提出分手。

5. 学会吵架

恋人间的争吵是不可避免的，最亲密的恋人也有闹矛盾的时候，因此，争吵时要注意：首先，不说过头的话，不做过激行为。其次，吵架后要注意保密，切忌在朋友或同学面前去炫耀自己，满足自己好逞强的私欲。第三，要主动妥协，切忌一定要压倒对方，可用一个动作或一句话表示自己认输，会使对方也心软，争吵得以平息。

无论是学会拒绝还是学会争吵，都在告诉大家处理爱情冲突时的一种方法和艺术。因此，面对爱情的悄然而来，当你认为不合适时，应勇敢地说"不"；在与恋人相处的过程中，在难以避免的争吵中，你更要学会宽容，学会谅解，学会争吵，避免过分的冲突带给自己心理上的痛苦和生活中的灾难。

6. 克服恋爱中的心理偏差

一些大学生还产生了心理上的一些错误的心态，应及时加以调整，主要包括：

（1）自卑心理：双方一旦确立了恋爱关系，就应平等相待，不存在一方强于另一方，不要拿自己的短处去跟对方的长处相比，使自己盲目自卑。也不应自己存在哪方面的不足，就低三下四，甚至失去尊严换来对方的爱，只有正视自身的长处，自信、自尊才会获得真正的爱情。

（2）猜疑心理：这是爱情中缺乏最起码的信任，老是怀疑对方在做什么对不起你们感情的事，也是不尊重和不理解对方的表现，真正的爱情应该是双方坦诚相待的。

（3）嫉妒心理：爱情是排他性的，但不等于对方是你的私有财产，只能受你支配。

（4）报复心理：特别是当对方提出分手后，应理智地对待失恋，寻找原因，而不是采取不正当手段报复对方，这也违背了一个大学生的最基本的素养。

7. 自控力与耐挫力较弱

大学生一旦陷入热恋之中，往往不善于控制自己的情感，任感情随意放纵，缺乏理智的驾驭能力，对恋爱对象过分依赖，稍有波折就痛苦万分。一旦恋爱受挫，即会情绪失控，无法自拔，对学习、生活造成严重影响。

8. 走过失恋

从人格的成长上来看，失恋可谓人生的必修课。因为失恋不仅可迫使人升华自我的情感，也可磨炼自我的意志。在爱情场上，学会放弃与学会争取具有同等的意义。能经得起失恋考验的人也一定能经得起其他生活挫折的锤击，乐在失恋中，也是人生的一番境界。

（1）提高恋爱挫折承受能力，理智地对待失恋。当爱情受挫后，用理智来驾驭感情，分析原因，总结经验教训，寻找解决问题的方法和途径。一位失恋的女生问母亲："人生可以有第二次真正的感情吗？"妈妈说："人生就像花的历程，一个花期仅是全部生命的一个小小环节，每个花期，必将经历一次辉煌与失落，苦乐与悲欢。"这位母亲讲得多好呀！最初的花季凋落了，我们可以获得更加美好的下一度花季，有可能获得万花丛中最美的一朵。

（2）把失恋当做是一次人生的成长。失恋者应化痛苦为动力，虽然经历一次失恋，一次挫折，一次痛苦，但我们也得到了一次成长，当一个人在平静状态下生活时，个人感受到的成长也许是一种不显著的变化，但是，当人们经历了生活环境的重大变化或受到重大挫折之后，个人感受到的成长往往胜于平时。

（3）通过适当的情绪调节、合理化防卫、宣泄、转移、心理咨询等来减轻痛苦。

失恋的痛苦就如一杯难咽的苦酒。但是，阳光依然明亮，生活依然美好，有得有失才构成了完整的人生。爱情是一位伟大的导师，它教会我们如何重新做人。爱情毕竟是我们人生中的一部分，是生命乐章中的音符，它不是我们人生的全部。有了朋友、同学、亲人在，有了美好的生命存在，坚定自己的信念，孜孜不断地去进取和追求，真正幸福美好的爱情迟早会降临到我们的身边。

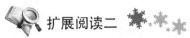扩展阅读二 ❄❄❄

测测你的恋爱观

青年人都希望自己能找到理想的爱人，建立自己正确的恋爱观。这里，向你介绍一种恋爱观的自测方法。它共分16个问题，每个问题都有四个答案，你可以在最符合自己心理状态的答案上打上记号，然后根据后面的评分方法，算出自己的得分，从而大略判定自己的恋爱观是否符合时代和社会的要求。

试题部分

1. 你对爱情的幻想是：

A. 具有令人神往的浪漫色彩　　　　B. 能满足自己的情欲

C. 使人振奋向上　　　　　　　　　D. 没想过

2. 你希望同你恋人的结识是这样开始的：

A. 在工作和学习中逐渐产生感情　　B. 从小青梅竹马

C. 一见钟情，卿我难分　　　　　　D. 随便

3. 你对未来妻子的主要要求是：

A. 善于理家　　　　　　　　　　　B. 别人都称赞她的美貌

C. 顺从你的意见　　　　　　　　　D. 能在多方面帮助自己

4. 你对未来丈夫的主要要求是：

A. 有钱或有地位　　　　　　　　　B. 为人正直，有上进心

C. 不嗜烟酒，体贴自己　　　　　　D. 英俊、有风度

5. 你认为巩固爱情的最好途径是：

A. 满足对方的物质要求　　　　　　B. 用甜言蜜语讨好对方

C. 对恋人言听计从　　　　　　　　D. 努力使自己变得更完美

6. 在下列爱情格言中你最喜欢：

A. 生命诚可贵，爱情价更高

B. 爱情的意义在于帮助对方提高，同时也提高自己

C. 有福同享，有难同当　　　　　　D. 爱情可以使我牺牲一切

7. 你希望恋人同你在兴趣爱好上：

A. 完全一致　　　　　　　　　　　B. 虽不一致，但能互相照应

C. 服从自己的兴趣　　　　　　　　D. 没想过

8. 你对恋爱中的意外曲折是这样看的：

A. 最好不要出现　　　　　　　　　B. 自认倒霉

C. 想办法分手　　　　　　　　　　D. 把它作为对爱情的考验

9. 当你发现恋人的缺点时，你是：

A. 无所谓   B. 嫌弃对方

C. 内心十分痛苦   D. 帮助对方改进

10. 你对家庭的向往是：

A. 能同爱人天天在一起   B. 人生有个归宿

C. 能享受天伦之乐   D. 激励对生活的追求

评分：

	A	B	C	D
1.	2	1	3	0
2.	3	2	1	1
3.	2	1	1	3
4.	0	3	2	1
5.	1	0	2	3
6.	2	3	2	1
7.	2	3	1	0
8.	1	2	0	3
9.	1	0	2	3
10.	2	1	1	3

如果你的总得分在30分以上时，说明你的恋爱观是基本正确的；

28分以上时还可以；

如果总得分在28分以下，就说明你的恋爱观不够正确，应该注意改进。

如果这10个问题中有一半左右你不知怎么回答，则表示你的恋爱观还游移不定，那就需要尽早确定。

第六章　生理健康

第一节　有关生理健康的观念

◆聪明人投资健康，使健康增值；明白人储蓄健康，使健康保值；普通人漠视健康，使健康贬值。

◆健康是一种做人的责任，是对社会，对民族，对家庭的责任，同时也是一种能力。

◆健康是一个民族兴旺发达的根本，也是家庭幸福、个人事业有成的保证，健康才是人真正最大的财富。随着社会的发展和进步，健康的概念也在不断地更新。古人曰：体壮曰健，心怡曰康。

21世纪人类三大永恒的话题：健康、美丽、财富。健康是第一位的。人们都知道健康的重要，却不知道要如何去管理自己的健康，很多人上知天文下知地理，就是不知道健康的道理。很多人认为自己的健康，可交给医生去负责，其实，健康掌握在自己手里，你自己就是你最好的医生。

一、生活方式与健康

（一）生活起居与健康

1. 环境适宜

（1）自然环境。良好的自然环境，气候适宜，阳光充足，空气清新，水源洁净，景色秀美。

如绿色的环境能给人以清洁、舒畅、富有生气的感觉，对人的心理起到调节镇静作用，有益于人体的新陈代谢活动。

（2）居室环境。居室安静，通风整洁，适宜的温度、湿度，适度的光线。

室内一般以18℃～20℃为宜，湿度以50%～60%为宜。

2. 生活规律

保持科学合理的生活规律对人的健康十分重要。

（1）作息定时。要因时、因地、因人、因病制定不同的作息时间。作息时间多因季节而异。

（2）睡眠充足。健康人和病人均应有充足的睡眠和休息，一般每日睡眠时间不应少于 7 小时。若睡眠不足，易耗伤正气，故有"服药千朝，不如独眠一宿"之说。

（二）吸烟、饮酒与健康

1. 吸烟与健康

烟草在燃烧过程中产生的气体里面含有 4000 多种不同的化学物质成分，绝大部分对人体有害。

中国的烟草种植面积居世界第一。我国的烟民数量已经超 4 个亿，占人口总数的 33％。世界卫生组织的报告显示：每吸一支烟可减少 8～11 分钟的寿命，吸烟使男性寿命平均缩短 13 年，使女性寿命平均缩短 14.5 年。香烟中的有毒物质，例如：①尼古丁，是一种无色透明剧毒液体。据研究，每支香烟中一般含有 2～4mg 尼古丁，40～60mg 纯尼古丁（相当于 1 包烟的尼古丁含量）就可以毒死一个成年人。尼古丁主要危害是使吸烟者产生依赖性，易使人成瘾；尼古丁会刺激血管平滑肌痉挛，使血压升高，并促进心肌梗死的发生；尼古丁刺激胃酸分泌，导致胃痉挛，促进溃疡及胰腺炎的发生。②烟焦油，能够改变细胞的遗传结构，导致细胞不正常分裂，抑制人体的免疫功能，诱发食管癌、喉癌、口腔癌等恶性肿瘤。

健康的被动吸烟者也易得与吸烟相关的疾病，如肺癌等，更易得呼吸道炎症及肺功能低下等疾病。妊娠妇女吸烟还影响胎儿健康。吸烟有害健康，要树立健康理念，就必须戒烟。

2. 饮酒与健康

适量饮酒对健康保健长寿有益，并能给人带来欢乐和享受。疲劳时独饮一杯有消除疲劳的功效。亲朋好友聚在一起，酒更是活跃气氛、增进感情的催化剂。但长期过量饮酒甚至酗酒则伤身折寿，乐极生悲，会带来种种灾难。

首先，酒精对肝脏有很大影响，乙醇能穿透人体内任何组织的细胞膜，对所有器官均可产生毒性。常饮酒者，吸收快，清除也快；不常饮酒者，吸收慢，清除也慢。进入人体的乙醇有 95％ 以上在肝脏解毒和排泄。肝功能正常的人，解毒作用好，能把大部分毒物加以转化，并排出体外；而肝功能不好或患有肝病的人，对酒精的解毒能力降低，酒精使肝细胞遭到破坏。酒精不但可引起脂肪肝，而且是发生肝硬化的罪魁祸首。其次，酒精对心血管也有影响，酗酒会损伤心肌，对心脏造成损害。当饮酒过量达到一定程度时，心跳加快，血压升高，有可能发生心律失常、急性心力衰竭。此外，长期饮烈性酒，食管和胃黏膜反复受刺激，不仅可以引起食管炎、胃炎、胰腺炎、胃溃疡和酒精性肝病，而且可能导致食管癌、胃癌、肝癌的发生。研究表明，消化道肿瘤的发生率，酗酒者比不饮酒者高 12 倍以上。酗酒还可使男性血中睾丸酮降低，导致阴茎勃起障碍，严重者可引起阳痿。酗酒的孕妇或产妇常可致胎儿畸形。有研究表明，嗜酒者的预期寿命平均低于 53 岁（普通人群为 73 岁）。

（三）运动与健康

现代社会，尤其在都市，生活节奏紧张，竞争激烈，人们整天忙碌于工作、学习、人际交往，以交通工具代替走路现象已很普遍，很多人就忽略了运动对保持和促进健康的重要性。由于缺少运动所导致的亚健康状态、各种疾病日益显现出来。

俗语说：生命在于运动。运动对健康的确是非常必要的。要进行科学适宜的运动，它可以使我们生活得健康、美丽、幸福、长寿，并且远离疾病。

从医学角度看，运动有益健康，这是因为运动可以改善心肺功能、增强肌肉和骨骼的功能；可提高机体免疫力；使体重适当，四肢灵活，体态更健美；能增强应变能力；促进睡眠、消除疲劳；能使人处事乐观，态度积极，促进心理健康等。

> **贴士**
>
> 最佳的运动时间：从保健医学的角度看，清晨并不是锻炼身体的最佳时间。运动的最佳时间是傍晚。运动的关键是能形成习惯，持之以恒。
>
> 最佳的运动方式：是有氧运动，包括步行、慢跑、爬山、长距离游泳、打太极拳等。其中，最好的最安全的有氧运动是步行，最有效的有氧运动是游泳。

（四）饮食与健康

坚持文明健康的生活方式，就可以少得病。观念必须从治疗转到预防上。有专家测算，心血管病预防花上 1 元钱，医疗费就能省 100 元。现在各种各样的疾病，归根到底就是生活方式不文明造成的。何为文明健康的生活方式？就是健康四大基石"合理膳食，适量运动，戒烟限酒，心理平衡"。这十六个字能使高血压减少 55%，脑卒中、冠心病减少 75%，糖尿病减少 50%，肿瘤减少 1/3。它可使人平均寿命延长 10 年以上。健康生活方式很简单，效果却非常大。选择健康生活方式是获得健康、减少疾病的最简便易行、最经济有效的途径。

饮食与健康是密不可分的。好的饮食习惯对健康是有益的。健康四大基石中第一大基石是合理膳食，如何能做到合理膳食呢？下面介绍北京安贞医院教授、中国老年保健协会心血管专家委员会主任委员洪昭光的观点：

1. 合理膳食："一、二、三、四、五"

"一"就是每天喝一袋牛奶。中国人膳食有很多优点，但缺钙，中国人差不多 99％缺钙，缺钙什么结果呢？三个结果，第一骨疼痛。缺钙的人骨质疏松，骨质增生、腰疼、背疼、腿疼等。第二龟背。越活越矮，越活越收缩。第三，易骨折。那么为什么会缺钙呢？因为正常每人每天需要 800 毫克钙，而我们的伙食里仅有 500 毫克钙，就是每天补足一袋牛奶，正好补充齐了。

"二"是每天补充 250 克至 350 克碳水化合物，相当于六两至八两的主食。

"三"就是三份高蛋白。人不能光吃素，也不能光吃肉。那么什么蛋白质最好，鱼类蛋白质好，吃鱼的地方，阿拉斯加、舟山群岛，吃鱼越多，动脉越软化，冠心病、脑卒中越少。植物蛋白以什么最好呢？黄豆。

"四"是四句话——有粗有细，不甜不咸，三四五顿，七八分饱。粗细粮搭配，一周吃三次粗粮、棒子面、老玉米、红薯这些，粗细粮搭配营养最合适，三、四、五顿是指每天吃的餐数。

"五"是什么意思？就是每天需要 500 克蔬菜和水果，就相当于八两蔬菜二两水果。人生最大的痛苦是癌症。如何能不得癌症呢？预防癌症的最好办法就是常吃新鲜蔬菜和水果。新鲜蔬菜和水果的一个特殊作用，就是能减少患癌症一半以上的几率。以前河南林县是全世界食道癌发病人数最多的地方，后来，当地人补充一些维生素、新鲜蔬菜和水果，食道癌明显下降。

2. 合理膳食："红、黄、绿、黑、白"

红、黄、绿、黑、白这五种颜色的食物，成为合理膳食的另一组成部分。

"红"如西红柿、红葡萄酒、红辣椒等。特别提醒男性一天吃一个西红柿，使前列腺癌减少 45％，熟的西红柿更好，因为番茄、红薯是脂溶性的。少量酒是健康的朋友，多量酒就是患病的罪魁祸首。有关统计：监狱里 50％的罪犯、49％的交通事故、得病的 25％都和喝酒有关。世界卫生组织提出口号：酒喝得越少越好。如果没有病，没有脂肪肝没有冠心病，喝点少量红葡萄酒是可以的。如果人情绪低落，那么吃点红辣椒倒是可以改善情绪。红辣椒可改善情绪减轻焦虑。

"黄"即是红黄色的蔬菜。合理安排膳食包括健康的饮食和良好的饮食习惯两大方面。健康的饮食是指膳食中应该富有人体必需的营养，同时还要避免或减少摄入不利于健康的成分。良好的饮食习惯包括按时进餐、坚持吃早餐、睡前不饱食、咀嚼充分、吃饭不分心、保持良好的进食心情和气氛等。胡萝卜、西瓜、红薯、老玉米、南瓜、红辣椒，红黄色的蔬菜里含维生素 A 多。

"绿"是什么呢？饮料里茶最好，茶叶当中又以绿茶最好。绿茶有一种抗氧自由基，能减少老龄化。喝茶能够延年益寿，减少肿瘤，减少动脉硬化等。

"黑"指黑木耳，它可以降血粘度。黑木耳吃后，可使血液变稀释，不容易得脑血栓，也不容易得冠心病。

"白"是什么？指燕麦粉、燕麦片。燕麦片属低热食品，食后易引起饱感，长期食用具有减肥功效。此外，燕麦中含有丰富的维生素 B1、B2、E 和叶酸等，可以改善血液循环、缓解生活工作带来的压力；含有的钙、磷、铁、锌、锰等矿物质也有预防骨质疏松、促进伤口愈合、防止贫血的功效。据报道英国前首相撒切尔夫人胆固醇很高，没吃药，就是吃燕麦片。国民党元老陈立夫先生能活 101 岁，每天早上吃燕麦粥就是原因之一。

二、健康与美丽

健康与美丽是人类永恒不变的追求，只有健康才有美丽，只有健康才有将来。

俗话说：爱美之心，人皆有之。人应当一切都美，包括容貌、服装、心灵和思想。美的形象是丰富多彩的，而美也是到处出现的。人类本性中就有普遍的爱美的要求。人的外表的优美和纯洁，应当是他内心的优美和纯洁的表现。

美丽在不同的时代有不同的外形标准。现代多以苗条为美，因此，不惜牺牲健康为代价来减肥。而古代多以丰满圆润肥硕为美。

1. 与美丽有关的因素

美丽就是好看、漂亮，即在形式、比例、布局、风度、颜色或声音上接近完美或理想境界，使各种感官极为愉悦，是视觉的享受。就如漂亮像是花，而美丽是花的香气。漂亮是表面视觉的、静态的、外在的，更多的是与生俱来，是天赋和遗传的；而美丽却需要有后天的、内在的因素，是多方面，综合性的，涉及气质、心灵、言谈等抽象的东西。美丽更有亲和力，没有距离感。美丽的一定漂亮，漂亮的却不一定美丽。渊博的知识、良好的修养、文明的举止、优雅的谈吐、博大的胸怀、真心的微笑，以及一颗充满爱的心灵，一定可以让一个人足够漂亮。

2. 关于美容

所谓美容就是通过医学整形或生活护理等方式使人外表和外形更美丽。美容包括医学美容和生活美容。

生活美容包括化妆美容、服饰美容和保健美容。即运用各种美容化妆品，使人体有缺陷的部分得到掩饰而不显其丑，使无缺陷的部分锦上添花而更赏心悦目。医学美容则是用医学手段，如手术、药物等来维护、修复和塑造人体美。其技术复杂、难度大。

生活美容和医学美容既有联系，又有区别。二者的目的是一致的，都是为了增进人体美，都有对人体皮肤及形体进行养护的内容。但是，二者之间也存在区别。所以求美者要认清二者之间的区别，根据自己的需求来选择，不要盲目。

扩展阅读一

美容新理念：整体和辩证观

高科技美容手段和价格不菲的高档护肤品，这确实使一些女性脸上的皱纹变少，黄褐斑变淡，人看起来年轻了，变美了。然而，刚做完效果很好，过几天不做就不行了。那去掉的皱纹不久又爬到了脸上，淡下去的斑又出现了……

中医美容有两大理论，整体观念和辨证论治。整体观念具有统一性和完整性，中医学非常重视人体的统一性、完整性及与自然界的相互关系，它认为人体是一个有机整体，构成人体的各个组成部分之间，在结构上是不可分割的，在功能上是相互协调、相互作用的，在病理上是相互影响的，同时也认识到人体与自然环境有密切关系。

现代医学认为，黄褐斑的发病原因是内分泌失调引起，大多与肝、脾、肾三脏功能失调有关，而决非仅是面部皮肤局部的病变引起的。因此，只有树立整体观念内外结合、标本兼顾的方法，使气血充盛、脏腑功能正常、阴阳协调，黄褐斑才会随之消失。辨证论治是中医认识疾病和治疗疾病的基本原则和方法，也是中医美容学的基本原则和方法。

从某种意义上讲，治病与美容，养生与养颜是密不可分的。只有内在的脏腑功能正常，人体才能真正达到容光焕发，青春永驻。是药三分毒，所以应该选择适合自己的药物食物。有护肤美容作用的中草药非常多，主要有以下几种：

当归具有抗衰、美容的作用。可用于粉刺、褐斑、雀斑及脱发。枸杞子能补益精血，抗衰老，从而护肤美容。山药、莲子、百合、红枣能健脾养胃，止泻安神，从而维护肌肤润泽健美。黑芝麻含有大量的不饱和脂肪酸和天然维生素 E，对延缓皮肤衰老非常有益。桃仁、当归、蜂蜜及杏仁等均有护肤润肤养血的功效。

但药补不如食补，良好均衡的饮食是身体健康的最佳保障，也是美肤的重要因素。常见美容食物有以下几类：

（1）花粉制品能补血，增强机体抗病力，延缓衰老，有润肤、消除色素沉着的作用。

（2）乌鸡制品能调节肝、脾、肾功能，可增强体质，防病祛病，保养肌肤，防止早衰。特别适合于女子调经养血。

（3）硒能保护肝脏的功能，促进体格与智力发育，还有抗疾病抗癌作用，防治色斑。富含硒的食物可从谷类、奶类、芝麻、禽、畜、鱼肉及动物的眼睛中获得。

（4）核酸有较强的抑制黑色素生成的作用。富含核酸的食物可以从鱼类、动物肝、酵母、藻类中获取。此外，可从西红柿、葱类、藻类、大蒜中获取富含谷胱甘肽的食物，也可以抑制黑色素生成。

（5）白萝卜含有丰富的维生素 C，因而常食可抑制黑色素的形成，减轻皮肤色素的沉积。

（6）红色的樱桃所含的微量元素铁居各种水果之冠，从而达到补血红颜的效果。

人的情绪、行为及激素的分泌受下丘脑管辖。情绪的好坏不仅会影响各脏器的生理功能，而且还直接影响到肤色的变化。当人遇到高兴的事而心情愉悦时，血液通畅，使人容光焕发；相反，当人过度紧张、情绪低落时，供应皮肤的血液骤减，使人面色苍白或蜡黄，同时伴有血压升高、心慌头晕、手脚冰凉的现象。不良情绪还会损害人体的免疫系统，使免疫细胞活力降低，脏腑功能减退，各种感染性疾病甚至癌症等亦会随之而来。

精神、心境还可直接影响着一个人的气质、仪态。要达到最佳的美容效果，请注意调节情绪、心态。良好的心态是不用花钱的最好化妆品。

第二节　疾病治疗与用药知识

科学健康观："不治已病治未病。"

"不治已病治未病"是早在《黄帝内经》中就提出来的防病养生谋略，是至今为止我国卫生界所遵守的"预防为主"战略的最早思想，它包括未病先防、已病防变、已变防渐等多个方面的内容，治未病是采取预防或治疗手段，防止疾病发生、发展的方法。治未病包含三种意义：一是防病于未然，强调摄生，预防疾病的发生；二是既病之后防其传变，强调早期诊断和早期治疗，及时控制疾病的发展演变；三是预后防止疾病的复发及治愈后遗症。隋、唐大医学家孙思邈提出"上医医未病之病，中医医欲病之病，下医医已病之病"。

一、疾病与疾病观

什么是疾病？看来谁都懂，简单地讲，不健康就是疾病。疾病在医学术语中，是指人体在一定条件下，由致病因素所引起的一种复杂而有一定表现形式的病理过程。此时，人体的正常生理过程遭到不同程度的破坏，表现出对外界环境变化的适应能力降低，劳动能力受到限制或丧失，并出现一系列临床症状。

俗话说"人吃五谷杂粮哪有不生病的"，人一生病就要去医院吗？为什么人有病要上医院？有的学生怕上医院，有的学生一有病就要求输液，有的则以不上医院为荣。

一般来说，普通感冒90%以上是病毒所致，是自限性疾病，预后一般良好。早期症状较轻可以不服药，也可以到药店购点药而不去医院，但是症状较重、发热或合并细菌感染后就应该去医院就诊。所以，大学生应该了解常见病和多发病预防的医学常识，有疑问可咨询学校医疗机构或及时就诊。

二、大学生常见疾病的预防与治疗

（一）呼吸道疾病

1. 普通感冒

俗称"伤风"，病原体以病毒引起多见，均常经呼吸道飞沫传染。发病与机体本身或呼吸道局部防御功能低下关系密切，着凉、淋雨、过度疲劳等皆为其诱因。本病全年均可发生，但以春冬季气候突变时易发，散发居多，无年龄、性别、职业等差异。

【临床表现】

常急性起病，无发热或有低热，常有畏寒及程度不等的咽干、咽痒、咽痛、声嘶、鼻塞、喷嚏、清水样鼻涕、数天后变稠，流泪、全身肌肉酸痛、头痛、纳差、乏力、轻咳，少数患者有腹胀、腹泻等症状。如无并发症，常一周左右可痊愈。是一种自限性的疾病。

【防治】

以对症处理为主。加强休息，多饮开水，忌烟，补充足量维生素C，发热、头痛患者给予退热镇痛药物，如无继发细菌性感染，不应使用抗生素。保持室内空气流通，可按身体情况循序渐进洗冷水脸、冷水澡等耐寒锻炼。

2. 流行性感冒

流感是流感病毒引起的急性呼吸道传染病。传染源是病人或隐性感染者，经呼吸道飞沫传染，起病后2～3天传染性最强，人群具有广泛易感性，全世界年发病率达10%～30%。常发生于人口稠密的单位和人口流动性大的地方，发病与性别、职业无明显关系，但小儿与青年患者较多。

【临床表现】

流感潜伏期从数小时到4天，一般为1～3天。起病多急骤，以畏寒、高热、全身酸痛，头痛、咽干、咽痛、胸骨后不适等全身中毒症状为主，鼻塞、流清水样鼻涕、咳嗽等呼吸道症状较轻，偶尔可有鼻衄、腹泻等。体查：颜面潮红、眼结膜、咽部轻度充血。发热多持续3～4天，但乏力、虚弱可达2周以上。根据临床表现可将流感分为单纯型、肺炎型、中毒型及胃肠型等四型，其中肺炎型、中毒型病情较重，病死率较高。

【防治】

治疗的基本原则是隔离患者，减少传播；及早应用抗流感病毒药物；加强支持治疗，预防并发症；以及合理的对症治疗。卧床休息，多饮开水，注意营养，高热或中毒症状较重者酌情补液，并适当使用退热镇痛或缓解鼻黏膜充血药物。

（二）胃肠道疾病

1. 急性胃炎

急性胃炎是多种病因引起的急性胃黏膜炎症，临床常急性发病，可有上腹部症状。急性胃炎的病因有多种，主要有急性应激、化学性损伤（药物、酒精、胆汁、胰液）和急性细菌感染等。

【临床表现】

有症状者急性起病，主要表现为上腹痛、饱胀不适、恶心、呕吐和食欲不振等。多数急性幽门螺杆菌性胃炎并无症状，临床上较难作出诊断。污染食物引起者常伴有腹泻，此时称为急性胃肠炎。急性糜烂出血性胃炎的确诊有赖于急诊胃镜检查（出血后 24～48 小时内进行）。

【防治】

针对原发疾病和病因采取防治措施。

2. 消化性溃疡

消化性溃疡泛指胃肠道黏膜在某种情况下被胃酸/胃蛋白酶消化而造成的溃疡，可发生于食管、胃及十二指肠。因为胃溃疡（GU）和十二指肠（DU）最常见，故一般所谓的消化性溃疡，是指 GU 和 DU。消化性溃疡的发生与下列因素有关：

（1）幽门螺杆菌（Hp）感染是消化性溃疡主要病因。

（2）非甾体类抗炎药（NSAID）的长期摄入。

（3）胃酸和胃蛋白酶的大量分泌。

（4）遗传因素。

（5）胃十二指肠的运动异常。

（6）应激和心理因素。

（7）吸烟、饮食等均是危险因素。

【临床表现】

本病的临床表现不一，部分患者可无症状，或以出血、穿孔等并发症作为首发症状。

（1）疼痛：上腹部疼痛是本病的主要症状，但无疼痛者亦不在少数。疼痛部位多位于上腹部，偏右或偏左。胃或十二指肠后壁穿透性溃疡疼痛可放射至背部。表现隐痛、钝痛、胀痛、烧灼样痛或饥饿痛，为有节律性的痛。DU 的疼痛常在两餐之间发生，持续不减直至下餐进食或服用抗酸剂后缓解。GU 的疼痛多在餐后 1 小时内出现，经 1～2 小时后逐渐缓解，直至下餐进食后再复现上述节律。

（2）其他症状：包括返酸、嗳气、胃灼热、上腹部饱胀、恶心、呕吐、食欲减退等。

消化性溃疡的并发症有上消化道出血、穿孔、幽门梗阻、癌变。

【诊断】

确诊需要依靠 X 线钡餐检查和/或内镜检查，后者尤有诊断价值。

【治疗】

治疗目的在于消除病因、解除症状、愈合溃疡、防止复发和避免并发症。

3. 急性阑尾炎

急性阑尾炎是外科常见病，在外科急腹症中占首位。阑尾腔的阻塞（淋巴滤泡增生、粪石及其他原因）和细菌入侵是最常见的原因。

【临床表现和诊断】

转移性腹痛为典型的临床表现，始于中上腹部或脐周，一般经过 6～8 小时转移并局限于右下腹部，约 70％～80％的病人具有此种典型的症状，应注意：没有转移性腹痛绝不能排除阑尾炎的诊断。此外，恶心呕吐、腹泻腹胀等消化道反应，乏力、发热等全身炎症表现也是常见的症状。右下腹麦氏点固定压痛是最重要的体征。在早期腹痛尚未转移至右下腹时，右下腹及出现压痛为其特征。病史及体征是诊断的主要手段，尤其是转移性腹痛、腹部固定压痛及发热和白细胞数升高、核左移是确立急性阑尾炎诊断的主要根据。

【治疗】

一旦确诊，应行阑尾切除术。

三、大学生常见传染性疾病的预防与治疗

（一）病毒性肝炎的防治

病毒性肝炎是由多种不同肝炎病毒引起的一组以肝脏损害为主的传染病，包括甲型肝炎、乙型肝炎、丙型肝炎、丁型肝炎、戊型肝炎、乙型肝炎、庚型肝炎。临床表现主要是食欲减退、疲乏无力，肝脏肿大及肝功能损害，部分病例出现发热及黄疸；但多数为无症状感染者。

1. 流行病学特征

（1）传染源：主要为病人及病毒携带者。

（2）传播途径：甲型、戊型肝炎主要是经消化道传播，病原体通过病人粪便污染水源或食物，经粪—口传播。在污染的水中贝类有浓缩、积蓄甲肝病毒的能力，生食或半生食污染的贝类可发生甲型肝炎甚至引起爆发流行。乙型、丙型肝炎经血液制品、母婴、体液传播，生活中的密切接触也可传播。

（3）易感人群：人类对各型肝炎普遍易感，病后可产生一定的免疫力，而各

型肝炎之间又无交叉免疫性。

（4）流行情况：我国是肝炎高发区，近几年来发病率有上升趋势。由于城市人群因进食未熟贝壳类、海产品，偶可出现甲肝在城市中爆发流行。我国乙型肝炎带毒者约1亿多人，占全国人口的1/10，乙型肝炎总感染率达58％。

2. 主要表现

肝炎的症状是多种多样的，而且有轻有重，起病多徐缓，在肝炎发病的初期多有乏力、食欲不振、厌油、恶心呕吐、腹胀、肝区不适或疼痛、肝肿大，约半数有轻度脾肿大，部分病人出现发热、黄疸。肝功能检验异常。

3. 诊断

主要靠实验室检查。

4. 预后

甲型、戊型肝炎病愈后未发现病毒携带者，不会发展成慢性肝炎也不会引起肝癌，预后好，是一种自限性疾病。急性乙型肝炎若无并发症大多数病人经治疗也能痊愈，约10％的病人可发展成慢性肝炎，其中30％发展成慢性活动性肝炎、肝硬化。

5. 治疗

目前病毒性肝炎尚缺乏特效疗法，急性期通过充分休息、合理调配饮食、适当的中西药治疗大多数可以康复。慢性肝炎可选用抗病毒、改善微循环、免疫增强剂、保护肝细胞药，适当补充维生素B族和维生素C。

6. 预防

个人预防甲型、戊型肝炎的关键是注意饮食卫生和个人卫生，养成良好的卫生习惯，做到饭前便后洗手，不食半生海鲜，把好病从口入关。乙型、丙型肝炎病人的血液具有传染性。剃须刀、牙刷常会带有微量血液和体液故不能共用。不吸毒尤其是静脉吸毒，不性乱，提高自我保护意识，建立个体和群体的健康行为。

（二）性病和艾滋病的防治

1. 性传播疾病概述

（1）性传播疾病的定义。性传播疾病是一组传染病的总称，主要通过性的接触而传染。1975年，WHO将与各种性行为、性接触密切相关的传染病统称为性传播疾病（STD）。

（2）性传播疾病的种类。目前在国外列入性传播疾病的病种已多达30多种，主要有梅毒、淋病、软下疳、性病性淋巴肉芽肿、腹股沟肉芽肿、尖锐湿疣、生殖器疱疹、非淋病性尿道炎、滴虫病、阴部念珠菌病、细菌性阴道炎、传染性软疣、艾滋病、乙型肝炎和疥疮等。

（3）性传播疾病的传播途径。性传播疾病的病原体种类繁多，包括病毒、衣原体、支原体、细菌、真菌、螺旋体、原虫和寄生虫等。性病最主要的传播途径是通过性接触，但也可以通过其他途径传播，如间接接触传播、血源性传染、母婴传播等。

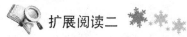

艾 滋 病

一、艾滋病的概况

艾滋病的英文简称为 AIDS，即获得性免疫缺陷综合征（acquired immunodeficiency syndrome）。

（1）病原体。艾滋病的病原体是人类免疫缺陷病毒（human immunodeficiency virus，HIV），俗称艾滋病病毒。

大多数专家认为艾滋病病毒可能最早存在于非洲中部地区的野生灵长类动物黑猩猩身上，后来传染给人，并在人体内发生了变异，变成了目前专门侵犯人的艾滋病病毒。

（2）生存力。HIV 对环境中理化因素抵抗力不强，对热、干燥、阳光极为敏感。一般消毒剂如 50%～70% 酒精、0.1% 家用漂白粉、2% 福尔马林、0.1% 次氯酸钠等皆可灭活病毒。

（3）特点。HIV 是一种具有高度变异的病毒，给机体发现和消灭病毒带来很大困难。这也是 HIV 疫苗研制的主要障碍。

二、艾滋病的流行状况

从艾滋病的全球地区分布情况来看，非洲仍是艾滋病流行的最严重地区。博茨瓦纳是世界上艾滋病感染率最高的国家。南亚和东南亚是 HIV 感染严重程度仅次于非洲的地方。尤其是印度、泰国的 HIV 感染者。

尽管艾滋病流行长期集中在一些特定人群，即性工作者及其嫖客，男男性行为者和注射吸毒者。以前艾滋病传播主要通过注射吸毒，现在性接触已经成为主要传播途径。流行正在通过高危行为人群与其性伴侣之间的传播，逐渐扩展到低危人群，逐渐从沿海向内地、由城市向农村蔓延，形势非常严峻。

三、艾滋病的传播途径

HIV 可以通过无症状的 HIV 感染者而传播，也可以从艾滋病病人传给他人。目前流行病研究已经明确证实了艾滋病有三大传播途径，即性接触传播、血液传播和母婴传播。

（1）性接触传播。包括同性恋、异性恋和双性恋之间的性传播。目前，这是主要的传播途径，约占 70%。性伴侣越多，感染的机会就越大。男性传染给女性的危险大于女性传染给男性。

（2）血液传播。其传播方式有多种，可以通过以下方式：①输血液制品；②器官、组织移植。

（3）母婴传播。母—婴垂直传播的几率约为30%，即艾滋病病毒阳性的母亲所生孩子大约有1/3被感染。发生一次没有保护的性交，在男性同性恋中的传染HIV的概率约为0.5%～3%。而在异性性接触中，男性传给女性的概率是0.1%～0.2%，女性传给男性的概率是0.03%～0.1%。

（4）不会引起艾滋病传播的生活方式。艾滋病病毒是不会通过呼吸道、消化道和完整的皮肤接触而传播的。在下列情况是不传播艾滋病的：语言交流、礼节性接吻、拥抱、握手、打喷嚏、咳嗽、共用游泳池、一同洗澡、共用办公用具、共用电话、工具、钱币、共同进餐、共用卫生间、蚊虫叮咬等。

七、预防措施

大学生应该了解的预防艾滋病的方法和措施：①与异性交往中，自尊、自爱、增强自我保护意识，对自己负责，对他人负责。②树立健康观念，遵守婚姻、家庭的文明道德规范。③学会拒绝的技能，避免婚前性行为和非法同居，如有性生活应注意保持一个性伴侣。④不要到非正规采血机构献血。⑤尽量避免不必要的输血或使用血液制品（如血浆、白蛋白等）。⑥避免不必要的注射，不要到非正规的医疗机构注射、拔牙、穿耳洞及手术。⑦不与他人共用牙刷、牙签、剃须刀及可能刺破皮肤、黏膜的日常生活用品。不要到街上小摊或浴室挖"鸡眼"。剃头、刮胡也可能传染艾滋病毒。⑧了解掌握毒品的危害，远离毒品，有吸毒行为者不与他人共用注射器。⑨了解安全套在预防艾滋病、性病中的作用，知道安全套的正确使用方法。

谨防不知不觉染上艾滋病。也许你没有性伙伴，也许你并不吸毒，但也很可能不明不白地染上了艾滋病毒，为此，提醒你在生活中处处留心。

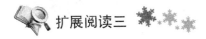 扩展阅读三

关于红丝带

红丝带标志象征着我们对艾滋病患者和感染者的关心与支持；象征着我们对生命的热爱和对和平的渴望；象征着我们要用"心"来参与预防艾滋病的工作。

大学生是祖国的未来，除自身做好预防工作外，应积极参与艾滋病的预防、宣传教育活动，掌握艾滋病预防的知识，为祖国的繁荣昌盛，成为预防艾滋病的一支生力军。

四、保健品、保健食品与药品

(一) 保健品分类

目前市场上的保健品大体可以分为保健食品、保健药品（目前已取消）、保健化妆品、保健器械、保健用品等。保健食品具有食品性质，如茶、酒、蜂制品、饮品、汤品、鲜汁、药膳等，具有色、香、形、质要求，一般在剂量上无要求；保健药品具有营养性、食物性天然药品性质，应配合治疗使用，有用法用量要求，如以前带"健"字批号的药品；保健化妆品具有化妆品的性质，不仅有局部小修饰作用，且有透皮吸收、外用内效作用，如保健香水、霜膏、漱口水等；保健用品具有日常生活用品的性质，如健身器、按摩器等。

保健食品和药品的区别：食品最关键的问题是它的安全。食品可以长期食用，而任何一个药品都不能无限制地长期食用，因为它都有一定的毒副作用。而保健食品一般不允许有毒副作用。药品必然具有确切的疗效和适应证，不良反应明确；一定经过大量临床验证，并通过国家药品食品监督管理局（SFDA）审查批准，有严格的适应证，治疗疾病有一定疗效。而作为食品的保健品，则没有治疗作用，仅仅检验污染物、细菌等卫生指标，合格即可上市；保健食品是对已经失去健康，还没有疾病的人群起一个辅助调节作用。

(二) 树立正确的用药观念

用药的基本原则是：能局部使用就不需要口服，能口服就不肌肉注射，能肌肉注射就不需要静脉注射。

◆要树立"是药三分毒"、"药物均有毒副作用"、"药能治病，也会伤身"的观念，药物要"对症治疗"，不盲目追求"特效药"。

◆用药不要跟着广告走，认识"药愈贵疗效愈大"或"上医院就要求打针"等许多不正确的用药文化。

◆药品都有可能出现过敏反应，有药物过敏史，一定要告知医师及药师。

◆使用药物应依治疗疗程、给药次数、时间、剂量及给药途径来使用，以达到治疗的目的，切记勿乱更改药物使用的途径、剂量、给药次数与疗程。

◆要纠正用药错误认识：抗生素挑好的用，副作用会小点。

1. 药物的不良反应

凡是不符合用药目的并为患者带来不适或痛苦的有害反应统称为药物不良反应。多数不良反应是药物的固有效应。

1）副作用

副作用是指药物在使用治疗剂量时引起的与治疗目的无关的作用。例如，用阿托品治疗胃肠道痉挛时，患者同时出现的口干、视力模糊、便秘等反应。

2）毒性反应

毒性反应是指在剂量过大或药物在体内蓄积过多时发生的危害性反应。致癌、致畸、致突变反应也属于慢性毒性反应范畴。企图增加剂量或延长疗程以达到治疗目的是有限度的，过量用药是十分危险的。

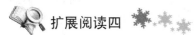 扩展阅读四

20 世纪 60 年代初期，联邦德国的一家制药厂生产了一种安眠药沙利度胺（"反应停"），对妊娠呕吐有明显的疗效，一时各国争相上市，使用极为广泛。1961 年 10 月，在西德妇产科学术会议上报告了沙利度胺引起的海豹型畸胎，总结了从 1956～1961 年五年间短肢畸形新生儿 6000～8000 个。这就是震惊世界的"反应停"事件，它给人们敲响了必须重视药品安全性的警钟。

3）过敏反应

过敏反应是指少数经过致敏的患者对某种药物的特殊反应，致敏原可能是药物本身，或药物在体内的代谢物，也可能是药物制剂中的杂质，它们与体内蛋白质结合而引起过敏。这种反应与药物剂量无关。如青霉素引起的过敏性休克。

4）继发反应

继发反应是继发于药物的治疗作用之后的一种反应，是药物发挥治疗作用的不良后果。如长期应用头孢菌素类广谱抗生素时，可造成肠道菌群失调，继发真菌感染。

5）后遗效应

后遗效应是指停药以后血药浓度已降至有效水平以下时残存的药物效应。如服用巴比妥类催眠药后，次晨出现的乏力、困倦现象。

6）停药反应

停药反应是指突然停药后使原有的疾病加剧，又称回跃反应。例如长期服用可乐定降血压，停药次日血压将激烈回升。

7）特异质反应

少数特异质患者对某些药物反应特别敏感，反应性质也可能与常人不同，现在知道这是一类先天遗传异常所致的反应。

8）依赖性

依赖性是指某种药物反复足量应用后使机体产生一种精神或行为的反应，此时一旦停药就会产生痛苦，从而使患者强制地连续或周期性要求应用这些药物来避免停药时的不适。

2. 合理用药

从理论上说，合理用药是要求充分发挥药物的疗效而避免或减少可能发生的不良反应。具体原则如下：①明确诊断，针对适应证的同时还要考虑禁忌症。

②根据药理学特点选药。③用药个体化。④对因、对症治疗并重。⑤用药后严密观察病情，及时调整剂量或更换治疗药物。

3. 常见的不合理用药

（1）抗生素的不合理使用现象目前仍比较广泛、严重，一般伤风感冒，有人也用抗生素，这不仅是一种浪费，而且可引起不良反应，产生耐药性，增加并发症，延长病程。因为感冒约有 90% 由病毒引起的，而抗生素对病毒无效。

（2）解热镇痛药大多属非处方药，人们可以直接从药店购买，不合理使用现象比较普遍。复方阿司匹林与索密痛片均含非那西丁，长期服用含非那西丁的制剂，可引起肾乳头坏死、间质性肾炎等。

（3）关于中药和补药。"是药三分毒"，完全无毒性的药物是很少的，中药也不例外。例如：六神丸服用不当也会中毒；云南白药服用过量，可引起面色苍白、头晕、恶心呕吐等症状，严重者可出现急性肾衰竭。

补药是一般人对维生素及其他营养物质（氨基酸、葡萄糖、微量元素等）、补血药或某些中药补益药（如人参）的俗称。人体对这些药物的需要大都有一定的限度，如维生素，每日需要量并不大，一般从膳食中即可得到充分供应，不必再补充；只有儿童、孕妇、吸收障碍的患者才需要适当补充。滋补药人参在长期服用后，一些人会出现失眠等现象，需停药一段时间才能好转。

第四篇 平平安安

你如果没有安全感
把安全带系上
信任是爱情最佳防护网
你如果没有安全感
把安全帽戴上
自信就不怕有人跟你抢

——S. H. E 所唱《安全感》歌词

求得安全感，是人与生俱来的本能。西方人本主义哲学家马斯洛的理论认为安全感是人的基本需要。《安全感》这首歌唱的正是这个意思。

如今，我们生活的世界经济和文化高度发达，人们的生活水平是几十或几百年前的人们做梦都无法想象的。但是，人们的安全感却并未随之得到提升。社会观察家提醒我们，在最需要安全的校园中，学生的人身安全、财产安全、信息安全等，都有很多要做的工作。其中，安全知识的学习是广大学生急需加强的方面。

第七章　平安事大

第一节　目前我国高校安全现状及其思考

近年来，随着高校办学规模的不断扩大，学校正从封闭式转化为开放式的"小社会"。学校与社会接触频繁，外来人口增加，素质参差不齐，隐藏着许多不安全因素。校园内部安全隐患也不断增多，安全防范方面存在漏洞，安全控制十分困难，导致盗窃、诈骗、打架斗殴等治安案件屡见不鲜，甚至伤害他人、杀人、制造事端等刑事案件发生，另外，食品中毒、校舍倒塌、校园火灾等意外灾难事故，以及自杀、交通事故等非正常死亡事件也时常有媒体报道。

近年来，随着高校招生规模越来越大，与社会接触交流的机会越来越多，伴随着大学生安全事故发生的事故也逐步增加，据 2008 年上海《东方早报》报道，上海市高校学生 2008 年共发生事故灾难 18 起，社会安全类 45 起，造成 36 人死亡，11 人受伤。频繁的事故发生，受到了社会和大学生群体的广泛关注，目前涉及大学生的违法犯罪情况时有发生，有效遏制大学生的违法犯罪行为，已成为高校安全教育工作的重要课题。

请看近年来发生的几个典型案例：

清华、北大接连发生的爆炸案。2003 年 2 月 25 号中午，清华大学"荷园"餐厅和北京大学"农园"餐厅内先后发生爆炸，9 人受轻伤。经警方初步勘察，两起爆炸案均为自制黑火药爆炸物引起。

校园暴力案。2004 年 2 月从 13 日到 15 日，马加爵用铁锤残忍地杀害了 4 名同窗好友，作案手法一致：猛击后脑勺。而作案动机仅仅因为邵某、杨某、龚某在与他打牌时发生口角，杀害唐某则是因为和他同处一室的唐对他的杀人计划有妨碍。2010 年 3 月 30 日晚，四川某大学公共管理学院 2008 级信息资源管理专业本科生曾某（男）在该校湖边，杀死一名女学生，杀伤 2 名男学生。

大学毕业生就业竞争日趋激烈导致不少学生产生严重的心理障碍，因不堪学业重负而自杀的事件屡屡发生，如北京某高校的科研楼近四年每年都有一名学生跳楼。

2009 年秋季学期开学不久，9 月 19 日下午 3 点半左右，3 名桂林某高校在校大学生来到象鼻山附近游玩，由于天气炎热，于是决定下漓江游泳。不想发生意外，其中一个不会游泳的学生不知不觉"游"到了江中央并在慌乱中喊救命。此时另外两名同伴奋力上前营救，其中一个同伴也陷入了水中，另外一个同伴被溺水者死死抱住，但他成功挣脱溺水者并爬上岸。此次溺水事件导致两人溺水身亡。

经分析，安全事故的发生，一方面，源于大学生群体安全意识薄弱，心理防范意识差，缺乏足够的安全常识，法律意识淡薄。大学生接触的环境较为单纯、安逸，对复杂社会所知甚少，一旦遇到意外事件由于缺乏安全防范和安全事故处置的知识，缺乏法律知识的储备与理解，当自身权益受到侵害时，往往显得束手无策；另一方面，社会的进步也夹杂着社会犯罪率的不断攀升，国家法律制度某些方面还不十分完善。特别是在相关高校教育管理条例、高校大学生违法犯罪处罚措施等细则上，要加以规范和细化，并强调以"教育为主，处罚为辅"的思想方针，做好对大学生法制教育工作。

从大学生的角度看，大学生自身应该重视安全问题，应在关注高校的安全事故时，提高对这个问题的认识，主动积极地学习安全知识。

第二节 大学生人身安全

就大学生个人而言，安全主要是指人身安全和财产安全。相对于财产安全，人身安全显得尤为重要，生命安全如果不复存在，那财产安全也将成为泡影。例如，大学生身处火灾现场，首先是要保证人身安全的前提下，减少财产损失。大学生在遭受抢劫时，面对穷凶极恶的犯罪分子，在人身安全与财产安全发生冲突时，要首先想到人身安全。大学生的人身安全，是指大学生的身心、生命没有危险，不受威胁，不出事故，安然无恙。因此，大学生的身心、生命安全，是大学生最重要、最基本的安全。本节着重阐述几种常见的影响人身安全的伤害、性侵害、艾滋病等特点及预防。

一、预防被伤害

人的生命只有一次，防止生命不受伤害，就是大学生安全最主要、最基本的内容。

1. 大学生受伤害情况

从全国高校看，各种类型的伤害大学生案件、事故每年都以数以千计发生，其基本情况有四类：

（1）因不法之徒的违法犯罪侵害引发或转化的大学生生命伤害。例如，流氓滋扰、寻衅滋事、拐卖女生、殴打、性侵害以及抢劫、盗窃等。

（2）因违反管理规定引发各种事故，直接造成大学生生命伤害。例如，爆炸、火灾、交通事故、塌、砸、挤踩、溺水、煤气中毒、食物中毒等。

（3）因违反治安管理规定或因具体矛盾处理不当转化的大学生生命伤害。例如，参加邪教组织，误入非法传销，打架斗殴或在公共娱乐场所、公众聚集场合发生的矛盾，学习、生活中产生的摩擦，校外社交活动中发生的纠纷等。

（4）因其他意外情况偶发的大学生生命伤害。例如，突发的自然灾害、误伤等。

2. 大学生被伤害的原因

大学生被伤害的原因是多种多样的，有客观方面的原因，也有大学生自身方面的原因。就其主观原因看，主要有以下几个方面：

（1）安全意识淡薄。对社会治安形势的严峻性，对不法分子侵害手段的残忍性缺乏足够的认识，甚至对随时可能发生的侵害预见性不够，面对复杂客观的治安形势，在思想上却采取了充耳不闻的思维方式，造成防范观念差，当意外侵害发生时，感到格外震惊。

（2）安全知识贫乏。对案件、事故的发生规律知之不多，因而，对在什么时间、什么场合、什么环境、什么氛围、什么人群容易发生什么案件、事故缺乏预见性，更谈不上采取措施积极主动预防。许多情况下，当事故、案件隐患已经严重威胁到人身生命安全时，一些大学生不仅没有保持一定的警惕，甚至还常置若罔闻。

（3）自我安全保护能力弱。从已经发生的大学生人身生命受到伤害的案例看，许多受伤害的程度可以减小，甚至一些受伤害的情况完全可以避免，但事实是本可以避免的伤害发生了，本可以减小的伤害程度加强了。根本原因就是这些大学生的自我安全保护能力弱，当侵害发生时，束手无策，不但不能勇敢、机智、巧妙地进行自我保护，甚至做出激化矛盾、事与愿违的举动。

（4）处理问题的思想观念错误。许多受到侵害的大学生，往往在没有发生问题时，什么都不在乎，一旦问题发生，又不敢面对现实，甚至极度恐慌，总怕学校领导和老师知道，设法掩盖已发生的问题。在处理问题时就会出现：不靠老师靠自己，不靠组织靠老乡，不靠理智靠哥们义气。在这种错误理念指导下，往往是小纠纷演变成大矛盾，简单的问题演变得复杂化，好解决的问题演变得难以处理。

（5）社会公德、组织纪律、法律意识淡薄。特别是在公共聚集场合、公共娱乐场所、集体生活的环境中，只想享受社会公德为自己提供的文明，而不愿遵守社会公德奉献自己的道德文明；只想享受纪律为自己提供自由，而不愿意遵守纪律受到纪律的约束；只想享受法律为自己规定的权利，而不愿意遵守法律尽法律为自己规定的义务。结果扰乱了公共秩序、侵犯了他人人身权利、危害了公共安全、妨碍了社会管理秩序，最终受到伤害的往往还是大学生自己。

3. 大学生受伤害的预防

预防大学生人身生命遭受伤害，是一项系统工程。一方面，它有赖于整个社会治安环境的改善，有赖于学校周边治安秩序的净化，有赖于文明校园氛围的提升；另一方面，大学生本身要做好防范工作。就自身如何确保生命安全，主要应该做好以下预防工作：

（1）尽量减少、避开遭受侵害的因素和环境。大学生在学校学习阶段，主要精力应放在刻苦学习、努力完成学业上。在日常生活中，尽量慎重出入治安复杂场所，远离不法分子侵害，减少遭受伤害的概率，对于大学生人身生命安全是必要的。一是认识不法分子易于侵害的环境。尽量远离治安复杂场所，尽可能不单独到偏僻无人或极少有人活动的林间、山路、沟渠、废旧建筑工地等处活动逗留，减少与不法分子直接发生矛盾受其侵害的环境条件。二是认识不法分子易于侵害的时机、对象。尽量避免在午休、夜深人静、黑暗、视线不良时单独滞留或夜不归宿，避开不法分子侵害的时机和选择的对象。三是认识不法分子侵害的手段。尽量以机智灵活的方法、义正词严的态度应对不法分子的暴力、欺骗或软硬兼施，设法努力避免、减少不法侵害的发生。

（2）不给可能发生的侵害提供条件。大学生的人身生命安全遭受伤害，除了主要由不法分子侵害因素引发外，有时往往是因自身原因引发的。因此，大学生为了自身生命避免遭受伤害，还必须从自身做起。例如，为避免火灾、爆炸伤及人身生命安全，宿舍内不乱接拉电源、电线，不躺在床上吸烟和乱扔烟头，不在蚊帐内点燃蜡烛，不随地焚烧杂物，不使用易引起火灾的各种器具，不存放易燃易爆物品，实验过程中不违反操作规程等 。为防止不法分子侵害，在公共娱乐场所言语举动不轻佻 ，不以骄横失态、偏激对待问题，不用挑衅语言刺激对方，不给有不良企图的人发出易误会的信号，外出穿着不过于暴露，尽量不带贵重物品，钱物不显露，遇到意外，表现不慌张、不胆怯等 ，把因自身原因可能引发的伤害降到最低程度。

（3）拒腐蚀、提高免疫力。大学生人身生命受伤害，有时候是自身存在的不良习气、不健康思想、不道德行为引起的。因此，大学生要减少或避免人身生命伤害，还要自觉拒绝不健康思想的侵蚀：一是警惕西方资产阶级人生观、价值观、生活方式的侵蚀，特别是自由化思潮和所谓性解放的影响。二是拒绝腐朽思想的腐蚀，特别是淫秽色情制品的影响。三是抵制世俗风气的影响。例如，借过生日、入党、获得奖学金、受到奖励等机会吃吃喝喝；发生问题不但不向老师报告，还互相包庇等。四是克服庸俗习气的影响。例如，赌博、酗酒、个别吸毒、拉老乡、搞哥们儿义气，以力服人，炫匹夫之勇等。大学生一定要严于律己，不但要使自己成为一个具有专业文化知识的人，而且要使自己逐渐成为一个具有远大政治抱负，脱离低级趣味的高尚的人。

（4）正确对待所发生的各类侵（伤）害。正确对待和处理将要发生和正在发生的各类侵（伤）害，是避免和减少大学生人身生命安全遭受伤害最直接、最现实的应对之策。

第一，正确应对不法侵害。就是当不法侵害即将或正在发生时，能临危不惧，保持清醒头脑，针对当时的具体情况采取果断、机智、灵活的办法化险为夷。一是凡不法侵害都是以违法犯罪为前提的，不法之徒亦胆怯心虚，见不得阳光和群众。对此，应义正词严，拿起法律武器，勇敢维护法律尊严和自己的权益，大胆震慑罪犯。二是不法侵害者往往又是亡命之徒，心狠手辣、不择手段、不计后果。对此，则不宜以蛮干对无知，盲目硬拼，强逼困兽，遭受致命之灾。而应以智慧取胜，用机智、灵活的方法与之周旋，"两害相权取其轻"，甚至做出某种局部利益的牺牲，以保证生命等主要安全。三是不法之徒往往又贪财好色，当遇不法之徒侵害时，应尽量与之周旋，拖延时间，争取外援，或找机会脱身、报案。一旦没有外援或无法脱身、报案时，为保全自身主要权益，可满足不法之徒部分条件，麻痹其警觉，造成其控制松懈。同时，注意掌握其罪证，为以后侦破案件、打击犯罪提供条件。

第二，正确应对各类灾害事故。各类灾害事故对人的生命和财产具有极大的破坏性，正确应对各类灾害事故，就能有效地减少或避免伤害。一是灾害和事故具有演进性和规律性。凡灾害、事故的发生，都是由渐变到突变的过程。因此，为预防灾害、事故发生，避免、减少伤害，平时就要认真遵循规律，积极做好预防工作，把灾害、事故化解在演进的过程中。二是灾害、事故的发生具有偶然性和突发性。这种突如其来的灾害、事故，往往会给人们的心理造成极度的恐慌。为避免或减少其造成的伤害，应做到：处乱不惊，保持清醒头脑；有生命危险时，设法保护人身生命安全；条件许可时，及时报警；防止事态进一步扩大；积极参与救助，等待救援。三是灾害、事故对生命、财产具有极大的破坏性。对此，应面对和接受现实，树立信心，利用现有条件或积极创造条件，努力把伤害减少到最低程度。

第三，未雨绸缪，防患未然，学习意外事故处理办法，掌握些自救和救人的基本技巧，有效地化解风险，挽救生命。

人的一生当中可能会遇到各种不可预测的危险，大到天灾人祸，小到虫蛇叮咬。重者危及生命，轻者遭受皮肉之苦。现代社会对生命的高质量提出了更高的要求，迫切需要人们学会紧急状态下的自我保护。美国哈佛大学商学院新生入学人手一册自救方面的书籍。当今大学生基本上都是独生子女，一定意义上说，他们独立处理问题的能力有所减弱，为此非常有必要加强应急方面的教育。学会在危急时刻怎样保护自己，伸出援手帮助他人。常见的意外事故除火灾外，还有诸如触电、雷击、溺水、中毒、地震车祸、蛇咬伤等。

二、性侵害的预防

性侵害是指违背当事人一方意志的性行为。它严重侵犯了受害人的人身权利，极大地损害了受害人的身心健康。

1. 认识性侵害的重点

对于高校女生而言，性侵害的防范是非常重要的。大学女生正处于青春期，有很多女生都有谈恋爱、交朋友的需要。这就使得她们成为不法分子性侵害的重要目标，而侵害方式有多种多样：

（1）暴力式性侵害。指不法分子以暴力手段或以凶器相威胁，对女大学生实施性侵害。采取暴力式性侵害的主体多数是社会上的不法分子。有的直接以强奸为目的，有的以抢劫、盗窃为目的，在抢劫盗窃过程中，见有机可乘，随即实施强奸，进而演变成暴力性侵害。也有的是因恋爱破裂或单相思，走向极端，以性施暴等。暴力式性侵害往往遭到女性的强烈反抗或担心暴露极易演变为凶杀。因此，暴力式性侵害对女大学生的危害也就最大。

（2）胁迫式性侵害。性侵害者一方大都是强者，往往以其特殊的身份、手中的权力、经济上的控制，或对女大学生隐私进行要挟，迫使侵害对象就范。

（3）诱骗式性侵害。一些心术不正之徒，往往把性猎取的目标锁定在女大学生身上，他们先冠以谦谦君子，把真正企图掩盖起来，而后或以金钱引诱，或以交朋友谈恋爱相处，或以安排工作相许，或以娱乐相邀，设法投其所好，女大学生一旦失去警惕上钩，不法之徒便会撕下伪装，实施性侵害。

（4）社交式性侵害。由于开放办学，大学生的社会活动越来越多，一些女大学生缺乏社会经验，交友不慎，结识一些社会不良人员时，有可能遭到性侵害；利用假期节假日、社会实践等机会勤工助学，承揽服务性工作（导游陪游、家庭陪聊陪酒、坐台等），有时也可能跌入性陷阱；当涉足歌厅舞厅、酒吧、咖啡屋等场所时，也可能遭到性侵害。

（5）流氓滋扰式性侵害。往往是社会上的流氓混入校园，用下流的语言，用推、拉、撞、摸等下流的动作，或用暴露生殖器官等下流行为或窥视女大学生洗澡、解手等进行流氓滋扰。当女大学生孤立无援时，便可能发展成为暴力式性侵害。

2. 积极预防性侵害

（1）提高自身素质。大学生特别是女大学生，要加强自身修养，全面提高自身素质。一是要树立正确世界观、人生观和价值观，不为世俗庸俗所影响，不为腐朽思想所腐蚀；二是不轻率，不占便宜，不过于看重钱财，防止授人以柄；三是言行举止得体大方，不追逐时髦，不过于暴露轻浮，体现当代大学生的精神风貌；四是慎重交友，不轻易相信初识人，更不要轻易接收初识"朋友"的馈赠。

（2）避开性侵害容易发生的时间、环境和场所。一是夜间外出活动不要过晚，午休时间最好不要一个人单独外出活动；二是不要单独滞留、活动于偏僻黑暗角落；三是不要去治安环境相对复杂的"娱乐"、"服务"场所等。

（3）严格遵守女生宿舍安全管理规定。一是不要独自一人住宿；二是不私自让异性进入宿舍；三是睡觉及时关好门窗；四是夜间、午休去厕所注意先观察周围环境等。

3. 正确对待性侵害

一旦遭到性侵害，能否正确对待，妥善处置，其结果也大不一样。因此，作为女大学生，当遇到此类问题时，还必须正确对待，妥善处置，力争把损失减到最低程度。

（1）保持沉着镇定。不论遭到何种方式的性侵害，都要沉着镇定，冷静分析当时的情况，思考脱身和对付不法之徒的办法。要敢于大胆维护自己的尊严，要设法采取有效手段和办法震慑对付不法之徒。一方面，可考虑高声呼救，以此震慑不法分子，同时争取外援；可以利用身边一切可以利用的物品，如钥匙、笔、发夹、砖头、灰沙等同其搏斗；还可采取抓、踢、顶、撞等方法猛击其要害部位，争取逃跑的机会。另一方面，如果当时的情况不允许硬干时，切忌蛮干，一定要用智慧设法（必要时牺牲部分利益有所让步）创造条件和机会争取外援、脱身。不论采取何种办法，都要设法记住不法分子的特征（年龄、身高、体态、口音等），尽可能留住物证（血迹、精液、阴毛、指纹等），为日后破案创造条件。

（2）要敢于依法打击犯罪，维护尊严。一旦遭到性侵害，不能怕影响名誉而不向公安机关报案或私了，要立即报案，依靠组织和法律，使不法之徒尽快得到严惩，使自己的合法权益得到维护。

（3）正确对待失身。一是虽遭性侵害，因是无辜的受害者，周围同学和社会舆论不会另眼看待；二是要破除"一朝失身，终身有瑕"的精神枷锁，正确对待人生道路上的曲折和挫折；三是要接受教训。如果也有自身某些方面不慎所至，就要吸取教训，提高自己的抵御能力，使自己更加成熟。总之，要调整心态，正确认识，必要时进行心理咨询。

（4）发现意外怀孕，一定要到正规医院就医。

（5）慎重交朋友。特别是对于对方的邀请，不要轻易应邀，一旦应邀时，最好能把自己去的地方、联系方式、大概回来的时间告知有关同学，留有后手。

第三节　财产安全

大学生的财产安全，主要是指大学生在学校期间所带的现金、存折、购物卡、学习及生活用品等不受侵犯。由于大学生涉世不深，不善于保管自己的钱物，又是集体生活的特殊群体，其财产就成了盗窃、抢劫、诈骗、敲诈勒索等不法分子侵害的重点对象。目前，校园发生的各类案件中，侵害大学生财产案占到首位。大学生财产一旦受到侵害，不但给家庭带来一定负担，而且给大学生的学习、生活、心理造成一定影响。大学生为保障自己专心致志地学习，轻松愉快地生活，就有必要学会、掌握保障自己财产安全的常识。

一、防盗

盗窃是指以非法占有为目的，秘密窃取公私财物的行为。它是侵害学生财物的主要形式之一。加强财物安全预防。大学生的财物是大学生学习、生活的物质基础，只有确保财物安全才能保障大学生顺利完成学业。

1. 大学生财物容易被盗窃的时间、场所、方式的规律

（1）大学生财物容易被盗窃的时间。一是从一天时间看，宿舍被盗主要是上午上课时间，特别是一、二节课，因为这段时间里安排的都是主要课程，学生绝大多数都在教室上课，盗窃容易得手。次之是上晚自习、学校举办文体活动时，这时宿舍无人，往往也容易被盗窃。二是从四季时间看，夏、秋两季宿舍盗窃多，因天气热，学生都开窗（有的还开门）睡觉，易发生"钓鱼"盗窃或乘虚而入盗窃。三是从整体学期看，刚开学、临近放假、毕业生离校和假期期间宿舍被盗案件多。因为刚开学，同学们都带有现金，所以是作案选择的"最佳时间"。考试结束临近放假，毕业生离校，一般比较混乱，不法分子往往乘机浑水摸鱼。放假期间，宿舍无人，易发生撬门扭锁盗窃等。

（2）大学生财物容易被盗的场所。一是容易被盗的宿舍。首先是混合型的宿舍楼，即几个不同单位的同学安排住一个宿舍，或一个宿舍楼内安排几个不同单位的同学混住的，容易被盗窃；其次是偏僻孤立的宿舍，这些宿舍孤立，不易被人发现，作案后容易逃离；最后是管理松懈的宿舍。二是容易被盗窃的场所。如学校的图书馆、阅览室、教室、餐厅、健身房等。当学生去卫生间、室外活动，聚精会神看书或打饭时，学习用品、手机、提包等，也往往容易被盗。

（3）大学生财物容易被盗窃的方式。一是"顺手牵羊式"。"顺手牵羊"者在宿舍楼内自由光顾，趁主人不备时，顺便将能轻易得手的物品盗走。二是乘虚而入。趁室内无人，房门无锁，乘机入室行窃。三是撬门扭锁。趁宿舍无人之机，利用携带的专门工具，以破坏手段撬开门锁行窃。四是翻窗入室。一些没有防护栏或防护栏不结实、又易于攀登的窗户和门顶通气窗，趁无人或深夜熟睡之机，往往翻窗入室行窃。五是溜门入室。趁一些学生上厕所之机或天气炎热开门睡觉溜门入室行窃。六是金钩"钓鱼"。主要是利用住一层的同学不关窗户，趁无人或熟睡之机，从窗外利用竿子将室内的衣物钓出。七是偷配钥匙。有的是周围的同学、熟人、借串门之机，趁你睡觉或不备，将你放在床、桌上或柜锁上未拔下的钥匙偷走偷配钥匙；有的谎称自己忘带钥匙等借故借门上的钥匙而偷配柜上钥匙；还有的是利用公共活动脱衣之机，偷盗钥匙偷配等，而后再寻机行窃。另外还有监守自盗、里勾外联等方式行窃等。

2. 大学生怎样预防财物被盗窃

（1）预防现金（存折、购物卡）被盗。预防现金被盗最好的办法是不要随身携带或在宿舍存放，特别是从家往学校带数额较大的款项时，可通过邮寄、电汇、汇款"直通车"或办理银行卡。如果是随身携带现金，应放在内衣口袋里，到校后及时存入驻地附近银行，并且加密。对存折和各种购物卡，应妥善保管，并严防密码失密。同时，要严格保管好自己的身份证，防止在偷盗存折、各种卡后利用你的身份证将存折上的款取走和将购物卡上的钱花掉。

（2）预防宿舍内的财物被盗窃。从一定意义上讲，宿舍就是学生的家，大学生的财物绝大多数都存放在宿舍，要保障大学生财物安全，很重要的一个方面，就是预防宿舍被盗窃。

预防宿舍被盗窃，主要应注意以下几点：一是最后一个离开宿舍的同学，一定要以对自己、对其他同学高度负责的责任感，及时关窗锁门，如果是暗锁，一定要反锁门。不要认为因离开宿舍的时间短，嫌麻烦而疏忽麻痹，给不法分子留下可乘之机。二是要保管好宿舍门的钥匙。不要随便借给他人；要注意妥善保管，不要到处乱扔乱放；如果门钥匙是和柜箱锁的钥匙连在一起的，用完后要及时拔下；浴池洗澡或公共活动脱衣时，谨防别有用心的人借机盗窃钥匙等。一旦有钥匙丢失，要马上换锁。三是要保持宿舍良好秩序。不能把宿舍变成聚会、聚餐、打牌、会客等交际娱乐场所。如若不然，宿舍来往的人员就会复杂，宿舍安全的隐患就会增多。四是不能随便留宿非本宿舍人员。特别是不要留宿不知底细的人。否则，很可能会引狼入室。五是警惕宿舍楼内的陌生人。不论是借口找人、借故维修、还是兜售商品等，一定要留心观察其行踪，仔细盘问，发现问题及时报告。六是假期中要加强宿舍管理。离校时要将贵重物品交学校统一管理，关好窗，锁好门，特别是留校的同学要严格遵守宿舍管理规定。

（3）预防公共场所财物被盗窃。所谓公共场所，主要是指学校的教室、图书馆、食堂、购物中心、体育活动中心、文化活动中心等。这些场所人员相对流动量大，情况复杂，许多同学互不相识，是扒窃、拎包案件的多发地带。学生的财物除了在宿舍被盗外，相当一部分是在这些场所被盗的。所以，要保障大学生财物的安全，还必须预防公众聚集场所学生财物盗窃的问题。

预防公共场所财物被盗窃，具体应注意以下几点：一是在公共场所学习或活动时，最好不要随身携带现金和贵重物品。二是在公共场所如若必须携带时，一定要按规定将所带物品和包件妥善保管，切不可随便乱扔乱放。能随身携带最好随身携带，如果学校不统一保管衣物时，可自行安排指定专人集中保管。三是如购物时，需携带现金，不要放在外边口袋里，外边口袋只可放少许零用钱。点钱时注意观察，谨防扒手盯上。

（4）笔记本电脑防盗。近年来，学生用于学习购置笔记本电脑的数量逐年增多。由于保管不善、价值相对贵重、携带方便、销赃渠道多等原因，近年来，各高校笔记本电脑被盗案件发生呈上升趋势。可以说，笔记本电脑是当前乃至今后相当长的一段时期，不法分子盗窃的主要目标。笔记本电脑使用后及时锁起来是最为简便，同时，也是最为有效的防范措施，能够大幅度减少被盗的可能性。

3. 大学生财物被盗窃后的正确处置

大学生财物被盗窃后，应立即拨打"110"报警。如果是在校内应立即向保卫处报案；在校外，应立即向当地派出所报案。有被盗现场的（如宿舍等），应在报案的同时保护好现场。切忌发现被盗后，急于清点自己的东西，而立即翻动箱子、柜子、抽屉等破坏现场；如果存折、银行卡、汇款单被盗，应立即带身份证到银行、邮局挂失，同时到公安机关报案；并实事求是地向公安机关提供被盗的相关情况，协助公安机关破案。

二、防抢劫

抢劫，是指使用暴力胁迫或其他方法，强行劫取公私财物的行为。为了达到非法占有他人财物的目的，抢劫者在实施抢劫过程中，有时往往还伤害财物所有人或保管人的人身安全，因此，抢劫对被抢劫者的财物乃至人身安全具有较大的危害性。大学生要确保人身、财物安全，就必须预防被抢劫。

扩展阅读一 ❄❄❄

夜色的掩护下，马某等4人频频出现在某高校僻静处，他们将温习功课的大学生定成抢劫的目标，他们使用砖块、木棒袭击学生，先后打伤多人。2005年8月24日晚，马某等人拦住两名正在看书的大学生，打伤其中一名学生，抢走一部手机和100元现金。11月11日，马某再次打伤一名学生抢走一部手机。11月3日23时，马某等人用木棒将一名学生打伤抢走手机。11月4日23时，马某等人拦住两名大学生，打伤其中一名学生抢走90元现金和一部MP4。之后，马某等人还将该学生挟持至附近银行，要求学生从卡上取钱，因卡上无钱，马某恼羞成怒，将该学生带至和平渠附近继续对其殴打，之后逃离现场。

1. 大学生遭抢劫的特点

（1）从大学生遭抢劫的地点看，绝大多数发生在校园及其周边大学生很少路经或活动的地带。例如，偏僻、人少、黑暗的小道、树林、建筑工地、小山、闲置孤立的旧房屋、临时搭建物等。

（2）从大学生遭抢劫的时间看，一是午休或夜深人少之时；二是学生上晚自习或上课，绝大多数人员相对集中而校园及其周边人员较少时；三是严冬夜长昼短，天气寒冷，室外活动人员较少时；四是新生刚入学报到的一段时间内等。

（3）从大学生遭抢劫的对象看，一是携物单个返校的学生；二是单独晚归的学生；三是独自游离的学生；四是在学校周边租房居住或打工具有一定活动规律的人员；五是遭抢劫者多数是女生、个别性格懦弱的男生或正在谈恋爱的男女生。

（4）从大学生遭抢劫的伤害看，不单单是财物遭侵害，虽然抢劫分子开始的动机是抢劫财物，但是在实施抢劫的过程中往往转化为人身伤害。

（5）从抢劫大学生的作案人员看，除了个别是流窜作案外，多数是学校及其周边的暂住人员、不务正业的无业人员或有劣迹的人员。

2. 大学生如何预防遭抢劫

（1）散步游玩活动时，不要随身携带现金和贵重物品。如果购物携带现金，最好是结伴前往。

（2）外出或活动，最好是结伴而行，如果独自外出或活动，最好是避开人员稀少、偏僻、视线不良、遭劫无援的时间和地点。

（3）如果携带较大现金和贵重物品归校时，尽量避开偏僻、人少的路径和时间，如果乘车、最好乘公交车，不要搭乘摩的。

（4）如果独立在外租房打工，晚出、早归或早出、晚归的行动规律要警惕被有不良企图者所掌握。

（5）单独外出时，不要显露出过于胆怯害怕的神情。

3. 大学生一旦遭抢劫怎么办

如若遇到抢劫，最主要的是保持镇定，克服畏惧、恐慌心理。冷静分析自己所处的环境，针对当时的具体情况，灵活采取不同的对策。总的原则：一是保证人身不受伤害的前提下，设法保住财物，同时制伏歹徒；二是舍弃财物，保住人身免受损害；三是财物及人身均受到伤害时，要设法掌握不法分子的证据，为以后破案打击犯罪奠定基础。

（1）制伏不法分子，保住财物不受损失。只要条件许可，周围环境有利，存在制胜的可能，就要坚决勇敢地进攻，尽最大努力制伏不法分子。这样不但保护了自己的财物，也使不法分子不能再继续危害他人。

（2）设法脱逃使自己免遭侵害。当自己无法制服不法分子时，能脱逃的最好迅速跑掉，暂无法脱逃的，要利用身边的有利地形和能够利用的东西与其抗衡，大声呼救，在抗衡、对峙、周旋过程中，一方面等待外援，另一方面寻机脱身，同时留意案犯的特征。

（3）以柔克刚保护自己。既然无能力反抗，暂时无法脱身，就不要蛮干，以卵击石。可按不法分子的要求交出部分财物，同时以恰当的话语使不法分子心理满足，尽量麻痹松懈其心理，寻机逃脱。还可根据不法分子的心理，理直气壮地攻心和说服，从心理上予以震慑，使其得到部分财物后，终止继续作案。

（4）尽可能多掌握不法分子的特征，如身高、年龄、体态、发型、语言口音、衣着等。

（5）及时报案，使不法分子及时得到严惩。

三、防骗

诈骗，是指用虚构事实或隐瞒真相的手法，获得公私财物的行为，是大学生财物遭受侵害的主要形式之一。由于大学生涉世不深，思想单纯，易于感情用事，社会经验不足，缺乏防范意识，诈骗分子往往把诈骗的目标瞄准年轻的大学生。因此，大学生为确保自己财物安全，就必须防止诈骗。

［案例］ 被骗历险记

新生报到的时候，某高校大一新生张婷（化名）遇到 3 个打扮学生模样的男子，3 人自称是来看同学的，分别来自香港大学等三所高校。3 人告诉她，几人住在喜来登饭店，因钱花光了，所以面临被赶出来的境地，其中一"男生"李龙（化名）说，想和叔叔联系打钱过来，希望能借用张婷的银行卡。

张婷想，遇到有困难的人理应帮助对方。张婷于是告诉对方："我卡里有5100 多元钱，你们打在我卡里吧。"李龙当即便与叔叔联系，在电话里，李龙把对张婷说的话说了一遍，然后说打 3 万块钱到卡里，并将张婷的卡号在电话里说了。

随后，李龙 3 人让张婷陪同一起去提款机上看钱到了没有。但是查询了数次都发现钱没到账上。李龙几人提出拿卡在学校对面提款机上查询。张婷又和 3 人到校外提款机上查询，钱还是没到。李龙顺手拿过卡说："奇怪，怎么还没到账？"随后又将卡还给了张婷，之后 3 人借故离开了。

3 人离开后，张婷觉得这几个人有点奇怪，于是拿出银行卡检查，却发现这张卡并非自己的那张，急忙到银行查询，发现这是张废卡，而自己卡上的钱早已不翼而飞。她这才明白自己被骗了，立即向派出所报了案。

1. 诈骗的手段及特点

从诈骗分子诈骗大学生的实际来看，诈骗的例子不胜枚举，诈骗的手段和招数各式各样，归结起来，主要有以下几种。

1）伪装身份，骗取信任

骗子为达到行骗的目的，总是千方百计地以各式各样的身份将其真实身份掩盖，先骗取信任后，继而施骗：

（1）利用名人效应等骗取信任。一是利用"好人"骗取信任。他们往往是西装革履，风度翩翩，以学者、有知识、较文明等好人的形象展示给你。二是用富人骗取信任。他们以"高档"、"名牌"装束打扮包装自己，接触交往中给你少许甜头，表现出其出手阔绰，造成和富人打交道你不会吃亏的印象，甚至感到跟他交往，说不定还可以得到他的帮助。三是利用名人骗取信任。由于名人的知名度、透明度都比较高，所以骗子总是以认识名人，能与名人说上话，帮上忙为由，使你相信他能帮助你达到你所期望的某种愿望。四是利用"有权人"骗取信任。他们往往称自己是某某大官，某某长的秘书或"爱人"的同学、朋友等，使你感到，只要攀上他，就算攀上了高枝。

（2）利用老乡骗取信任。他们兜售"亲不亲乡音分，最亲故乡人"的理念。利用老乡观念与大学生套近乎，骗取信任。

（3）利用交友骗取信任。他们针对大学生的单纯、热情奔放、广交朋友的特点，兜售"在家靠父母，在外靠朋友"，"多交朋友多条路"，"朋友多了路好走"等的理念，以交朋友骗取信任。

（4）利用"弱者"骗取信任。他们针对同学们热情好客、乐于助人的特点，往往以其家里亲人发生意外，本人物品被窃，因故绕行等理由，急需部分现金，无奈"哀求"相助，以此骗取信任。

2）投其所好、以利诱之

针对大学生的各种需求心理，投其所好，诱其上钩，以期行骗，是诈骗分子的又--重要手段：

（1）以能安排工作相许。针对大学生就业难和想找个好工作的心理，他们往往以某某机关、热门单位的招工人员，或某某名人、有权人员的同学、亲戚、朋友，能帮助联系安排工作，或有能力成为名人相许诱你上钩。

（2）以能帮助办理出国手续相许。针对许多大学生想出国深造的心理，他们往往以能廉价帮助办理出国手续，到某国某名牌大学深造为由，诱你上钩。

（3）以能帮助发财相许。针对人们想发财的心理，他们往往诈称不投资，不费劲，无风险，转手就能帮助挣到多少万元钱很快暴富相许，诱你上钩。（许多被骗传销的大学生正是此种类型。）

（4）以能帮助得到一定便宜相许。针对个别大学生想占便宜的心理，有的发短信，告诉你的手机号中了大奖；有的称能帮助买某种紧俏商品；有的甚至以假货佯装"赃物"等，使你感觉少花钱买到了好货、真货，得了大便宜，以此诱你上钩。

（5）以签合同骗取信任。诈骗分子为了获得大学生的信任，便堂而皇之地以某种理由与你签订合同（或协议），要求按合同履行义务，而后会得到相当可观的好处，当你按合同执行履行义务后，等待对方回报时，已人无踪影，方知合同完全是假的，为时已晚。

3）抓住弱点，逼你就范

诈骗分子在与大学生接触中，设法使大学生犯错误，只要是进了他们的圈套，他们便抓住大学生的弱点，逼大学生就范，继之行骗。

（1）在经济上使你受控。诈骗分子为达到其施骗的目的，总是先以利诱之，给你一定的好处和甜头，如有的同学参与赌博，先让你赢，尝到一定的甜头，接着让你输。没钱暂赊于你，当你输到一定程度，又无钱偿还时，只好受制于人，受诈也就由此开始。

（2）在法律上使你违法。诈骗分子为达到施骗的目的，设法使你违法、违规、违纪，逼你就范，以期施骗。如有的大学生参与传销，有的大学生当"枪手"，当有的觉悟后想想洗手不干时，他们便以违法要受到法律（校纪）制裁相威胁，迫使你不得不继续干下去。

（3）在道德上使你"下水"。为达到诈骗的目的，在道德上拉你"下水"，逼你就范，以期行骗。如有的大学生到--些娱乐场所坐台服务，先以丰厚的待遇诱之，继之使你"下水"，当你想洗手不干时，为时已晚。

（4）制造事端，使你蒙冤。制造事端嫁祸于人，使你有口难辩，只好蒙冤受骗，这也是诈骗分子常用的又一伎俩。例如，有的故意在大学生前边丢弃钱包，当大学生捡起后，便诈以昧财，有的故意以撞坏东西要求赔偿，有的男女合伙诈骗，女的当众诈称学生要流氓，男的上来帮腔，甚至动手，周围不明真相的群众有时也上来指责，使你有口难辩，逼你蒙冤就范。

4）光环信息，招你触网

不法分子诈骗，在沿用传统手法的基础上，随着科技的发展，实施智能诈骗，特别是利用网络诈骗，已越来越突显出来。由于网络的虚拟性、开放性、快捷性，以及以网络施诈的复杂性、隐蔽性，不法分子便设法利用网络骗财、骗色等。具体如下：

（1）网聊与网恋。由于网络的虚拟性、以其开放随意、天涯咫尺、神秘刺激的魅力，备受人们的青睐，上网聊天甚至网恋。一些不法之徒正是利用网聊或网恋寻找猎物。常常会根据对方的需求、好奇、单纯和轻信心理，送秋波、传心声、抛绣球，诱你上钩，继之施以奸、掠。

（2）网络传销。与传统传销相比，扩散范围更广、速度更快，而且传销的产品也不仅限于化妆品、药品等实物，还包括计算机软件、各种信息等。交钱入会，靠发展下线的入门费敛财。

（3）网上销售。一是网络购物。实物与网上宣传不符，采取低价诱惑的手段推销二手货或次、残品，不承担"三包"责任，退货条件苛刻。二是网络 邮购 。在虚假宣传的基础上，诱你交邮购商品费用，而后携款而逃，或者发假货，或者称原来的产品已没有，需增加费用，诱消费者再次上当。三是高价回收。介绍某个项目或产品如何赚钱，要求参与者花巨资买回生产资料、产品，他们负责回收。但到回收时，却以质量未达标，或交货期延误等为由拒收等。

（4）二手市场销售赃物。网上二手市场，一般采取"顾客到顾客"的形式，没有监督和中介机构。因缺乏规范管理，导致其常常藏污纳垢，成为销赃和诈骗的一个区域。

（5）股市黑手。主要是股票营业部的人员内部搞鬼，在网上披露虚假信息、哄抬股价，待上当受骗的投资者把股价抬上去后，就开始倾销股票。

（6）中大奖等。一是网上发 E-mail 给你，告诉你中了大奖。接着让你汇几元钱去确认一下，或者让你支付手续费、税费、保险费等，诱你支付了费用后，便没了下文。二是收发 E-mail 赚钱。常以能挣美元为诱饵，但结果是忙活了好一阵子，挣的钱还抵不住上网费。遇到网络不通时则更惨，赔上钱让广告商去赚钱。三是你传信息他赚钱。在电子邮件里告诉你在一定的时间内把此信息复制多少份给其他的人，并给你寄去少量的钱款，还给你列出一数学计算方法，告诉你多久以后将得到一笔可观的收入等，使你受骗。

（7）链接陷阱。告诉你下载某软件可获得"推广费"，当连接这些下载软件时，该软件能偷偷关闭用户与 ISP 的连接，而接上国外的长话拨号台，使用户支付巨额国际长途话费。

（8）点击广告条。要求你上网时打开广告商给的一个广告条，在网上浏览时阅读（显示）广告，广告代理商则会根据广告在你机子上的显示时间或点击次数计算，支付给你一笔报酬，通常没有下文。

（9）上网赚积分换奖品。其赚积分的方法有注册网站、浏览网站、介绍下线等几种。奖品是实物，你需用钱买。然而，作为中介的国内网站从中一般会攫取令人咋舌的高额利润。

（10）网上买"六合彩"。网站上推销"六合彩"，承诺为其提供准确的"六合彩特码"信息，保你能中巨额大奖。提前需交可观的会员注册费、信息费、好处费，汇入指定账户。据此下注后，终将血本无归。

2. 为什么有的大学生容易被诈骗

一些大学生容易受骗上当，除了诈骗分子的狡猾外，大学生思想单纯，疏于防范；有求于人，轻率行事；爱贪小利，授人以柄，也是受骗上当的重要原因。

（1）思想单纯，疏于防范。一是对社会的多样性，问题的复杂性体验不深。

防范意识、防范观念淡薄，对一些人员、一些问题缺乏应有的警惕性、戒备心。因此，当诈骗分子伪装身份，投其所好，略施骗术，便会轻易上钩。二是涉世不深，缺乏社会经验。一些骗子骗术并不高明，可屡屡得手，在常人看来本不该发生的问题，可在大学生身上屡见不鲜。例如，网上交友后约会，有的被骗钱，有的被奸污，甚至有的被杀害，不能不说跟大学生缺乏社会经验无关。三是感情用事，轻信他人。例如，有的轻率交友，毫无戒备地将自己家庭、同学的情况、联系方式告诉对方，结果使家庭、同学被骗。有的轻信老乡、朋友，热情留宿，造成全宿舍被盗等。

（2）有求于人，轻率行事。求别人帮助本无可非议，但求人帮助也是有原则的。如果为求得某种帮助而不问青红皂白，难免受骗上当。从大学生被骗的实际看，主要有以下几种：一是想挣钱，轻易相信骗子给开的丰厚的空头支票；二是急于想找个理想工作，想出国，或想成名，盲目轻信骗子花言巧语的许诺；三是上进心强，爱慕虚荣，总想出人头地而又无戒备；四是老乡观念强，哥们儿义气浓，好感情用事而缺乏防范意识。

（3）爱贪小利，授人以柄。大学生受骗，不少人是因开始贪小利占便宜，授人以柄所致。有的是吃了人家的嘴软，拿了人家的手短；有的是因贪小利违法、违规、违纪后怕受处理而受制于人；有的因贪小利丧失道德，爱慕虚荣，怕丢面子，使苦水往肚子里流；有的因贪小利无辜受害蒙冤，不知道该怎么保护自己的权益等。

3. 大学生怎么预防被诈骗

（1）要树立防范意识。一是要有"害人之心不可有，防人之心不可无"的戒备心理。在现实生活中，好人虽然是绝大多数，但是，美与丑、正义与邪恶始终是存在的。我们虽然不能草木皆兵，但戒备心理是必不可少的。二是遇事多问几个为什么，不盲目轻信。我们不是说要怀疑一切，但是，遇事多动脑筋，必要时还可进行调查研究，弄清一些基本情况，然后再做决策。三是三思而后行，不轻率行事。遇事要经过深思熟虑，做出正确的判断，拿出较好的方法，再开始行动。切忌麻痹疏忽，草率决策，鲁莽行事。

（2）交友要有原则。青年大学生，有自己远大目标，求知奋进，热情奔放。广交朋友，这无疑是好事。值得注意的是，在结交朋友时，必须遵循正确的原则，不能善恶不分。物以类聚，人以群分，交朋友就必须择其善而从之。为了完成学业，为了将来的事业，要广泛结交那些志同道合、道德高尚的人，切忌以感情用事，哥们儿义气，而结交那些低级下流之辈，偷鸡摸狗之流，吃喝嫖赌之徒，游手好闲之人等。

（3）不占便宜，不贪小利。诈骗分子施骗惯用的主要伎俩就是投其所好，以利诱之。俗话说："苍蝇不叮无缝之蛋。"只要大学生树立正确的人生观，价值观，不贪占不义之财，保持洁身自好，骗子就无机可乘，被诈骗就可以避免。

（4）一旦被骗，要及时报告公安机关。特别是不要因自己的某些不足造成被骗、怕暴露隐私不敢报案。如果那样，骗子就会抓住你的弱点，更加肆无忌惮，对你再次施骗或转向诈骗他人。

四、防传销

1. 正确认识传销

（1）传销。传销在国（境）外又称直销，一般是指企业不通过店铺经营等流通环节，将产品或服务直接销售、提供给消费者的一种营销方式（这种销售方式在英文中称作 direct sales，翻译过来为"传销、直销"之意）。

（2）非法传销。非法传销是指组织者或经营者发展人员，通过对被发展人员以其直接或者间接发展的人员数量或者销售业绩为依据计算和给付报酬，或者要求被发展人员以缴纳一定费用为条件取得加入资格等方式牟取非法利益，扰乱经济秩序，影响社会稳定的行为。

这种非法传销具有两个明显特征：一是传销的商品价格严重背离商品本身的实际价值，有的传销商品根本没有任何使用价值，服务项目纯属虚构；二是参加人员所获得的收益并非来源于销售产品或服务等所得的合理利润，而是他人加入时所交纳的费用。其表现形式有三种："拉人头"、"骗取入门费"、"团队计酬"。他们与国（境）外的"老鼠会"、"金字塔欺诈"如出一辙，实际上就是一种使组织者等少数人聚敛钱财，使绝大多数加入者沦为受害者的欺诈活动。参与群众交纳的费用完全被不法分子非法占有或支付上线的收益。多数不法分子仅将参与者交纳的费用的一小部分用于维持非法活动运作，大部分早已转入个人账户，一旦难以为继或败露，就准备携款潜逃。

（3）非法传销的基本策略和手段。非法传销组织搞传销，其基本的策略手段是"洗脑"。所谓"洗脑"，就是传销组织以种种手段，鼓吹通过传销迅速富裕的歪理，迷惑新成员的判断力，改变他们的思维方式，调动他们的情感与情绪，激发他们内心的欲望，使他们对传销由怀疑到深信不疑，不仅认同其价值观，而且对其产生经济依赖、心理依赖、情感依赖，直至深陷其中而不能自拔。

2. 大学生为何会误入传销

1998 年 4 月 18 日国家禁止传销以来，仍有数以万计的大学生误入非法传销的迷途，除了非法传销组织的欺骗性和校方管理疏漏等客观原因外，部分大学生自身就业压力大、社会阅历浅、辨别是非能力差、法制观念淡薄，不能不说是重要原因。

3. 大学生如何避免参与非法传销

（1）提高认识，增强辨别是非的能力。一是要进一步认识非法传销的本质、危害及手段。非法传销绝不是什么"光辉的事业"，而是国家明令禁止的一种使非法传销的少数组织者聚敛钱财，使绝大多数加入者受害的欺诈活动。二是要进一步提高辨别是非的能力。特别是对于那些用光环照着的非法传销的谬论，要进一步认识其欺骗性的本质。非法传销绝不会"人人都能成功"，绝不会"一夜能暴富"，更不是最公平的"皇帝轮流做，谁都有钱赚"，而是顶级传销商敛财的机器，从而从根本上增强抵制参与非法传销的自觉性。近年来，传销更是被大家喻为洪水猛兽，贻害无穷，大学生要切实提高自身防范意识，防止被陷传销。

（2）树立正确的致富观。大学生能否致富，并不完全决定于就业的岗位选择，而关键要看自己的付出和对社会的贡献大小。只想走捷径实际是不可能的。只有靠科学才能致富，勤劳才能致富，守法才能致富，只有这样的致富才会受到法律的保护。否则，靠投机、欺诈的致富，最终会受到法律的制裁，落得人财两空。所以，非法传销绝不是一条致富路，而是一条不归路。大学生无论如何都应远离非法传销这条路。

（3）增强法制观念。大学生是国家多年培养的人才，是我们事业未来的希望，要想成就一番事业，有所作为，就必须树立法纪观念。明确哪些是法纪提倡保护的，哪些是法纪禁止的。凡是法纪提倡保护的，应自觉遵守，坚决去做；凡是法纪禁止的，坚决不做。只有这样，才能适应法治国家的需要，否则，将一事无成。那些明知已被明令禁止的非法传销，或事后察觉已上当受骗，仍坚持迷途不返的，最后必将受到法律的制裁。

（4）迷途知返。大学生不论何种原因，一旦误入非法传销，一是要迷途知返，可与学校老师取得联系，也可以向"110"报警，尽快设法脱离传销组织；二是不能一错再错，自己被骗受害，不能再骗别人受害。

第四节　信息社会安全护航

在信息社会中，信息成为比物质和能源更为重要的资源，以开发和利用信息资源为目的信息经济活动迅速扩大，逐渐取代工业生产活动而成为国民经济活动的主要内容。如今，以计算机、微电子和通信技术为主的信息技术从根本上改变了社会生产和人们的生活方式、行为方式和价值观念，由此产生的一些信息安全问题也浮出水面。

一、网络信息安全

网络已成为人们生活不可分割的一部分，区别于现实社会，以互联网为核心的网络虚拟社会已经成为一种客观存在。在这个全新的网络时空里，网络安全事件频频发生，网络安全已越来越受到社会的关注。特别是高校的青年学生，上网频率与比例很高，由此引发了系列网络相关问题，甚至对网民产生了极大的伤害。

根据 CNNIC 发布的统计数据，我国年龄在 18～30 岁的网民占总上网人数的 54.9%；学历在大专以上（含大专）的大学生网民占总上网人数的 51.8%，且网民的年轻化和高学历化呈现上升的趋势。因此，大学生应该了解网络可能产生的伤害和严重后果，这样才能有的放矢，防患于未然。

1. 网络社交安全

网络社交成为当代大学生日益喜爱的新型社交方式。网络社交安全问题的突显，严重地影响到学校的教学秩序、大学生的学习和身心健康。了解网络社交所带来的安全问题，是避免网络安全造成伤害的关键。

1）网络聊天引发的欺诈勒索

[案例] 网络陷阱

河北某专科学校的学生李某，女，上网聊天时偶遇王强（化名），他自称在校大学生，石家庄人，是上海财经大学二年级的学生。两人谈得十分投机，到快要下网的时候，已是难舍难分，王强要求交个朋友，李某遂把手机号告诉了王强。第二天两人约见，聊得非常开心，在连续见了几次面之后，两人就确定了恋爱关系。几天后，王强接连给李某打了两个电话，说家里出了事，母亲出车祸住院了。李为了表示安慰，给了王强 1000 元钱。此后，王强又以母亲伤重要送到北京去治疗、医治无效后去世的名义骗取李某 1000 元。之后，李某甚至偷拿家里存折上的钱，还把家中的首饰、衣物拿给王强让他去当。慢慢地，她给王强的财物已经将近 10 000 元。后来，李父因为发现存折上的钱少了，李某才把事情真相告诉父亲。随后，李某的家长及同学在和王强见面时察觉他可能是个骗子，遂将其交到警方。经查，王强并非 20 岁的学生，而是一个 28 岁，并早已结婚生子的无业游民，而且他的母亲也活得好好的。他从李某那里骗来的钱完全用于还债和吃喝玩乐。

案例剖析： 大学生上网与朋友聊天说说心里话，是无可厚非的。但一部分学生在网上随意结交朋友，从网上谈感情、谈恋爱发展到约会见面，最终被一些犯罪分子骗钱骗物。少数女生被网友的甜言蜜语所迷惑，私见网友，最后遭到性侵害，甚至丢掉性命。

2）交友轻率误入网恋或传销的陷阱

网络的发展使得人们的社交理念发生了微妙的变化，在人们的社交范围中，网络社交占了一定比例。尽管今天这还不是人们社交方式的主流，但作为一种新型的社交方式，人们对网络社交抱有浓厚的兴趣。大学生随着年龄的增长和生活环境的变化，自我意识有了新的发展，他们十分渴望获得真正的友谊，进行更多的情感交流。这样，网络聊天、网络交往、网络爱情等网络社交日益成为大学生喜爱的文化、生活和社交方式。

大学生网恋具有多种心理类型，如游戏型、感情寄托型、追求浪漫型、表现自我型、追求时尚型、随波逐流型等。而不管是哪一种类型，几乎都具有一个共同的特点，就是抛弃"恋爱是为了缔结婚姻"的观点，把网恋视为一种网络游戏，在网上进行网络情感交流的一种方式。

网恋的欺骗性对大学生更是一个沉重打击。这些大学生若得不到及时的引导和教育，极易断送一生的前程。因此，对于已经影响到大学生身心健康和学习的网恋，高等院校不能不闻不问不管。高校教育工作者应通过了解学生的网络行为，把握学生的网恋心态，帮助学生分析网恋的利弊得失，引导大学生正确对待网络交友、正确认识和处理网络中的情感问题。对大学生网恋进行有效地教育和引导，将成为网络社交安全教育的一个极为重要的内容。

2. 网络心理安全

网络虽不是毒品，但却能麻醉身心。它让人忘却现实的烦恼和痛苦，求得暂时的安宁与超脱。然而，解脱只是暂时的。一旦离开网络，抑郁、焦虑、孤独就将轮番袭来。

网络成瘾综合征（IAD）是一种新的心理疾病。美国心理学者、网络成瘾研究领域的先驱者金伯利·S.扬将它定义为"无成瘾物质作用下的上网行为冲动失控"。复旦大学公共卫生学院教授汪玲及其研究生谢静波，在对本市某综合性大学 485 名上网学生进行问卷调查后发现，其中的 48 人患此病，占被调查人数的 9.9%。他们明知过度上网危害重重，但却始终无法停止手中的鼠标，依然不分昼夜地沉醉于网络生活。我国大学生网络成瘾人群正逐步扩大，所占比例也在节节攀升。网络成瘾综合征的主要症状有如下几点：

症状一：极度恋网

如同"鸡"与"蛋"，目前在"成瘾"与"上网时间变长"谁是因谁是果的问题上尚无公认的结论，但长时间恋网无疑是网络成瘾者的"标签"。调查显示，网络成瘾者平均每周上网 25 至 30 个小时，且不分白天黑夜。与非成瘾者相比，他们的上网频率高出 1 倍，多耗费 2 倍的时间。

在调查中还发现，计算机学科学生的成瘾几率明显高于文、理、医科学生，沉迷于网络的男生人数是女生的 2 倍多。一些网络成瘾者明知过度恋网不是好事，但仍摆脱不了对网络的依赖，无法停止上网或限制自己的上网时间。

症状二：不谙人际

对着电脑屏幕行文如水、滔滔不绝，丢掉键盘鼠标就变得沉默寡言，网络正在让当代年轻人的人际交往能力逐日退化。调查表明，56.3%的网络成瘾者人际关系较差。相比之下，46％的非成瘾者能将自己与同学、亲友的关系相处得很好。

汪玲教授解释说，网络成瘾者由于把太多的时间、精力花费在网络构建的虚拟世界，全然忽视了现实生活中与他人的交往或交流。反过来思考，正是那些内心隐蔽的人，更容易在无人知晓的网络世界袒露自己，宣泄内心的真实情感。

症状三：身心成疾

网络是无形的，当你深陷其中无法自拔，它将麻痹你的神经，摧毁你的精神。调查发现，网络成瘾者起初对网络只是精神上的眷恋，而后则发展成为躯体上的依赖。由于长期坐在电脑前，缺乏活动并处于同一姿势，时间一久，腰痛、背痛、头昏脑涨、双手颤抖、疲乏无力就会接踵而来，更有甚者因此患上了颈椎和眼部疾病。

与此同时，成瘾者的心理防线十分脆弱。与正常上网者相比，他们更易抑郁、焦虑，时常倍感孤独。专家表示，网络成瘾和赌瘾、酒瘾极其相似，一旦失去网络这根精神支柱，恋网者就会出现心烦意乱、坐立不安等戒断症状。

症状四：技高瘾大

电视、电脑、网络等代表着科技进步的产物，总会引起部分人的高度兴趣和过度参与，有学者称之为"科技成瘾"。有意思的是，调查发现，越是高手越容易上瘾。

43.8％的成瘾者以"满足爱好或特殊需要"为上网首要目的，他们把更多时间花费在了网络游戏和色情网站上，仅有4.2％的人利用网络来学习。

症状五：明知故犯

按常理，网络成瘾者对网络应该有着高度认同。出人意料的是，调查中对网络持负面态度的成瘾者大大多于正常人。他们大都认为上网弊大于利，却迟迟不肯撒手。也许，过度上网已经让他们失去了许多，但无法克制上网的冲动一再逼其就范，而这恰恰是成瘾的典型表现。对高校的学生因为上网逃课情况的调查发现，有过因上网逃课的比例高达60％以上。

症状六：意志难挡

如果你认为只要自己意志坚定就不会对网络上瘾，那么你错了。调查显示，网络成瘾者和非成瘾者在意志力方面没有明显差别，这表明意志力强的人并不一定比意志力弱的人更能抵制网络的诱惑。从这点看来，我们绝不能低估网络对人的吸引力，更不要高估自己对网络的免疫力。

这里有一份网络成瘾诊断问卷，可对网络成瘾综合征进行初步诊断：

（1）你是否对网络过于关注（如：下网后还想着上网的情形或急切期待着下次上网）？

（2）你是否感觉需要不断增加上网时间，才能感到满足？

（3）你是否难以控制、减少或停止自己对网络的使用？

（4）当你准备减少或停止使用网络时，你是否感到烦躁不安、情绪低落、沮丧或易怒？

（5）你上网的时间是否经常比事先预计的长？

（6）你是否因为上网而置重要的人际关系、工作、受教育或求职的机会于不顾？

（7）你是否对家人、医生或其他人掩饰自己对网络的着迷程度？

（8）你是否将上网作为摆脱烦恼和缓解不良情绪（如：无助、内疚、焦虑、抑郁）的一种方法？

当回答"是"的问题数达到 5 个或 5 个以上，即可判为网络成瘾。

3. 网络资讯安全

网络对大学生的危害如下：

（1）不良政治信息对大学生的侵害。尽管各高校在校园网安全管理方面做了大量工作，但仍不时有人在网上传播不良有害信息，特别是境外敌对势力和别有用心的人，他们在网上传播虚假信息，造谣惑众，危害社会稳定与和谐。比如"法轮功"邪教组织在网上活动就很猖狂，他们散布歪理邪说，煽动颠覆中国政府的内容，一些政治意志薄弱的人可能会陷入泥潭。

（2）黄、赌、毒等信息对大学生的侵害。随着电脑和互联网的普及发展，网络违法犯罪也愈演愈烈，涉及网络色情、赌博、毒品等方面的有害信息对青少年心灵的腐蚀令人发指。

（3）网络色情。通过互联网传播色情信息达到谋利的目的或通过网络组织色情表演、卖淫、嫖娼等。

大学生自觉抵御网上不良信息侵害的方法如下：

第一，要上内容健康的网站，不要登录内容不健康的网站，不要浏览充满色情、暴力、凶杀、赌博等有损自己身心健康的内容，不要沉迷于网络游戏和聊天。

第二，要充分认识网络世界的虚拟性、游戏性和危险性，对网络恋情要多一份清醒，少一份沉醉。

第三，要保持正确对待网络的心态，遵守《全国青少年网络文明公约》，树立自尊、自律、自强意识，增强辨别是非和自我保护的能力，自觉抵制各种不良信息及违法犯罪行为的危害。

4. 网络违法犯罪

（1）网络诈骗。利用虚假信息迷惑他人，在取得他人一些信息后，进行诈骗。最具有代表性的是利用互联网进行诈骗，一些远程匿名公司及个人通过互联网购物交易渠道向学生提供计算机设备、信用卡账号等信息，让学生直接汇款或复制信用卡账号进行款项划拨，达到骗取钱财的目的。

（2）网络抢劫。利用网络传递诱人信息或采用色情勾引，使上当者掉进陷阱，遭到不法分子的抢劫。

（3）网络盗窃。利用网络上的漏洞，破解他人的账号和密码等，盗取他人钱物。

[案例]

四川一名在校大学生通过黑客技术及手段，入侵了苏州科技大学校园网，搜索到有关该校大学生奖学金的一个excel文档。根据excel文档中大约100多名大学生的招商银行卡信息以及个人信息，猜测出这批奖学金银行卡的初始密码，发现有些同学没有更改初始密码，于是盗取了49个发放奖学金的银行卡账户内的存款共计51 619.12元。

案例剖析：这起全国首例网络盗窃奖学金案，对我们高校校园网络信息安全以及大学生的信息安全意识培养提出了警示。

预防网络违法犯罪的措施：

（1）加强自我约束、自我控制，克制利用计算机进行违法活动的心理。选择安全的地点上网，把握适度的上网时间，浏览健康的网站。

（2）增强法制观念。我国已颁布实施了几十部关于计算机及网络管理的法律法规，这些法律法规对使用计算机和网络的行为进行了规范，明确了任何人都不得利用计算机和网络进行违法犯罪活动，否则将受到法律制裁。大学生应当熟悉这些法律规定，增强网络安全的防范意识。

（3）恪守网络道德。大学生上网应当恪守网络基本道德，做到以下几点。①讲究社会公德和IT职业道德，用掌握的计算机知识技术服务社会、造福社会，自觉维护国家安全和社会公共利益，保护个人、法人和其他组织的合法权益，不以任何方式、目的危害计算机信息系统安全；②珍惜网络匿名权，做文明的"网民"；③尊重他人的隐私权，不进行任何电子骚扰；④尊重他人的财产权利，不侵占他人的网络资源或财产；⑤尊重他人的知识产权、通信自由和秘密，不进行侵权活动；⑥诚实守信，不制作、传播虚假信息；⑦慎独慎微、慎行慎言；⑧远离罪恶和色情信息。

（4）加强自我保护，防止遭受非法侵害。大学生上网要时刻保持高度警惕，积极预防黑客、病毒和非法软件的侵害。不贸然约会"网友"；不打开可疑网站或电子邮件；不下载来路不明的程序；不随意注册；不轻易透露银行账号和密码。遇到可疑情况，比如收到可疑短信或电话，要积极向警方报案。

（5）注意躲避网络陷阱。互联网上到处都是陷阱，一不小心就会陷进去。大学生特别要注意躲避以下网络陷阱：恶意网站、不良游戏网站、淫秽色情陷阱、

"黑客"教唆陷阱、网恋陷阱、网络同居、网络裸聊陷阱等。

二、手机信息安全

大学校园手机的普及率已经相当高，手机信息已成为年轻大学生的主要交际手段之一。发短信、接收短信已经成为大学生们的日常习惯。温馨的短信可以给人美好回味，提示的短信可以带来便捷的生活，还有和亲朋好友的沟通。我们在感受着短信的快捷和方便的同时，却没有意识到它也会成为某些不法分子的欺骗手段和张网捕鱼的捷径方式（图7-1）。

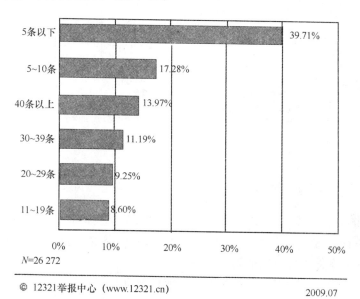

© 12321举报中心（www.12321.cn）　　　　　　　　　　　　2009.07

图 7-1　用户每周收到违法和不良短信息的数量

"手指文化"、"拇指经济"、"第五媒体"的名词开始成为当今大学生的时尚。然而，现代科技引领了新的生活时尚，同时也伴生了新的道德与法律问题，对大学生的素质提出了新的考验。由于当前相关的法规尚不健全，一些人便利用开放的通信平台发布不良手机短信，并借此实施违法犯罪行为或侵权行为，对社会生活构成危害。目前，手机垃圾短信泛滥，利用短信作案的犯罪案件呈逐年上升趋势。

根据国家权威的12321举报中心统计可以看出：目前，短信犯罪内容已经几乎涵盖了传统犯罪的方方面面：危害国家安全的反动政治信息、虚假诈骗性信息、网络传销信息、淫秽色情信息、封建迷信信息等（图7-2）。

手机作为现代社会基本的通信工具，为人们及时传递各种信息，起到不可替代的作用。然而一些不法犯罪分子利用人们的贪婪或麻痹大意的心理进行短信诈

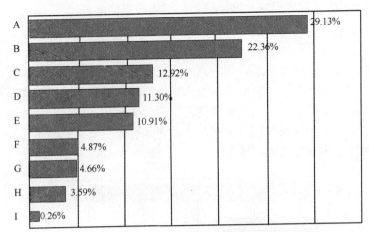

A:欺诈类（如中奖、汇款等）   E:非法金融活动（如赌博、洗钱等）
B:违法出信票据证件（如代开发票） F:反动政治谣言
C:出售违禁品（如倒卖枪支弹药）   G:淫秽、色情、嫖娼、暴力类
D:SP引导诱骗信息（如手机骗费）   H:传销、讨债等非法活动 I:其他

N=26 272

© 12321举报中心（www.12321.cn）   2009.07

图 7-2   用户收到违法和不良短信息的主要内容

骗活动。2009 年 11 月 1 日至 30 日，各地公安机关共受理假冒银行或银联名义进行诈骗或敲诈勒索公私财物的违法短信息案件举报 4.7 万起，占受理总数的 44％，列各类案件受理总数的第一位。

手机短信诈骗一般有以下几种类型，或许你也经常收到这样的信息：

1. 虚假诈骗性信息型

"恭喜您获得某公司十周年庆典抽奖活动×等奖，公司电话××××。"

剖析：以某公司庆典、举办手机幸运抽奖活动为由，以公证员身份请对方领取大奖，借机诱其汇"邮费"、"税款"到指定的信用卡，收到钱后便杳无音讯。当你拨通电话后，会有人"核实身份确认中奖"，然后告诉你需缴纳"手续费、保证金、税费"等，收到钱后便杳无音讯。不要轻信中奖信息，天上不会掉馅饼。

"本人有数所高校的补录招生指标，欲购者从速。"

剖析：这类短信诈骗多发生在每年高校招生录取期间，常见的招生骗术为：声称认识学校的人，可追加招生名额；录取过程中，声称认识学校的人可点招；新生报到时，声称因有学生没来报到，可以补招、补录，顶替名额。通常伪造高校的公函、印章、录取通知书等。考生和家长多了解当前的招生政策和基本知识，不要心存侥幸。

2. 销售廉价物品、违禁物品型

一是利用人们贪便宜的心理，谎称有各种海关罚没的汽车、电脑、手机等廉价走私物品，可低价邮购，先引诱你进来，之后以交定金、托运费等进行诈骗活动，或者以验看购货人资信实力为由，窃取购货人的信用卡号和密码，最后用伪造的信用卡将购货人的存款全部提走；

二是发布"销售枪支、爆炸物、走私车、毒品、迷魂药、淫秽物品、假钞、假发票、代办各种文凭、身份证、公章等一切证件以及有高考试题出售"等虚假短信诱骗事主上当受骗。

3. 以提供奖品、奖金为诱饵骗取钱财，提供六合彩透码型

"6+1栏目组：提示您的飞信号已成为年庆二等奖，您将获得¥58 000元人民币以及三星公司赞助Q40笔记本一台，收到通知后用电脑登录唯一指定官方网站：http://cctv6.net查收幸运号：1688（中央电视台）手机接收到的号码是：12520724354604"。

"我是××省公证处公证员××，恭喜你的号码在××抽奖活动中中奖了，奖品是小轿车一部，价值××万元，请你带着本人身份证和××元手续费去××处领奖或邮寄手续费到××处"

"尊敬的用户：根据您的消费记录，送您100元免费话费充值。请拨1259045573按4键答题5分钟后即可领取！"（发短信的号码是8613705080287，经与当地移动服务台核实，确定是一条不折不扣的骗人短信。）

"电脑预测彩票中奖号码、推荐代炒股票保证盈利，不赚不收费。"

剖析：用短信发布虚假中大奖信息，骗取税费手续费。最近短信诈骗最疯狂的当数"非常6+1"诈骗短信，且版本繁多。利用你的投机心理，以需要收取少量会员费、服务费等手段骗钱。投资时要查询此类机构和人员的业务资格，不要盲目支付会员费或授权他人代理操作账户管理及交易事项，最好去投资公司现场看看。一旦涉及电话告知转账、汇款等情况，必须通过各种途径进行身份确认。

4. 诱使回电"赚"取话费型

"您的朋友13××××××××××为您点播了一首××歌曲，以此表达他的思念和祝福，请你拨打9××××收听"；

"欢迎致电香港六合彩，香港中心为广大彩民爱好者提供信息，透露特码。联系电话13××××××××××"

剖析：最常见的手机经常莫名其妙响一声就悄无声息，无论是手机、小灵通，还是固定电话，都不要轻易回拨，一回就是高额话费。诱使对方回电话听歌，"赚"取高额话费。诱使对方回电，"赚"取高额话费，如收到开头为 0941 或 0951 的未接来电，一回拨即收费 500 元。以非法"六合彩"招揽客人，而回电话既可能损失话费又容易上当受骗。

5. 骗取卡号盗打电话型

"我是×公司的工程师，现在将对你手机进行检查，为配合检查，请按♯90 或 90♯。"

剖析：若按指示进行按键，SIM 卡卡号可能被骗取，行骗者利用该卡肆无忌惮地打电话。

6. 利用亲情或友情诈财型

一是最常见的"亲友"出事型的骗术。

"××，我现在在外出差，手机马上快没钱了，麻烦帮我买张充值卡（麻烦帮我充值 100 元），再用短信告知卡号和密码。"

剖析：该机已被盗，现持机人用盗得的手机发送短信给手机通讯录内的联系人，骗取对方话费。假借亲友身份，或说自己在外钱包被偷，或称遭遇车祸在医院抢救，甚至诉称自己在外"风流"被抓，让你赶快把钱汇到某某账户上"救急"。

"爸妈：我的钱卡丢失，速汇学费和生活费至我同学的工商银行卡上，卡号为×××××××。"

剖析：由于子女在外地读书，有许多不确定因素，家长收到这类短信，如果一旦与子女联系不上（比如关机、手机没电等），可能就会稀里糊涂上当。首先心态要保持平静，切忌慌乱中做出决断。立即拨通子女电话，一问便见分晓。如果诈骗短信中提到"手机没钱了"，这是骗子设的计，当事人可先给子女的手机缴费，再联系，立马真相大白。一时联系不上，还可与子女的同学、战友、同事、朋友、领导等联系，同样可避免上当。

二是假装朋友或同学，利用旧情骗取钱财。

"猜猜我是谁？我是你老朋友啊！贵人多忘事，连我都记不得了？"

剖析：一句"猜猜我是谁"，让受害人误将骗子当成老朋友或老同学。骗子会在适当时机向受害人提出借钱要求，受害人往往念旧情不忍拒绝。收到此类短信，可联系其他相关人员核实该人身份，不要轻易汇出钱款。

三是骗取对方亲朋电话并通过短信诱使对方关机。

"你好，移动通信公司现在将对您的手机进行线路检测，请您暂时关闭手机 3 个小时"

"爸妈，我的钱和东西都被偷了！明早去农行速汇××××元钱到吴××农业银行的卡号 6228483470685838312 卡上急用！这是朋友的卡！手机也没费了！"

"那钱先不要存进去！我那卡号不能用了，重新给你一个农业银行的卡号 6228483470685838312 户名，吴××，存好再来个信息。"

剖析：因某种原因泄漏了家庭电话号码，行骗者可能在你关机的时候以"你因交通事故或重病等急需交钱手术，要求你家人汇款"等事由诈骗你的家人或朋友。在对方关机的时候以"在外出事，要求汇款"等事由诈骗对方的家人或朋友。直接汇款及转账汇款型。通常的借口是银行卡磁条坏了，让汇款者汇入指定的另一个账号。

 扩展阅读二 ❄ ✱ ✱ ✱

"两会"期间，全国政协委员、中国中医科学院望京医院骨科主任温建民向记者讲述了他所亲身经历的"手机短信诈骗门"：

有一天中午我的手机突然接到一个好朋友的短信，他问"你的卡号多少？我往上面打钱。"接到这个短信我莫名其妙，就回个电话问他是怎么回事，他说："哎，你不是在住院吗？昨天我接到一个短信，说你出车祸了，不能说话，不能动弹，在（河北）定州的医院进行治疗，叫我送钱来呢。"

我一听这话吓一跳，我正好好地在北京待着呐！朋友告诉我，他把钱送到定州医院后没找到我，突然又接到一个电话说我已经转到石家庄的医院了，钱也不够，叫多加 3 万块钱送过去。我们这才恍然大悟——碰到手机诈骗了。

与温建民一样，只要是手机用户，绝大部分人都接到过类似的垃圾短信或诈骗短信。"您收到过垃圾短信或诈骗短信吗？"今天下午在北京国际饭店，记者随机访问了 22 位政协委员，有 21 位就很肯定地答道："有"、"很多"、"已经泛滥成灾了"。

7. 信用卡被刷卡消费、卡被盗用型

"×××您好！你的储蓄卡于×××刷卡消费××××元成功，此笔消费将从您账上扣除。如有疑问请拨×××—×××××××××银行联合管理局。"

"中国银联银行卡管理处：您的刷卡消费金额××××元已经确认将从您的账户里扣除，查询客服电话：×××—××××××××。谢谢！"

剖析：骗子使用一种可任意显示手机号码的手机黑客软件，获取受害人欠他人钱等相关资料，再诈骗钱财。与确需汇款的人联系，确认信息的真伪。切记，汇款前确认对方身份再行动。对于刷卡消费人群，这类骗局让你打电话到预先设置好的号码，然后冒充银行人员行骗，告诉你需进行银行卡升级保护，然后借机将卡内资金转入其他账户。短信里留的电话，市民可通过 114 查实，不能轻易转账。

"95588 通知，尊敬的客户，你的工行银行卡××××××因涉嫌洗钱、诈骗等犯罪，已被公安机关冻结账号，请配合。如有疑问，请按人工服务0……"

剖析：这个骗术有一个最大破绽是，既然是 95588 通知，号码却显示 000190852213，明眼人一看即可识破其骗局。有的胆小者一看账号被公安机关冻结，就吓得六神无主，忽略了骗子的破绽，从而上当受骗。而骗子往往演双簧，一人扮演电信部门人员，其他同伙则冒充警察，以保护被害人卡内资金安全为由，要求按指示转账。请主动到电信部门查询，诈骗就难以得逞。

[案例]

×事主在某地用银行卡消费或透支××元，要求拨打某地电话，并根据对方提示进行银行卡的安全操作。骗子冒充公安机关和银行信用卡部门诱导事主进行的安全操作，实为将事主银行卡内的资金转移到他人账户。

以银行或商场名义发短信给受害人，一旦受害人与之联系后，嫌疑人甲自称为银行或商场工作人员，告知受害人卡已被消费，让受害者与公安部门联系报警，以取得对方信任，并提供公安部门的电话。如果受害者按所提供号码与冒充公安人员的嫌疑人乙联系后，乙称其已立案，并让其再与银行信用卡专职人员联系，随后嫌疑人丙冒充所谓银行专职人员授意受害者向指定账号汇入一定现金。某某银行通知，您某月某日刷卡消费多少钱，已从您账户扣除。你如果表示异议，对方就会声称是银行工作人员，称你的卡可能被人盗用，需配合验证密码，诱导你说出密码。

防止银行卡短信诈骗的方法：

有问题请直接向管理单位咨询，拨打统一的 5 位数客服热线，尽量谢绝陌生人的帮助。对于银行卡使用中不清楚的事项最好不要向陌生人咨询，应当仔细阅读操作说明和使用方法，每一步按要求进行，不明白如何操作或出现问题时向发卡行进行咨询。

[参考资料]

十七家发卡银行客服热线

工商银行 95588	农业银行 95599	中国银行 95566	建设银行 95533
交通银行 95559	招商银行 95555	兴业银行 95561	邮政储汇局 11185
光大银行 95595	民生银行 95568	深圳发展银行 95501	华夏银行 95577
上海浦发银行 95528	中信实业银行 95558	广东发展银行 95508	北京银行 96169

专家揭秘：

骗子的手法通常是假冒银行或"银联"的名义向持卡人发送短信或打电话，假称持卡人的银行卡在某处消费，或卡的信息资料被泄漏，诱骗持卡人拨打虚假短信中指定的电话号码，从而进一步通过电话诱骗持卡人在 ATM 上进行转账操作，将存款转到骗子账户上。

8. 虚假广告型

"某某知名酒店（宾馆）招收男女公关和服务员。"

剖析：短信以发布虚假的招聘广告、征友求婚、募捐、生意合作等方式实施诈骗。犯罪分子利用相关设备群发短信，要求受害人到指定酒店面试。当受害人到达指定酒店再次拨打电话联系时，犯罪分子并不露面，声称受害人已通过面试，向指定账户汇入培训、服装等费用后即可上班。

面对诈骗短信，广大手机用户要保持良好心态，"不轻心、不贪婪、不着急、细核实"或向当地公安机关派出所报警，这是手机用户对付诈骗短信最有效的方法。

9. 散发色情、迷信、赌博、传销等诈骗型信息

发出的短信表示可以提供上述相关信息，并留下联系方式。由于短信发送者或者手机联系者事先具有严密的安排，被害人一旦上钩，就会一步一步地按嫌疑人的要求向指定的账户存钱。

10. 个人隐私遭攻击

上网、发邮件、写博客、视频电话……3G 时代的智能手机功能已越来越强大，但毫无疑问，手机用户的信息安全也正遭受着前所未有的严重威胁。

近日传出的"县委书记被曝监听部属电话"的消息虽然不真，但此事却再次让人对手机的安全产生了警觉。

[案例]

手机越智能个人信息越易遭攻击

据了解，手机一旦中毒，间谍软件就开始运行，用户所有通话记录、短信内容、电子邮件等内容都将泄露。更可怕的是，这种攻击是悄无声息的，甚至连手机用户本人都毫不知情。

女大学生王某最近就怀疑自己的手机可能被人监控了。据她讲，这部新款智能手机是去年自己男友送的，功能强大，能装词霸，上网聊天，看电子书，甚至连考试的时候都能装进 Word 文档并且支持关键字查询。她这次寒假回来，发现自己在假期见了什么人，参加了什么聚会，甚至连她发给自己好友的短信内容，男友都一清二楚。"你男友给你的手机里装了监控软件。"一位网络高手肯定地说。

果真有如此可怕的"间谍软件"？经过仔细查找，记者竟然真的在某专业论坛上发现一个名为"免费手机监视软件大全"的帖子，里面详细地列出了数个手机监视软件，并介绍其监控范围、具体使用说明等，还罗列适用的手机型号，这其中不乏新近上市的最新款智能手机。

"这太可怕了，怎么知道自己手机有没有被监听啊？"、"怎么做才能防止自己的手机被监听呢？""如果手机不开通 GPRS 是不是就不会被监控"……一时间，手机的安全让人担忧。"现在看，只能防患于未然了。"

解决办法：

举报网址：http://www.12321.cn，或者转发您收到的欺诈短信到 12321 举报平台即可。转发模式为：在收到的信息前加上对方的手机号码，在用星号隔开信息后转发即可，格式为"对方号码 * 欺诈信息内容"转发至 12321（格式里的引号转发的时候无须写）。

收到由不熟悉的电话号码或者非普通电话号码发来的短信，不要轻易回复，谨防受骗上当。

对于 SP 发来的业务推销的诱导短信（特别是带有 PUSH 点击程序）的，应谨慎打开不要回复，以免掉入短信消费陷阱。

对业务宣传中未按规定明示资费的短信息服务业务，最好不要选择使用，并应向相关电信企业客服电话咨询资费标准。

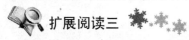
扩展阅读三

万条短信发出七八人中招

警方介绍，骗子往往购置多个短信群发器，把七八部手机和群发器连接起来，以每天群发数千条短信的速度发送到全国多个省市。供事主联系的手机号都是不记名的，座机号多是网络虚拟电话。

据落网的犯罪嫌疑人供认，他们每天在上午 9 时、下午 1 时等时段集中群发短消息。每发送 1 万条，总有七八人会上当受骗。

从查获的案件看，诈骗团伙内部组织很严密，分工很细。有专门负责购买手机的，有专门负责开银行账户的，有负责打电话的，有负责转账的。同时设立多级账户，层层转账，最后在全国各地的自动取款机上提现，两三百万元几分钟内就可取光。

据警方统计，受骗者以女性居多，大部分为年龄在 40 岁以上的女性。这些人中不乏高学历者，他们大多长期从事研究工作，少与社会接触。

警方提醒，一旦发生短信诈骗案件，除及时报警外，还要保存好转款凭证、对方账号等相关证据材料。

第五篇 走向社会

大学生涯是人生里程中的重要阶段，是人生迈向社会、迈向成功的加油站和动力源。人人都期望事业成功，但并非良好的愿望人人都能实现。人生之路想要走得更远更好，我们既要有明确的理想目标，又要有奋斗不息的精神毅力。我们常常为不思进取、自甘堕落的大学生而怒其不争，为缺乏恒心、一事无成的大学生而哀其不幸。当你不管是充实快乐抑或是浑浑噩噩地过完大学三年多的生活时，你都将面对一个无法逃避的人生抉择——找工作，走向社会，寻找自己的理想职业。

职业对于我们大多数人来说具有无可取代的意义。从你踏入社会做第一份工作起，每天有三分之一的时间在职场度过，直至退休，约有35年时间。以平均寿命70岁计算，工作时间占到了你整个生命的一半。工作作为谋生手段是被大多数人认可的，这也是工作的最基本的目的。那么是不是意味着，如果我们衣食无忧，就可以不去工作了呢？美国社会学家怀兹曾进行过这样一项调查：当你拥有一笔不必工作也能维持生计的遗产时，你会不会脱离职业人的行列？结果发现，竟然有80%的人回答：即使自己生活富裕，仍然愿意继续工作。理由则有以下种种：

◆ 工作是一种乐趣
◆ 工作能使自己的内心经常保持充实感
◆ 工作可以维持自己的健康
◆ 工作可以促进人际交往
◆ 工作可以证明自己是活生生的人
◆ 工作可以保持自尊心
…… ……

由此我们可以看出，职业对每个人而言除了谋生的功能外，还具有更为重要的意义，那就是证明自己的社会存在、实现自我价值。职业意识是个人对社会上存在的职业的认知、看法和个人对自己将来从事的职业的选择偏好及职业实践中的情感、态度、意志和品质。

通过对本篇章的学习，将帮助你树立职业和职业生涯规划意识，有利于你对将来的职业选择早做准备，好好规划大学生活、规划未来人生。

第八章　求职就业

早晨，钟敲 10 下的时候，我沿着我们的小巷到学校去。

每天我都遇见那个小贩，他叫道："镯子呀，亮晶晶的镯子！"

他没有什么事情急着要做，他没有哪条街道一定要走，他没有什么地方一定要去，他没有什么规定的时间一定要回家。

我愿意我是一个小贩，在街上过日子，叫着："镯子呀，亮晶晶的镯子！"

下午四点钟，我从学校里回家。

从一家门口，我看见一个园丁在那里掘地。

他用他的锄子，要怎么掘，便怎么掘，他被尘土污了衣裳。如果他被太阳晒黑了或是身上被打湿了，都没有人骂他。

我愿意我是一个园丁，在花园里掘地，谁也不来阻止我。

天色刚黑，妈妈就送我上床。

从开着的窗口，我看见更夫走来走去。

小巷又黑又冷清，路灯立在那里，像一个头上生着一只红眼睛的巨人。

更夫摇着他的提灯，跟他身边的影子一起走着，他一生一次都没有上床去过。

我愿意我是一个更夫，整夜在街上走，提了灯去追逐影子。

欣赏完泰戈尔的这首诗歌，你发现这其中包含有几种职业？

孩童时期，你是否梦想过自己长大后要做什么？

医生、技术工人、商人、海员、公务员、售票员、教师……？

填报志愿，你是否明确今后的所学所思都是为了自己向往的那份工作？

警察、法官、律师、会计、演员、科技工作者……？

如上林林总总的职业名词，代表的究竟是什么？是单纯的工作？是养家糊口赖以生存的手段？还是一种身份的象征？还是自我价值的体现、精神上的富足？

我，究竟适合于哪一种职业、哪一份工作？该如何寻找未来的职业？

第一节　职业生涯规划

有两个年轻的画家，一个画家用一天的时间画了一幅画，然后用一年的时间去卖它，却无人问津；另一个画家则用一年的时间画了一幅画，只用了一天的时间，就将画卖出了很好的价钱。

很多大学生，毕业后用大半年的时间找工作，跑遍了大半个中国，赶了无数次招聘会，资料费、服装费、车旅费花了很多，最终还是两手空空，最后，哀叹自己的时运不济。

看看周围，你的身边是不是有一大批整天过着悠闲的日子，却渴望毕业时找到一份好工作的人？就业季节里，遭遇碰壁后就开始哀叹自己的时运不济，却不懂得反思自己，检讨自己的人？

的确，在中国的高中教育里，同学们接受的观念仍是"两耳不闻窗外事，一心只读圣贤书"，学生就要学有所成再论职业。为此，学生对自身的评价出现了偏差，追求的不是综合素质，而是学习成绩。但是，进入大学后，如果依然一味地贪图享受，毫无规划，恐怕就要成为第一个卖画的人了。

一、职业生涯与人生价值的实现

一个人的职业生涯是一个漫长的过程，也许一生只从事一种职业，也许一生会从事多种职业，但每个人都希望找到一个相对稳定、适合自己的职业。如何选择和规划自己的职业生涯，往往受学识、爱好、机遇、工作环境等主客观条件的制约，只有根据现行的工作需要改变原来的职业目标和兴趣，调整心态，培养对所从事职业的敬业精神，在实践中产生对事业的热爱，才能集中精力全身心投入工作，实现个人价值。

（1）职业生涯规划能帮助个人确立更明确的人生目标，使人生更富有意义。

哈佛大学有一个非常著名的关于目标对人生影响的跟踪调查，调查对象是一群智力、学历和环境等条件都相仿的年轻人，调查结果是这样的：

3%的人有清晰且长期的目标，一直朝着同一个方向不懈地努力。25年后，他们几乎都成了社会各界的顶尖成功人士，其中不乏创业者、行业领袖和社会精英。

10%的人有清晰的短期目标，大都生活在社会的中上层。他们的共同特点是：不断完成预定的短期目标，生活状态逐步上升。25年后，他们成了诸如医生、律师、工程师、高级主管等各行各业不可或缺的专业人士。

60%的人目标模糊，25年后能安稳地生活与工作，但都没有什么特别突出的成绩。

其余的27%是那些没有目标的人群，他们几乎都生活在社会的最底层，生活过得很不如意，常常失业，靠社会救济，并且常常都在抱怨他人、抱怨社会、抱怨世界。

可见，生涯发展要有计划、有目的，不可盲目地"撞大运"，很多时候我们的职业生涯受挫就是由于生涯规划没有做好。好的计划是成功的开始，古语讲凡事"预则立，不预则废"，就是这个道理。

（2）职业生涯规划能帮助个人认识就业形势，有利于在求职时主动出击。

职业生涯规划的主要内容之一就是要了解职业、了解劳动力市场以及了解当前的就业形势，让自己对所处的环境有一个清醒的认识，保持积极的心态，为将来的职业前程做好准备。

当今社会处在变革的时代，到处充满着激烈的竞争。物竞天择，适者生存。职业活动的竞争非常突出，尤其是日益国际化的今天，要想在这场激烈的竞争中脱颖而出并保持立于不败之地，必须设计好自己的职业生涯规划。这样才能做到心中有数，不打无准备之仗。而不少大学生不是首先做好自己的职业生涯规划，而是等毕业时拿着简历与求职书到处乱跑，想靠撞到好运气找到好工作。结果是浪费了大量的时间、精力与资金，到头来感叹招聘单位是有眼无珠，不能"慧眼识英雄"，叹息自己英雄无用武之地。这部分大学毕业生没有充分认识到职业生涯规划的意义与重要性，认为找到理想的工作是凭借学识、业绩、耐心、关系、口才等条件，认为职业生涯规划纯属纸上谈兵，简直是耽误时间，有那时间还不如多跑两家招聘单位。这是一种错误的观念，实际上应未雨绸缪，先做好职业生涯规划，磨刀不误砍柴工，有了清晰的认识与明确的目标之后再把求职活动付诸实践，这样的效果要好得多，也更经济、更科学。

（3）职业生涯规划能帮助个人做出正确的职业选择，找到适合自己的职业目标。

认真做好职业生涯规划，将会有助于你在以下几方面与他人不同：①引导你正确认识自身的个性特质、现有与潜在的资源优势，帮助你重新对自己的价值进行定位并使其持续增值；②引导你对自己的综合优势与劣势进行对比分析；③使你树立明确的职业发展目标与职业理想；④引导你评估个人目标与现实之间的差距；⑤引导你前瞻与实际相结合的职业定位，搜索或发现新的或有潜力的职业机会；⑥使你学会如何运用科学的方法采取可行的步骤与措施，不断增强你的职业竞争力，实现自己的职业目标与理想。

（4）职业生涯规划能帮助个人培养职业能力与职业素质，增强自我效能感。

职业生涯规划，对大学生而言，就是在自我认知的基础上，根据自己的专业特长、知识结构，结合社会环境与市场环境，对将来要从事的职业以及要达到的职业目标所做的方向性方案。根据该方案制定的各项训练有助于全面提高大学生的综合素质，避免学习的盲目性和被动性；规划个人的职业生涯，可以使职业目标和实施策略能了然于心，并便于从宏观上予以调整和掌控，能让大学生在职业探索和发展中少走弯路，节省时间和精力；同时，职业生涯规划还能对大学生起到内在的激励作用，使大学生产生学习、实践的动力，激发自己不断为实现各阶段目标和终极目标而进取。

另外，从人力资源的角度出发，企业用人单位非常看重新进员工的职业生涯规划是否透明，是否与公司的发展一致。有一位毕业生在自己的求职资料中简要地描述了自己的生涯规划——"乐意从最基层的工作做起，用3～5年时间熟悉业务，掌握相关经验，然后向高级主管职位挑战"，尽管其成绩在众多竞争者中很一般，但却应聘成功。只有少数求职者会写出自己的未来发展规划。这些规划，让人觉得求职者的求职意向是经过深思熟虑的。即使其生涯规划只有五年甚至更短的时间用于为本企业工作，用人单位也乐意聘请这种目标明确、规划透明的人。宝洁北京技术有限公司高级人力资源经理透露，该公司在中国每年招聘应届毕业生 100 名左右，凡是职业生涯规划得早的人，现在大多数都已成为总监、副总监或高级经理。

因此，职业生涯规划应该从大学生入学就开始培养、引导和训练，以便为学生未来一生的职业发展打下坚实的基础。乔治·萧伯纳说过，征服世界的将是这样一些人：开始的时候，他们试图找到梦想中的乐园。当他们无法找到的时候，他们亲手创造了它。就像在出外旅游之前你会很自然地带上地图一样，在职业生涯之始，为什么不也带上一个"职业导航图"呢？

二、自我认识的主要内容

自我认识是职业生涯规划的基础，它使你将注意力放在自己——决策者的身上。在这个呼唤个性的时代，每个人都有自己独特的个性。当我们对自己的个性有足够的了解后，就能够缩小需要寻找的信息范围，帮助你不必浪费时间和精力在对你而言不重要的职业、那些未来可能不复存在的职业或者与你的兴趣和技能不相符合的职业上。

1. 性格

1）什么是性格

是指在对人、对事的态度和行为方式上所表现出来的心理特点。一个人无论做出多少件事来，我们都可以从中看到同样的性格。每个人的性格都反映了自身独特的与他人有所区别的心理状态。性格是一个人对现实的稳固态度和与之相应的习惯化的行为方式。性格以其类型特征影响着态度的形成和改变。适合的性格可以让你把工作做得更好，但不能决定你是否可以做这个工作。

2）性格与职业

虽然我们在生活、学习和工作中可以培养性格，但有一些性格是难以改变的，或者说，有些性格是难以改变到与职业对性格特征的要求的水准上的。因此，我们在选择职业时或者在确定将来的职业目标时，要考虑自身的性格特点与职业要求是否匹配。比如说，大学老师这个职业，要求语言表达流畅、善于沟通。如果一个人性格内向，不善言谈，但善于观察，创新和研究能力强，并在不断地培养后，语言表达能力也有所提高，但要想成为一名出色的教授，恐怕还是有一定的困难，主要原因是性格特征与职业要求不匹配。但如果其调整择业目标，去做研究人员，其性格与职业要求匹配，将来就有可能成为一名优秀的研究学者。

3）判断你的性格

人的性格千差万别，或热情外向、或羞怯内向、或沉着冷静、或火爆急躁。职业心理学的研究表明，不同的职业有不同的性格要求。虽然每个人的性格都不能百分之百地适合某个职业，但却可以根据自己的职业倾向来培养和发展相应的职业性格。对企业而言，不同的性格特征决定了每个员工的工作岗位和工作业绩；对个人而言，则决定着自己的事业能否成功。一些教育学和心理学的研究人员根据我国的实际情况，将职业性格分为九种基本类型。其中，"自我评估"是指结合类型特征来判断自己属于哪种类型。而"别人对你的评估"，包括你的父母、老师和朋友等第三方对你的看法和评定。两相对比，以增加性格类型的判断准确性。

2. 兴趣

1）什么是兴趣

兴趣是你力求认识、掌握某种事物，并经常参与该种活动的心理倾向。或者说，兴趣是你积极探究某种事物的认识倾向。你对某个职业感兴趣，就会对该职业活动表现出肯定的态度，并积极思考、探索和追求。同时，职业兴趣也是职业的多样性、复杂性与就业人员自身个性的多样性相对应下反映出的一种特殊的心理特点。比如个体自身的生理、心理、教育、社会经济地位、环境背景不同，所乐于选择的职业类型、所倾向于从事的活动类型和方式也不同。

2）兴趣与职业

兴趣是最好的老师，是一种强大的精神力量。兴趣可以使人集中精力去获得你所喜欢的职业知识，启迪智慧并创造性地开展工作。当一个人对某种职业发生兴趣时，他就能发挥整个身心的积极性；就能积极地感知和关注该职业的知识、动态，并且积极思考，大胆探索；就能情绪高涨、想象丰富；就能增强记忆效果，增强克服困难的意志。反之，"强按牛头"是不会取得良好效果的，当然也就很难在该职业上发挥个人的优势，做出巨大的贡献了。正像你在日常生活中喜欢从事自己感兴趣的活动一样，具有一定兴趣类型的你更倾向于寻找与此有关的职业，特别是在外界环境限制较小时，你更倾向于选择自己感兴趣的职业。

3）发现你的兴趣

了解自己的职业兴趣，就可以清楚地了解自己的职业兴趣类型和在职业选择中的主观倾向，从而在纷繁的职业机会中找寻到最适合自己的职业，避免职业选择中的盲目行为。尤其是对于大学生和缺乏职业经验的人，这样有助于他们做好职业选择和职业设计，成功地进行职业调整，从整体上认识和发展自己的职业能力，最终实现职业成功。

3. 能力

1）能力的分类

能力是一种个性心理特征，具有经常的、稳定的特点。它是影响活动效果的基本因素，能力的高低会影响一个人掌握活动的快慢、难易和巩固程度。能力有一般能力和特殊能力之分，前者指符合许多基本活动要求的能力，如学习能力、记忆能力、观察力等，后者指符合某种专业活动要求的能力。不同的职业更多的是要求具备一些特殊能力，即技能。

在能力和知识的基础上，通过反复地练习而形成的相对稳定的行动方式称之为技能，不同的职业也会有不同的职业技能要求。一般来讲，技能分为专业知识技能、自我管理技能和可迁移技能。职业能力是一个人有效地完成特定职业活动所必需的各种能力特征的总和，既包括一个人在获得教育训练以前的能力倾向，也包括一个人在社会生活中积累的职业经验和通过教育训练获得的学历与职业技能等。

2）能力与职业

能力是一个人能否进入职业的先决条件，和能否胜任职业工作的主观条件。无论从事什么职业总要有一定的能力作保证。没有任何能力，很难从事某项工作。人的一生当中，要从事各种各样的社会生活和社会生产活动，必须具备多种能力与之相适应。我们这里所言的能力，是指劳动者从事社会生产活动的能力，亦即职业工作能力。

4. 价值观

1）什么是价值观

价值观代表一个人对周围事物的是非、善恶和重要性的评价。人们对各种事物的评价，如对自由、幸福、自尊、诚实、服从等，在心中有轻重主次之分，这种主次的排列，构成了个人的价值体系即价值观，而价值体系是决定人们期望、态度和行为的心理基础。在同一客观条件下，具有不同价值观的人会产生不同的行为。比如在同一环境下，有的人对地位看得很重，有的人对地位看得较轻却很注重工作成就，这就是因为价值观的不同所致。

2）价值观与职业

价值观对于我们选择职业是非常重要的，有时候可能是我们选择职业的关键因素，持什么样的价值观就会选择什么样的职业。不同的人选择同一个职业，价值观可能一样，也可能不同。比如，同样在外企做软件开发的经理，一个人是想让自己和家庭过富足的生活，而另一个人则希望将来成立一家自己的软件公司，为中国的软件信息产业作贡献。

三、大学生涯对职业生涯发展的影响

在大学选择某个专业进行学习，是为今后做职业准备，因而大学生涯可称为职业准备阶段，是职业准备期。这是个人职业生涯的起步阶段，对职业生涯发展有着极其重要的影响。大学生要学会把自己的学业目标和职业目标有机结合起来，正确认识和处理专业学习、社会活动以及课外兼职与职业生涯发展的关系，发展自己的职业知识和职业技能，为将来的职业发展打好基础。

1. 专业学习对职业生涯发展的影响

职业本身就是利用专业知识和专业技能为社会提供服务，并获取合理的报酬。任何职业活动，都要求从业人员掌握相关的专业知识和专业技能。大学教育是分科教育，从这个意义上来说，大学生的专业学习，确实可以发展学生的专业知识和专业技能，并在这个过程中，培养专业思维，从而形成未来的职业知识、职业技能和职业意识。除此以外，专业学习过程中，还有利于大学生获得通用的知识和一般技能，这些对于提高大学生在相关职业中的竞争力都将至关重要。因此大学生要注重自己的专业学习，为将来的职业生涯做好知识、技能以及思想上的准备。同时，我们提倡大学生对自己的知识体系本身进行适当规划，建立一个合理的知识结构。

2. 社会活动对职业生涯发展的影响

社会实践和社会活动是大学教学内容之一，可以发展学生的知识和能力，为个人的职业发展提供帮助。大学生参加社会活动，对于大学生的专业学习是重要的，对于将来的职业生涯更是宝贵的。

职业技能并不等于专业技能。任何职业活动都需要具备一定的技能，有些是专业技能，通过专业的学习和训练可以获得；而大多数通用技能，比如人际交往技能、沟通技能、组织能力等，不仅可以从专业学习中获得，更需要通过不同形式的社会活动才能得到提升。因此大学生参加社会活动，有利于其职业技能的获得。事实上，用人单位往往也很注重毕业生社会活动方面的信息，一些在学校参加社会活动多的学生，毕业后更能做出一番成就。当然这或许是具有某方面能力的人更多参加社会活动而已，但是不论怎么说，我们相信大学生参加社会活动，能够使自己的能力得到全面的锻炼，有利于提升自己的职业生涯竞争力。

但是要注意，过多地参加社会活动，难免会影响学习。因此，我们主张要适当参加社会活动。

3. 课外兼职对职业生涯发展的影响

课外兼职，对于个人职业生涯的最大意义，就是能尽早获得相关的职业经验。这种实践中得到的知识对于个人未来的求职和择业来说，是一种宝贵的资源。由于绝大多数大学生都没有这种经验，而用人单位又很重视这种经验，因此它可能成为求职者的一种独特的资源，有利于提高其求职择业的竞争力。还要强调的是，课外兼职应该仅仅限定在"课外"，尽量不要牺牲学习时间。

总之，我们提倡大学生在对自己的职业生涯进行规划的基础之上，充分利用大学时间，不断发展自我、完善自我，制定自己的学业规划，并将这种学业规划与自己的职业生涯规划连接起来。

> **贴士**
> 大学生活是人一生的黄金时期，是职业准备阶段，对大多数人今后的职业选择起着决定性的作用。认真规划好大学学业，提高综合素质，增强体魄，是大学生的首要任务。

求职就业是高校大部分毕业生在毕业时面临的人生重大抉择。大学生就业看起来像是个人的事情，其实与国家、政府、社会和高校紧密联系在一起，受国家政策和社会经济环境的影响巨大。古人云：知己知彼，百战不殆。大学生求职就业的成功，不仅要客观地认识自我，而且要客观、清醒地认识当前的就业现状及其未来发展的方向，主动转变就业观念，适应就业形势，做好就业准备，寻找一个适合自己的就业岗位，从而逐步实现自己的人身价值。

第二节　当前大学生就业形势与政策

一、当前大学生就业现状分析（图 8-1）

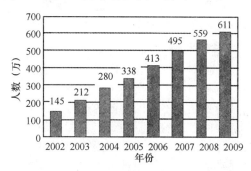

图 8-1　2002～2009 年我国高校毕业生人数

从图 8-1 中可以看出，2002 年，145 万人；2003 年，212 万人；2004 年，280 万人；2005 年，338 万人；2006 年，413 万人；2007 年，495 万人；2008 年，559 万人，2009 年，611 万人——这是一组来自教育部的不断攀升的高校毕业生数字。

然而，与之相对的是，就业率连年持续下滑，2001 年 6 月本科生一次就业率超过 80%，2002 年年底就业率降到 80%，2003 年就业率降为 75%，2004 年 73%，2005 年 72.6%，随后几年，就业率维持在 70% 左右。

一增一减，这两组数字非常直观地告诉人们：大学生就业形势目前很严峻，且在今后若干年内都不容乐观。也许有人会觉得，大学生就业难都是扩招惹的祸，其实不然。对于一个有着 13 亿多人口，且正在快速工业化、现代化的国家来说，一年有 600 多万新增大学毕业生，这个规模并不算大。特别是受过高等教育的人口在我国劳动者队伍中所占比重不到 5%，远远达不到国家战略发展的需求。从这个意义上说，我们的大学生不是多了，而是太少。应当看到，受过高等教育的劳动者在整个劳动者队伍中所占比例偏低的格局，正在日益制约着我国产业升级和国家核心竞争力的提升。那么，就业难的原因究竟在哪呢？

1. 结构性矛盾突出，供求错位

"就业难"不是供给大于需求，而是就业结构性矛盾突出造成的一种阶段性社会现象。一是高校专业设置与快速变化的市场需求错位。二是人才结构失衡，供求矛盾加大。近年来的人才市场需求、供给情况反映出：各技术等级的劳动力呈现出供不应求的局面，而一些专业划分过细、就业面窄的长线专业则难以跟上市场变化的步伐，出现供过于求的现象。在人才分布上，我国东部与西部、沿海地区与偏远山区、经济发达地区与欠发达地区，每万人中大学生占有量差距也很大，结构性矛盾仍然突出。

2. 学习力差，知识转化率低

知识经济时代人们竞争靠的就是学习力。大学生在社会大市场中与各个群体的人在一个平台上竞争岗位，起决定因素的便是个人学习力的强弱和知识转化率的高低。一份调查报告反映，60％企业认为，应届大学生到岗工作，学什么专业干什么工作，实际知识应用率不足40％，而且多数学生表现出所学过的知识转化不出来，不能变成自己在岗的实际能力。

3. 准备不足，职业目标模糊

大学生就业不是到了临毕业时才开始准备，而应在读大学的第一天就要考虑自己的生涯发展和职业前程问题。在调查中我们发现，60％的大学生没有"职业生涯"的概念，职业目标模糊，不知道自己的优势和劣势，自己适合做什么，不适合做什么。这在一定程度上影响和制约了市场配置成功率。据国内各大城市举办的大型人才交流会统计，多数学生参加人才交流会都有一种"赶集"的感觉，没目标、没准备，全凭碰运气，自然很难得到用人单位的青睐。

4. 就业心态浮躁，期望过高

虽然就业形势严峻，可是部分大学生在就业的过程中，普遍存在相互攀比、追求名利的现象，就业心态浮躁，因而加大了自己的就业理想与现实之间的差距。很多学生求大轻小，希望进大城市、大机关，对小单位和小岗位不感兴趣。此外，大学生就业理念也存在一些误区，如"宁到大企做职员，不到中小企业做骨干"，"创业不如就业"，"就业难不如再考研"等。

5. 就业效率不高，缺乏求职技巧

很多大学生写一份内容相同的简历，投给想投的所有单位。试想一下，如果你是用人单位人事经理，你会把面试机会给那些对自己的单位和岗位一无所知的求职者吗？如果简历中出现拼写、语法错误和措辞不当，把企业、收件人和职位名写错，将直接导致应聘学生失去面试的机会。

面试，同样也没有我们想象的那样简单。有许多同学，好不容易得到了面试机会，却因为不懂面试流程和规则，面试前不做任何准备，面试时又不注重细节，或是表现得不够自信，过分紧张，回答问题时支支吾吾，表现不出自己的实力，同样是高兴而去扫兴而归。

二、高校毕业生就业政策

目前，我国大学毕业生就业已经建立起"双向选择、自主择业"的就业模式。自2000年开始，教育部将毕业生就业的"派遣证"改为"报到证"，甚至于现在不少省份已取消"报到证"。这表明毕业生就业的自主地位得到了确立，也为进一步深入改革奠定了基础。现行的大学生就业制度由毕业生就业有关方针政策、管理和服务体制等内容组成。

1. 就业方针政策

近年来，国家更加重视毕业生就业工作，多次召开各类会议，多次下发专门文件，为做好毕业生就业工作提出了重要意见，强调指出"就业是民生之本"、"高校毕业生是我国人才资源的重要组成部分，是实施科教兴国战略，实现跨世纪宏伟蓝图的重要力量"。

中央及省、市各级党委政府制定了许多关于推进毕业生就业的文件、制度，形成了引导和鼓励高校毕业生到基层、艰苦地区，到中小企业、非公有制企业就业等一系列明确的就业方针和较为完善的就业制度。

（1）鼓励和支持高校毕业生到农村基层参与支教、支农、支医、扶贫等工作方针。毕业生经过两三年锻炼，根据工作需要从中选拔优秀人员到县、乡（镇）机关和学校或事业单位担任领导工作，或充实到基层金融、工商、税务、公安、审计等部门，并明确规定，以上单位的领导和专业工作岗位，原则上都应由具备大学学历以上并具有相关专业证书的人员担任。

（2）鼓励和支持高校毕业生到西部地区或欠发达地区工作的方针。对原籍在中、东部或发达地区的毕业生到西部或欠发达地区工作的，实行来去自由的政策，根据本人意愿，户口可迁到工作地区也可迁回原籍，由政府主管部门所属的人才交流机构提供免费人事代理服务，并根据实际情况可提前定级或适当高定工资标准。

（3）鼓励人才合理流动的政策和落实企业用人自主权的政策。鼓励用人单位根据实际需要多招聘高校毕业生，取消对接受高校毕业生收取的城市增容费、出省（市）费、出系统费等不合法、不合理的收费政策，省会以下城市要放开对吸收高校毕业生落户的限制，省会及以上城市也要根据需要，积极放宽高校毕业生就业落户规定，简化有关手续。公安部门凭用人单位和毕业生签订的《就业协议书》、《普通高等学校毕业证书》（《就业报到证》）为应届毕业生办理落户手续。

（4）鼓励和支持毕业生到非公有制单位就业，公安机关要积极放宽建立集体户口的审批条件，及时、便捷地办理落户手续；用人单位要按照国家有关规定与所聘的毕业生签订劳动合同，为其办理社会保险手续，缴纳社会保险费，保障其合法权益。从事个体经营和自由职业的高校毕业生要按当地政府的规定，到社会保险经办机构办理社会保险登记并缴纳一定的社会保险费。对自主创业的毕业生，工商和税收部门要简化审批手续，给予税收等方面的照顾和支持。

（5）整顿和规范毕业生就业市场秩序的政策。规定应届毕业生就业招聘会应主要在学校内举办。跨省举办的，需经政府主管部门审批并接受监督。要采取措施实现高校毕业生就业市场、人才市场和劳动力市场的相互贯通，实现网上信息资源共享，更好地为高校毕业生服务。

（6）完善未就业高校毕业生的有关政策。对毕业离校时尚未落实工作单位的高校毕业生，档案管理机构对保管其档案免收服务费用；学校可以根据本人意愿，将其户口转至入学前户籍所在地或两年内继续保留在原就读高校，待工作单位落实后，将户口转至工作单位所在地；超过两年仍未落实工作单位的毕业生，学校和档案管理机构应将其在校户口及档案迁回其入学前的户籍所在地。

（7）建立毕业生失业登记政策。毕业生在 9 月 1 日前未能就业并要求就业的高校毕业生，可持学校证明到入学前户籍所在城市或县劳动保障部门办理失业登记。劳动保障部介绍机构和街道劳动保障机构等部门所属的公共职业介绍机构和街道劳动保障机构应免费为其提供服务。对已进行失业登记的高校毕业生，有条件的城市、社区可组织其参加临时性的社会工作、社会公益活动，或到用人单位见习，给予一定的报酬。对于因患病等原因短期内无法工作且无生活来源的，由民政部门参照当地城市低保标准予以临时救济。

2. 就业工作管理体制

按现行管理体制划分，目前我国高校主要有三种类型：一是教育部直属的高等学校；二是国务院有关部委所属的高等学校；三是各省、自治区、直辖市和市所属的高等学校，此类高校占多数。相应的，高校毕业生就业采取的是在国家宏观调控下，实行分级负责、相互调剂的办法。

全国高校毕业生就业由教育部归口管理。它的主要职责是：制定毕业生就业工作的规章和宏观政策；管理全国毕业生就业信息网络、毕业生和用人单位双向选择活动以及毕业生就业市场；汇总、审核、下达全国高校毕业生就业方案；检查、监督全国高校毕业生就业工作全过程；向社会公布全国高校毕业生年度就业状况。

省、自治区、直辖市主管部门的主要职责是：根据国家有关的方针、政策和教育部的统一部署，制订本地区毕业生就业工作的具体意见；了解和掌握本地区毕业生就业工作动态，负责数据统计和上报工作；管理本地区毕业生就业信息网络、双向选择活动和毕业生就业市场；受教育部委托负责本地区毕业生就业报到证的签发与管理工作，向社会公布本地区毕业生就业状况等。

高等院校的主要职责是：负责本校毕业生就业指导和服务工作；根据上级就业工作政策制定本校就业工作实施办法；收集需求信息，建立就业信息网站，组织本校的双向选择活动，完善校内毕业生就业市场；编制本校毕业生就业方案等。归纳起来主要有三方面的工作：一是开展毕业生教育，尤其是就业思想、就业观念、择业技能等教育；二是主动收集信息，为毕业生双向选择提供广阔舞台；三是做好就业服务。

用人单位的主要职责是：提供就业岗位需求信息；参加供需见面会和"双选"活动；如实介绍本单位情况，积极招聘毕业生。

3. 现行毕业生就业制度

1）人才聘用制度

人才聘用制度是我国国有企业、事业单位人员选拔任用、聘任聘用的一系列规章制度的总称。其核心内容是以公开、平等、竞争、择优为导向，建立有利于优秀人才脱颖而出、充分施展才能的选人用人机制。

（1）国有企业的人才聘用制度。凡聘用人员，都要签订劳动合同。各地人才交流服务机构，为企业配置人才提供政策指导、信息咨询等服务。企业在人才流动过程、用工过程中与员工发生争议的，由有关部门按照劳动合同予以协商解决。

（2）事业单位的人员聘用制度。自 2003 年以来，我国开始在事业单位实行人员聘用制度。其基本内容是所有事业单位与职工都要按照国家法律法规，在自愿平等、协商一致的基础上，通过签订聘用合同，确定单位和个人的人事关系，明确单位和个人的义务和权利。

2）人事代理制度

人事代理制度就是指政府人事部门所属的人才交流服务机构，依据国家有关规定，接受用人单位或个人的委托，对其人事业务事宜实行集中、规范、统一的社会化管理和服务的一种人事管理方式。此项制度的实施为毕业生到非公企业就业解决了后顾之忧。

3）就业准入制度

就业准入制度就是根据我国职业资格证书制度的要求，依据《职业教育法》和《劳动法》规定，对从事技术复杂、通用性广，涉及国家财产、人民生命安全的职业劳动者，要求必须经过培训并取得职业资格证书后方可上岗就业的制度。目前，我国已经对一部分职业实施了就业准入制度。

随着高等教育的发展，社会对许多大学毕业生的要求不再仅仅限于具备一定的基础理论知识和专业知识，而且要求具备一定水平的实际动手操作能力。可以说，只有毕业文凭并不一定能够顺利在某个岗位上就业。因此，大学生们应该在学好基础知识，获得学历文凭的同时，根据自己的兴趣和就业需要，努力地考取相关职业资格证书。只有这样，才能增强自己在竞争激烈的人才市场中的就业竞争能力，也能更加拓宽自己的就业和创业渠道。

第三节　大学生求职就业去向分类

大学生毕业后的去向，必须结合国家的需求来作出合适的选择——是就业还是创业，是考研还是出国，因为个人的需求只有在符合国家利益、符合国家发展方向的时候，才能得到最大的满足，自己的能力也才能得到最大的发挥。因此，在大学学业生涯设计中，我们还需充分考虑到将来的发展路线，均衡抉择，以便使自己的学习、实践以及生活中各种行动措施沿着职业生涯路线或预定的方向前进。正如作家柳青在他的名著《创业史》中所说："人生的道路是很漫长的，但要紧处常常只有几步。"

综合近几年高校毕业生的主要去向，可以归纳为就业和创业，其中，就业可以分为自主就业（含去企业工作、去事业单位和考公务员）和政策性就业（包括当大学生村官、去西部或基层社区就业、参军）等；创业在形式上包括自主创业、合作创业，在内容上可能有创办商业公司、实体工厂、加盟连锁商店及近几年来比较适合大学生的企业形式（表 8-1）。

表 8-1　大学生毕业后的基本去向

就业	自主就业	去企业工作
		去事业单位工作
		考公务员
	政策性就业	当村官
		去西部或基层
		带薪见习（准就业）
		参军
创业		自主创业
		合作创作

一、自主就业

1. 就业的概念

所谓就业，一般而言，是指劳动者同生产资料相结合，从事一定的社会劳动并取得劳动报酬或经济收入的活动。就业应具备三个基本条件：一要从事社会劳动；二是得到社会承认；三要有报酬或收入。凡具备这三个条件者，就算已经就业；反之不具备这三个条件者，如从事家务劳动的妇女、在学校学习的学生等，都不能算进入就业者的行列。

2. 就业的形式

每一个求职者，面对的是具体的招聘人员的单位。企业、事业、机关等用人单位，是庞大的职业世界中的细胞，是微观的职业需求单位。每一个人要就业，必须到某一个用人单位去求职，这就使得了解我国用人单位的基本情况成为大学生的基本功课。

1）企业单位

企业，是从事社会经济活动的单位，其用人可以分为经营、管理、技术、操作等类别。

（1）国有企业，是指产权属于国家，从事生产、流通、服务等各种经营性活动，以赢利为目的的独立核算单位。在国有企业的就业员工，一般都实行劳动合同制和聘任制。国有企业的基本特征是企业的产权归国家所有，由各地国有资产管理局管辖，在具体业务的生产经营方面企业拥有自主决策权。按照我国的政策，国有企业是自主经营、自负盈亏、自我约束、自我发展的独立经济实体。实行"适应市场经济要求、产权清晰、权责明确、政企分开、管理科学的现代企业制度"是国有企业改革的方向。

（2）集体企业，是产权归劳动者集体所有，从事生产、流通、服务等各种经营性活动的独立核算单位。

（3）民营企业，是由私人出资创办、在工商行政管理部门登记的经济单位。改革开放以来民营企业得到了恢复和发展，成为国民经济中的一个重要组成部分。民营企业可以分为私人独资企业与私人合伙企业。民营企业经营灵活，能够瞄准市场需求和消费者意向进行生产经营。目前，我国的民营企业广泛存在于城乡各种生产、流通、服务领域，用人很灵活，为社会提供了大量就业岗位。

（4）乡镇企业，是指在农村兴办的企业，包括乡镇政府、村委会、个人、私人合伙投资兴办等几种类型。

（5）外资企业，是指外国的公司、团体、私人在我国投资兴办的企业。由于外资企业的公司文化与我们不同，从事的行业不同，中国人在外资企业中的职位与岗位不同，因此，在劳动条件、工资报酬、福利保险等方面有着巨大的差别。外资企业一般比国内企业对从业人员素质要求更高，人员流动性更大，到外资企业就业的中国公民，要具备相当强的竞争能力。

（6）合资企业，是由两个以上的所有人共同投资组建的企业。"所有人"可以是个人，也可以是公司、企业、事业单位等法人或者政府。在我国，合资企业有政府或法人组织与外国公司或私人共同投资（即"中外合作"）、国内两个以上法人共同投资、私人与法人共同投资、私人合伙共同投资等不同形式。

（7）股份制企业，是按照现代企业制度设立的新型经济单位，是企业的全部注册资本由全体股东共同出资并以股份形式投资兴办的经济单位。

2）事业单位

事业单位一般是指主要由国家财政经费开支、不从事独立经营而从事为社会服务工作的单位。事业单位中的许多单位由国家拨款，是非营利性组织。另外一些单位，有的是国家非全额拨款，自身在业务活动中收取一部分业务费用。

事业单位在整个国民经济体系中占有重要的地位。事业单位一般属于第三产业的范畴。我国的事业单位包括文化教育事业、文艺体育事业、科研事业、广播电视事业、新闻出版事业、医疗卫生保健事业、社会福利与社会保障事业、农林水利气象事业、城市公用事业等。事业单位作为一个范围庞大的部门，为社会提供了数量巨大的就业岗位。

3）政府机关

政府机关是国家和地方各级政府行政管理机构的总称。在政府部门中工作的人员，除去少部分专业技术人员（如医生、计算机操作人员）和工勤人员（如清洁工人、司机、炊事员）外，主要是国家公务员。我国目前已经开始全面实施公务员制度。获得这一职业岗位一般需要经过公开考试录用。

4）社会团体

社会团体是社会上各种群众性组织的总称，包括工会、团委、妇联、青联、学联、科协、各类学会、各行业协会等。社会团体拥有一定数量的就业岗位。社会团体的就业岗位，要求从业者有一定的文化水平、政策水平、专业知识和较强的工作能力。

5）自主劳动单位

在社会现实生活中，有许多人是自主就业的，包括各类自由职业者、灵活就业人员和个体劳动者。

自由职业者，一般是指通过自行开业和自由为社会提供服务的方式从事职业劳动的人，诸如个人独立开业的医生、律师、自由作家、自由撰稿人等，灵活就业者如社区服务人员、小时工、劳务承包者等。从事个体经济活动的个体劳动者，在我国是自主劳动单位的主体。个体工商户靠自己的力量创业，自己创造工作岗位。

二、政策性就业

1. 选聘高校毕业生到村任职工作

由中组部牵头，教育部、财政部、人力资源和社会保障部共同组织实施。招募对象是30岁以下应届和往届的全日制普通高校专科以上学历的毕业生。原则上为中共预备党员。选聘的毕业生为"村组特设岗位"人员，系非公务员身份。选聘后任职期限一般为2年。工作期间县级组织人事部门与其签订聘任合同。待遇保障政策：

①在村任职期间，参加新型农村合作医疗，办理人身意外伤害商业保险；工作、生活补贴和保险费用标准为每人每年1.8万元，一次性安置费按每人2000元发放；②聘期工作表现良好、期满考核合格的，3年内报考硕士研究生初试总分加10分，同等条件下优先录取；③从2010年起至2014年，每年从县、乡机关招考公务员的职位中拿出30％～50％，定向招录在村任职期满、考核合格的选聘高校毕业生，在县、乡公务员岗位表现突出的，可以调入市以上机关工作；④从2010年起，省、市组织选调生统一招考，原则上定向招录在村任职期满、考核合格的选聘高校毕业生；⑤在村任职期满且考核合格的高校毕业生，自愿留在农村基层工作的，由县（市、区）委组织部会同有关部门办理接收手续，根据实际情况，一般安龄、社会保险缴费年限。在职考生（含已实行人事、择业代理或在劳动部门办理了用工手续的）可连续计算工龄；⑦选聘到村任职的高校毕业生聘用期满后，经组织考核合格、本人自愿的，可继续聘任。不再续聘、进入市场就业的，有关部门应协助推荐就业。自主创业的，除国家限制的行业外，自工

商行政管理部门登记注册之日起3年内免交登记类、管理类和证照类的各项行政事业性收费；可享受小额贷款担保或贴息等有关政策。

2. 高校毕业生"三支一扶"计划

由人力资源和社会保障部牵头，中组部、教育部、财政部、农业部、卫生部、扶贫办、共青团中央共同组织实施，招募对象主要为全国全日制普通高校毕业生。政策总的原则是志愿服务、期满自主择业。在派遣前均签订服务协议，服务期限为2～3年。相关的保障政策主要有：工作、生活补贴为每人每月1300元；原服务单位有空岗时优先聘用服务期满考核合格的"三支一扶"大学生；规定事业单位有职位空缺需补充人员时，应拿出一定职位专门吸纳等。

3. 大学生志愿服务西部计划

由共青团中央牵头，教育部、财政部、人力资源和社会保障部共同组织实施。招募对象为应届毕业生，全国公开招募、自愿报名。政策上总的原则是鼓励扎根基层，或者自主择业和流动就业，服务期限为1～3年。政策保障：①自2010年开始参加西部计划的，服务期满2年且考核合格的志愿者，3年内报考研究生，初试总分加10分，同等条件下优先录取。②志愿者服务期满2年且考核合格的，报考公务员等享受相关优惠政策，出省服务的和在本省服务的志愿者优惠政策必须保持一致，具体政策规定由省级人力资源和社会保障部门确定。

4. 入伍预征计划

由国家征兵办和教育部共同组织实施。入伍征集对象为应届本专科毕业生，以男性为主，女性征集根据军队需要确定。年龄要求为专科放宽到18～23岁，本科以上放宽到24岁。按照宣传发动、组织报名、面试工、体检、考核、政审和签约的程序进行。政策保障：可补偿学费或代偿国家助学贷款；在服义务兵役阶段可优先安排到技术岗位或作为骨干培养；退役后参加政法院校为公检法系统基层定向岗位招生时优先录用，参加考研或专升本考试加分等。

三、创业

创业是一种劳动方式，是一种无中生有的创造财富的现象，是一种需要创业者组织，运用服务、技术、器物作业的思考、推理、判断的行为。创业必须要贡献出时间、付出努力，承担相应的财务的、精神的和社会的风险，并获得金钱的回报、个人的满足和独立自主。我国政府出台了各种政策鼓励和支持大学生自主创业。中共中央、国务院大力提倡大学生探索自主创业，利用专业技术争取风险投资或政府小额贷款，创办民营公司，承包国有中小企业，或进军高科技、农业和第三产业。

在当今中国的教育体制和就业背景下，大学生创业一方面可以增强大学生自己的动手操作能力、创新能力、组织协调能力、心理承受能力、团队合作精神和社会适应能力，另一方面也是解决大学生自己就业问题的一个选择，以创业带动就业。

四、就业的程序

（1）毕业生收集需求信息，听取学校举办的就业指导系列讲座。

（2）毕业生填写《就业推荐表》、制作个人推荐材料。各学院及教务处对毕业生《就业推荐表》进行审核，签署意见、盖公章后，统一交就业管理部门审核、盖公章。

（3）毕业生自我推荐、面试（根据需求信息向有意向的单位寄送个人推荐材料或直接参加校园招聘会和各地举办的供需见面会、网络视频双选会等）。

（4）管理部门将《全国普通高等学校就业协议书》（以下简称《就业协议书》）发给各学院，由各学院按编号发给毕业生。

（5）毕业生与用人单位签订《就业协议书》。

（6）毕业生进行毕业鉴定、离校及去用人单位报到阶段。

第四节　职业能力培养

在竞争日益激烈的人才市场，一些毕业生成为市场中的"滞销品"，造成"滞销"的原因有很多，与人才供求关系、学校的办学质量、师资水平、专业设置等外在因素有很大的关系。但目前大学生在就业中存在一种现象，即同样毕业于一般院校和相同班级的大学生，在择业时，出现两种截然不同的结果：有些同学毕业后较长时间找不到工作或者找不到自己满意的工作，可有的同学还未毕业就成为企业争抢的对象，有多家不错的单位可以选择。显然，对于大学生来说，改变外因几乎是不可能的，能改变的恐怕只能是内因。可见，内因是影响大学生就业的关键因素之一。大学生要想在毕业时找到自己满意的工作，就必须具备市场化的观念，尽早地为将来的择业做好准备，充分了解企业的选人标准，按照企业和市场对人才的要求来提高自身的素质和能力。

一、职业能力的含义

职业能力是人们在职业活动中表现出来的实践能力，即从业者在职业活动中表现出来的能动地改造自然和改造社会的能力。以职业对从业者从事职业活动必备的能力为依据，职业能力由专业能力、方法能力、社会能力构成。专业能力指职业活动中运用专业知识、技能的能力，强调应用性、针对性。方法能力指从事职业活动所需要的工作方法、学习方法方面的能力，强调合理性、逻辑性、创新性。社会能力指从业者在从事职业活动时适应社会、融入社会的能力，即所需要的社会行为能力，强调对社会的适应性和积极的人生态度。

二、职业能力的培养

大学生从校园步入职场，都需要什么样的职业能力呢？职场上通用的职业能力要求是什么呢？成功的职业人士身上都有些什么共同的职业能力呢？

1. 运用知识的能力

21世纪是信息化社会，是知识和信息爆炸的社会，需要我们掌握的知识很多，而知识更新的周期也更短，有许多我们好不容易才学到的知识，等大学毕业时可能就没什么用了，或者需要进一步更新了。所以，我们在大学里除了学习知识外，更重要的是掌握学习的方法，培养一种运用知识去解决问题的能力，这是企业非常看重的一点，仅仅死记硬背记了一大堆知识是无法应对纷繁复杂的社会问题和工作任务的。这也是给一些死读书的同学的一个提醒，读书的真谛是为了解决实际问题，是为社会、单位、个人创造财富和价值。

2. 自我推销能力

学生的素质再好，能力再强，不会推销自己，企业怎么知道你是他们最合适的人选呢？招聘面试关都过不了，又怎么能施展你的才华呢？善于自我推销实际上表现为两种能力，一种是沟通能力，一种是人际关系的建立能力。因为在实际工作中，不是靠单打独斗，而是团队作战，沟通和人际关系能力差往往会对工作绩效有很大影响。

3. 专业能力

就工作与专业的关系而言，当前大学生寻找工作时，有专业对口型、专业相关型和专业无关型。专业对口型是从事与专业紧密相关的工作，这类大学生在技术类专业中约占70％，且以工科大学生居多；专业相关型是从事与专业有一定关系的工作，这类大学生在非技术类专业中约占80％，以文、史、哲、经济、管理、语言居多；专业无关型是指所从事工作与所学专业几乎毫无联系，这类大学生在各类专业中均存在，如技术类专业从事非技术类职业，非技术类专业从事技术类工作。

可见，企业在选聘人才时，对应聘人员的专业要求并不是一概而论的。对于技术要求较强的岗位，企业一般要求专业对口，对专业能力要求较高；而非技术类岗位对专业的要求没有这么严格，但还是要求与专业相关联，重点在于考查应聘者的综合素质、专业基础能力和知识的运用能力等。

总的来说，多数企业对大学生的专业能力还是比较看重的，招聘专业相关型和专业无关型岗位的企业，往往是通过你的专业学习态度和学习的能力来判断你的价值观和潜能。所以，即使对自己的专业不感兴趣的学生也要尽力把自己的专业学好，这也是作为一名大学生的职业素养的体现。

4. 沟通能力

主要表现为语言沟通能力和书面沟通能力。所有的公司都不可避免地面临内部雇员如何相处的问题。一个公司的成功，很多时候取决于全体职员能否团结协作。这就有赖于语言沟通能力。当发现与领导面对面的沟通效果不佳时，你可以采用迂回的办法，如电子邮件，或书面信函、报告的形式尝试沟通一番。因为，书面沟通有时可以达到面对面语言沟通所无法达到的效果。可以较为全面地阐述想要表达的观点、建议和方法，达到让领导听你把话讲完，而不是打断你的讲话的效果。

5. 应变能力

企业需要那种具有高度灵活应变能力的人，听得认真，写得明白，看得仔细，说得清楚，叙述准确，将具有无可估量的价值。另外，企业是一个活生生地处于不断发展之中的实体，在企业的发展过程中会遇到许多意想不到的新问题，这就需要员工具有应变能力，能灵活地适应各种环境的变化。反映在面试中，最大的可能性就是考官给你一个模拟的场景，让你做出一些判断和决策，以考查应聘者的灵活应变能力。

6. 学习能力

学习能力是其他能力的基础。学习能力就是学习的方法与技巧（并非是学到什么东西），有了这样的方法与技巧，学习到知识后，就形成专业知识；学习到如何执行的方法与技巧，就形成执行能力。在现实生活中，我们观察到有人学得很快，有人却学得既慢又辛劳，原因何在？其关键即在学习不懂得使用方法。认识到学习有其方法，经常演练这些方法使之成为习惯，学习将会又快又透彻，能力、知识的成长也就会加速。学习能力是多方面的，它包括注意力、观察力、思考力、应用力、自觉力、记忆力、想象力、创造力等。可想而知，一个连课都听不懂的人要想提高学习能力和学习成绩则无从谈起。所以，要提高学习能力，必须以听课为重，提高听课水平，在预习和上课阶段，让你的学习潜力得到最大限度的发挥，然后利用复习，将学习的要点加以深入思考和整理，以提高应用能力，从而由征服一门学科到征服所有不擅长的学科，全面提高学习成绩。

7. 信息搜集能力

完成任何一项工作，信息的搜集都是必不可少的。对大学生就业活动而言，信息的搜集是迈向成功的第一步。择业决策的过程包括信息搜集、处理和转换，在择业过程中，无论是职业目标的确定、求职计划的设计还是决策方案的选择，就业信息的搜集和处理都是基础。就业信息的内容十分广泛，作为初次择业的大学毕业生应主要了解以下几方面的信息：企业性质、业务范围、企业文化等用人单位的信息，产业结构的调整和变化趋势，职业的分类与结构及发展趋势等职业信息，相近及相关行业现状和发展趋势等信息。你应在大学学习过程中通过多种途径搜集信息，并分析整理利用信息，有意识地培养信息搜集能力。

8. 抗挫折能力

遇到失败、挫折和打击能自我安慰和解脱，还会迅速总结经验教训，而且坚信情况会发生变化。失败、挫折并不可怕，可怕的是遇到挫折、失败时丧失自信心或选择放弃。在人生的旅途中遇到一点困难是很正常的事情，我们需要用正确的心态去面对它，提高抗挫能力，成为一名意志坚强的人。

为了给大家提供更多的参考，我们列举了一些名企用人要求。

1. 诺基亚：以人为本

诺基亚企业文化的核心是"以人为本"。体现在人才的判断价值上，公司是通过两个方面实践"以人为本"的：一是硬件系统，包括专业水平、业务水平和技术背景，一般由部门的执行经理来考察；二是软件系统，包括沟通能力、创新能力以及灵活性等，一般由人力资源部门来考察。

2. 摩托罗拉：5个E

第一个E—envision（远见卓识）：对科学技术和公司的前景有所了解，对未来有憧憬；第二个E—energy（活力）：要有创造力，并且灵活地适应各种变化，具有凝聚力，带领团队共同进步；第三个E—execution（行动力）：不能光说不做，要行动迅速、有步骤、有条理、有系统性；第四个E—edge（果断）：有判断力、是非分明、敢于并且做出正确的决定；第五个E—ethic（道德）：品行端正、诚实、值得信任、尊重他人、具有合作精神。

3. 壳牌：CAR潜质

壳牌招聘人才主要是着眼于未来的需要，所以十分看重人的发展潜质。壳牌把发展潜质定义为"CAR"，即：

分析力（capacity）：能够迅速分析数据，在信息不完整和不清晰的情况下能确定主要问题，分析外部环境的约束，分析潜在影响和联系，在复杂的环境中和局势不明的情况下能提出创造性的解决方案；

成就力（achievement）：给自己和他人有挑战性的目标，出成果，百折不挠，能够权衡轻重缓急和适应不断变化的要求，有勇气处理不熟悉的问题；

关系力（relation）：尊重不同背景的人提出的意见并主动寻求这种意见，表现出诚实和正直，有能力感染和激励他人坦率、直接和清晰的沟通，建立富有成效的工作关系。

4. 通用电气公司：不拘一格选人才

通能电气公司（GE）从不在意员工来自何地、毕业于哪个学校或出生在哪个国家，GE拥有的是知识界的精英人物，年轻人在GE可以获得很多机会，根本不需要论资排辈，GE有许多30多岁刚出头的经理人。他们中的大部分则在美国以外的国家受教育。在提升为高级经理人员之前，他们至少在"GE"的两个分公司工作过。

5. 宝洁：八项基本原则

宝洁公司对人才重要性是这样理解的：如果你把我们的资金、厂房及品牌留下，把所有的人带走，我们的公司会垮掉；相反，如果你拿走我们的资金、厂房及品牌，留下我们的人，10年内我们将重建一切。

宝洁公司对人才素质的要求归结为八个方面：领导能力、诚实正直、发展能力、承担风险、积极创新、解决问题、团结合作和专业技能。需要指出的是这八个方面是并列的，没有先后顺序，诚实正直和专业技能一样重要。

第五节　就业案例分析

[案例1]　从普通文员到行政总监

林小姐：杭州人，26岁，大专学历，中文专业，参加工作4年多。刚毕业时，父母托关系把她安排到一家报社做编辑。但由于文笔不好，工作成绩始终不行，压力越来越大的林小姐就辞职了。第二份工作是一家公司的文员，平时做一些打字之类的琐碎小事，学不到什么东西，于是林小姐又辞职了。后来她又找了好几份工作，都和第二份工作差不多。目前林小姐在一家公司做经理秘书，对这份工作，林小姐还是比较满意的。

后来同学聚会，林小姐发现周围的老同学个个比自己混得好，有些已当上了经理。再看看自己，经理秘书虽听起来不错，但不过是吃青春饭，说不定哪天就失业了，所以林小姐想换一份稳定的工作。想来想去，除文员、经理秘书这些也想不出其他工作了。她该怎么办呢？

点评：缺少职业规划，职业目标模糊

林小姐的问题，就是典型的"职业迷茫"问题。造成"职业迷茫"的直接原因就是缺少职业规划。职业目标是职业规划的重点，其正确与否直接关系着事业的成败。寻找适合自己的职业目标，应该从以下四点考虑：自身性格与职业的匹配度；兴趣爱好与职业的匹配度；自身特长与职业的匹配度；所选职业的发展趋势。

从职业目标上看，林小姐缺少清晰明确的职业目标。要摆脱目前的状态，须先确定自己的职业目标。职业目标的不同决定了发展路径的不同，以林小姐为例，如果把行政管理作为职业目标，目前的文员工作是比较符合这个目标的发展路径的。文员—行政助理—行政主管—行政经理—行政总监，可以算是一条很清晰的发展轨迹。

专家根据对林小姐的职业倾向性测试和工作经验、能力的综合分析发现，林小姐最适合的是行政人事管理类的工作。根据林小姐的情况，专家提出两点建议：①林小姐尽快进行行政人事管理方面的培训和学习；②文员的工作已经不适合其年龄和发展了，跳槽也成了当务之急。出来谋求职业的定位点定在中小型企业的行政部门。中小型公司行政人事联合操作的状况比较多，可以积累到人力资源工作经验和能力，然后下一步可以朝行政、人事两条路线行进，无形中拓展了自己的发展层面，最终可发展到企业行政人事总监或者主管行政人事的副总职位。

在专家的帮助下，通过一段时间的努力，林小姐终于获得了适合自己的职位。

[案例2] 避免"广种"换"薄收"

为了能在网上找到自己满意的工作，叶虹用搜索引擎找到许多网上求职站点。上面有许多用人信息，按地区按工种都可查询，相当方便。叶虹发简历时秉承"多多益善"的原则，对自己心仪的公司从经理级别的职位到业务员级别的职位，一个不落地"全面发送"，觉得这样就可以增加保险系数。如果遇到特别中意的公司，在第一次发出简历没有面试消息后，她总会将简历重复发送一遍。

一转眼，叶虹上网求职已有一个多月，她说："我每天都上网查看我的电子信件，但好长时间过去了仍毫无音信。"

点评：要有针对性地发送简历

许多求职者与叶虹一样，认为网上的信息来得方便，所以"捡到篮里都是菜"，频频向招聘单位发简历。殊不知，只求量的"广种"，其结果往往会是"薄收"。首先，如果不合"硬"条件的话，在第一轮过滤条件时就会被刷下；其次，这样做会让人力资源经理认为你不明确自己的定位，缺乏明确的求职意向，不具备职业素质。所以，请把自己最好最适合的一点加以突出表现，有针对性地发送简历。

[案例3] 当心网络求职陷阱

大学毕业生小东今年的求职有些惊险。为了能寻找到合适的就业机会，小东不得不整天泡在网上。一次，他在某人才网上得知一家企业广告部正在招聘，曾经在报社实习过一段时间的小东感觉很适合，就将自己的简历通过电子邮件发了过去。不几天，对方就回信说基本同意小东的应聘申请。过了几天，小东又收到该企业的E-mail，并被告知，按照招聘程序，他需要先期缴纳存档费、培训费、工装费等各项费用。为不失去这个不错的就业机会，心存犹豫的他最终还是将钱寄了出去。但在这以后，小东就再也没办法与该公司取得联系。200元对小东来说虽不是个大数目，却还是很心疼。

点评：多管齐下，了解公司的可信度

面对网络求职陷阱，毕业生首先借助"多管齐下"的方式判断公司招聘的诚意，有些公司不止采用一种招聘方式，在网站、报纸、人才市场同时进行招聘，一般这类招聘的规模大，比较可信。其次在应聘时，一定要对公司的地址进行核实，以辨别是否是"皮包公司"。

最后，还需牢记不掏钱的原则。

启示

我虽不能决定生命的长度，但可以控制它的宽度。

我虽不能左右天气，但可以改变心情。

我虽不能改变容貌，但可以展开笑容。

我虽不能控制他人，但可以掌握自己。

我虽不能预知明天，但可以利用今天。

我虽不能样样胜利，但可以事事尽力。

第六节 大学生自主创业案例分析

[案例1] 大学生成功创业案例

王平，西安某大学毕业生，在高中阶段就一直有创业的想法，进入大学后，他每天都在想将来毕业了做些什么。偶然的一天，街上的擦鞋工给了他灵感——开一家专业擦鞋店。擦鞋，在很多人眼里都是不起眼的工作，就连他父母当时都认为他是有毛病，好好地读了几年大学出来，怎么会想到干这个。但他始终坚信自己的想法没错。

心里有了开店的想法，王平每天有空就上街观察擦鞋的人怎么工作，客源是什么样的人群，擦鞋者集中的地段，哪些客人是那些擦鞋匠没有想到或是不敢发掘的，他把这些都记在了小本子上，作为创业的最初积累。顺利毕业后，王平在切实的调研之后，埋头写了一个星期，拿出了一份详细的《合作计划书》，并在地图上标出了高档的营业场所，开始寻找合作伙伴。

当时成都人的意识里还是觉得擦鞋难登大雅之堂，擦鞋匠的存在只限街边的小餐馆什么的，富丽堂皇的大厅和擦鞋匠简直是不搭界。好几次，他刚走到大堂就被迎宾员"礼貌"地"请"了出来。一段时间里，他每天都去一家高档的茶楼，连续一个星期后，经理终于松口见他一面，漫不经心地翻了一遍他的计划书，然后说："小伙子，相信我吧，你就是走遍成都也不会有哪个经理愿意与你合作的。"事实也确是如此，最后，他决定采取"曲线救国"的方式，自己摆摊开始"原始积累"。

1998年3月17日，他用仅有的二百元钱，置备了一整套擦鞋工具，站在太升南路边上，响亮地吆喝起来："擦鞋，5元钱一次！"当时，周围看热闹的人以为自己的耳朵出了错，街边擦鞋行情是1块钱，只见有人降，不见有人加。当有人问价，他都极为清晰地重复一遍，而且声明不擦价格便宜的鞋。

一位50多岁的先生是他的第一位客人，他要擦的是他脚上那双800多元的"老人头"。说实话，王平当时挺紧张的，迅速戴上棉手套，排出一排软硬不同的鞋刷，开始干活。半小时后终于擦完了，那位先生拿过鞋仔细打量了一番，然后摸出10元钱递给他："小伙子，你的劳动值得我花10元钱！"

稳稳当当走好第一步，总有一天攀上100层。第一天练摊下来，王平收入85元，比预想的情况好多了。6年来，这个数字不断上升，现在，他完成了第一个5年计划：在成都购房安家。现在正朝着人生的第二个五年计划奔跑：扩大星级连锁店的规模。

现在回想起来，王平说："创业，专业对口固然是最好的。不过如果善于动脑，即使暂时没有干上对口的工作，一样可以活学活用自己的专业知识。比如说我干的擦鞋和我原来所学的市场营销专业看上去一点不搭界，但是在开擦鞋店的过程中，我照样经常用到原来在学校所学的营销策略，比如说选择哪个地段摆摊开店，前期市场调查，还有顾客心理学等知识。如果不是当年学了这些东西，没准我也是个'一元擦一双'的普通擦鞋匠呢！"

分析：王平在创业的过程中通过市场的充分调查，利用自己所学的专业知识，起初规模小，资本低，经营灵活，形势多变，具有便利性的特点，在创业的过程中对自己的实际情况进行调整，经营手段灵活多变，适应性强，见效快，具有自己的特色，提高知名度，有利保证企业的生存和发展。

> **启示** 战胜一切困难是一种积极的人生态度，是成功的基点。不论怎样，人生旅途其实就是在不断地征服一个又一个的困难而逐步登高的。

[案例2] 大学生办公司赚千万欲做中国企业500强

不到24岁，没有任何背景，从卖鞭炮、MP3起家，在校期间先后创办了三家公司。华中科技大学武昌分校大四学生龚世威进大学时就给自己定下了奋斗目标：要成为中国企业500强。

第一桶金：高中时办培训班

穿着衬衫，打着领带，戴着眼镜的他看起来睿智稳重。记者见到龚世威时，就感觉到他超乎年龄的成熟，很难想象这位管理着三家公司的老总还是个不满

24 岁的在校大学生。龚世威是湖北黄冈黄梅人，小学五年级时跟随父母来武汉定居。"高中时，别的同学都爱看武侠小说，我却天天看创富书籍，想着要创业。"龚世威说，2003 年，他参加完高考后，就和两个同学找到武汉的一家知名培训学校，成功说服了学校领导答应他们以这所培训学校的名义创办暑期补习班。之后，他又找到另一家培训学校，商议由他负责师资和招生，学校提供宿舍。短短两个月，龚世威就挣了几千元。

分期付款卖 MP3：赚了 10 多万元

2003 年夏天，龚世威考入华中科技大学武昌分校工程管理专业。

"当年圣诞节的时候，大伙想赚点钱出去玩，就想到在学校卖烟花。"怀揣着向一位广东同学借来的 700 块钱，龚世威的烟花生意只进行了 3 天，就赚了3000 多元。

"这次尝试成功后，我对自己充满了信心。"龚世威说，2004 年他成立了红顶科技公司。这时，校园里流行起了 MP3，但多数大学生的购买力弱，看的人远远比买的人多。龚世威利用部分厂商年底急着清货回款的心理，找到商家协商，采取分期付款的方式进到 MP3，然后在学校推出分期付款购机业务。

只要是本校的同学，出示相关学生证和身份证，付 40％的首期，就可以带一个 MP3 回家。后来，他还在其他学校增开了销售点，经营范围也扩展到手机、电脑等，最后，还推出了"零首付"业务。这一次，他赚了 10 多万元。

为毕业生办托运：获利 30 万元

由于工作太忙，龚世威在大二的时候选择了休学一年。这个时候，他也迎来了创业的第一次大转折——成立自己的物流公司。

龚世威说，2006 年夏天，他发现学校的毕业生离校时，都在贱卖自己的生活学习用品。一打听才知道是因为托运不便。"当时只有邮政和中铁开了托运业务，收费比较高，但生意非常好。"

经过市场调查，他发现物流公司利润非常高，市场前景也很好。龚世威高薪从其他物流公司挖来专业人员，了解全部运作流程后，买来一辆货车，注册成立了物流公司。"经过一年运作，公司已经赢利 30 多万元，有全职员工 50 多人。"龚世威骄傲地说。

银通卡：一年销售额突破 3000 万元

2006 年年底，他偶然得知央行一直封闭的预付费卡业务即将逐步放开，于是开始积极争取。2006 年，龚世威成立了自己的第三家公司——武汉银商通科技有限公司，获得与银通卡的合作机会。

在银通卡里存入现金，可以在指定的商场超市酒店里刷卡消费，还可以享受一定的折扣。在他的努力下，银通卡迅速在武汉市铺开。目前，银通卡可以在航空百货休闲等20多个行业300多个场所刷卡消费。

龚世威说："去年，我们的销售额就突破了三千万大关。今年预计销售会超过1亿元。到明年将突破3亿元。"谈到今后的奋斗目标，龚世威说，进大学时，他给自己定下的创业目标是进入中国企业500强。"从现在的资产和经营来看，达到这个目标应该没有问题。"龚世威很自信。

"大学生创业最难的就是融资和管理。在和别人谈生意的时候，首先要想到别人的利益。只有这样人家才会很愿意跟你谈，给你提供帮助。"

"创业要敢想敢做敢闯，有冲劲；要能够放得下面子，从小事做起；不能盲从，得认真考虑；最后，还要注重对心态的调整。"

"选择正确的创业行业非常重要，我所经营的无一例外都是高利润行业。利润点高的行业，虽然竞争大，但机遇也很多。"

"大学生创业一定会和课业有所冲突，要协调好它们之间的关系。大学生应该有选择性地多读一些书，如果为了创业把学习放弃了，很不应该。"——龚世威谏言想创业的大学生

分析：龚世威抓住了有形的市场，确立了正确的生产经营理念，把握市场的流行和广大消费者的需求，在21世纪的信息时代，瞬息万变的时代求生存求发展，必须科学地利用时间和空间，时间把握不好就可能失去一次次机会；空间把握不好就看不到一个个商机。市场价值的最终决定者是顾客，因此，创业最重要的一点是时时事事从顾客的角度考虑问题。

> **贴士**
>
> ### 创业常用法律一览
>
> （1）基本法律：民法通则、合同法、担保法、票据法
>
> （2）公司企业法律：公司法、合伙企业法、个人独资企业法、中小企业促进法、企业登记管理条例、公司登记管理条例
>
> （3）劳动法律法规：劳动法、地市劳动合同条例
>
> （4）知识产权法律：著作权法、商标法、专利法
>
> （5）公司企业税法：企业所得税暂行条例、增值税暂行条例、营业税暂行条例、税收征收管理法

[案例3] 大学生创业失败案例

社会中创业失败者比比皆是，成了大学生不敢创业的重要原因，创业培训专家提醒毕业生，大可不必因噎废食。大学生可以从失败的创业事例中吸取经验教训，使自己在创业路上少走弯路。

易得方舟（FANSO）的沉没

FANSO本没有故事，只是外界赋予了它太多的含义。在常人看来，它代表

了 20 世纪末学生创业的梦想。其实，市场不会因为你是学生创业公司，就给予更多的眷顾。

曾经网聚了太多眼球的学生创业旗帜——著名的易得方舟网站（www.fanso.com）沉没了，中国版本的比尔·盖茨休学创业神话就这么破灭了。

易得方舟：开休学创业先河

许多人都记得 FANSO 的发家史：1998 年 12 月 15 日，清华大学 16 号宿舍楼 519 活动室里，20 来岁的刘颖靠一台老式的 PC 机、一份网民的热情和一些闪烁不定的想法，开通了他的个人网站"化云坊"。

仅用 6 个月的时间，它一跃成为教育网内最大的个人网站，甚至南方一名女大学生老远赶来求"站长"刘颖签名。

再接着，鲁军、童之磊、马云、陈曦和刘颖 5 少年在宿舍的仓库里把"化云坊"个人网站演绎成 FANSO 公司。鲁军、刘颖也成为大学生"休学创业第一人"。

1999 年 8 月，FANSO 邂逅了"资本家"——第一笔私人投资（天使轮投资）到位，从一个不到 10 人的创业团队膨胀成拥有 60 余名员工的商业公司。

2000 年 4 月 14 日，在人民大会堂，FANSO 隆重推出其"Campus Age 中国高校电子校园解决方案"，赢得社会各界的助威。

2000 年 5 月，中文在线成立，"股权换版权"的理念使它囊括了巴金、余秋雨等一大批优秀的作家网上版权，总裁童之磊和他的同伴们被作家丛维熙称为"来自天堂的文学天使"。

就在 FANSO 踌躇满志之时，2000 年 6 月，IT 企业在纳斯达克跳水，互联网的冬天降临。FANSO 遭遇了资本的无情，两周内，风险投资撤走。

2000 年底，FANSO 经历着它最艰难的时期。先是人事震动，5 个核心人物走了 3 个：马云走上了职业经理人的路；陈曦另立山头，办了一家技术公司；童之磊在做他认为具有"史诗"意义的出版革命。接踵而来的是经济问题，账上只有几千元钱，40 多个员工等着开工资。2001 年，风雨中的易得方舟遭遇了部分媒体的"围剿"，诸如《中文在线还在线吗?》《中文在线去日无多》《易得方舟破产》等报道，批评易得方舟纸上谈兵，从未干过实事，不了解资本市场的天高地厚，创始人刚愎自用，典型的"秀才造反，十年不成"。本想沉默的易得方舟出来好一番解释才算平息。

2001 年 10 月，许多无法登录 FANSO 网站的网民提出疑惑：易得方舟到底在干什么？

不承认沉没，只说在调头

关于无法登录一事，FANSO 的 CEO 鲁军表示，他们暂时放弃了网站，等到以后时机成熟，也许会回来做网站，但那时候肯定是另有模样，因为易得方舟必须向中国教育在线交纳每个月12万元的服务器托管费，这笔费用太高，不值。

在易得方舟最艰难的时候，有人劝鲁军弃军保帅，从头再来，也有猎头公司相中了这个头脑活泛的江浙小伙，但鲁军仍是那句话：船在人在。

鲁军说，如果我卸下包袱，轻装上阵再开一家公司，对个人是不错的。但我必须为投资者的每一分钱负责，不能因为有困难就撤。更何况，现在的公司已找到良好的商业模式，正在大调整，进入快速发展轨道。

易得方舟不承认沉没，而是说在调头。但能肯定的是，他们基本放弃了网站，这对网站总监刘颖无疑是一大打击。毕竟，化云坊是他的"孩子"，但至今，曾有着作家梦的刘颖还留守在易得方舟，被称为忠实的"水手"。可惜，记者没能联系上他。

上岸后再看船上人

马云、童之磊、陈曦离开了易得方舟这艘船，当他们回头看这艘风雨中的船和老船长鲁军时，百感交集。

马云说，FANSO像其他所有的公司一样，经历着市场的打磨，所以，它的生生死死都很正常。

他认为，FANSO本没有故事，只是外界赋予了它太多的含义，在常人看来，FANSO代表了那个时代学生创业的梦想，成了20世纪末的某种符号，所以，FANSO一直负重前行。但市场经济中，不会因为你是学生创业公司，就给予你更多的眷顾。"作为它的股东，我真心地希望它越走越好，但如果有一天它消失了，我也会很平静，因为这就是市场，这样的事每天都在发生。"

如今IT业最年轻的CEO童之磊不愿提及往事，他更多地表示，他要折翼低飞，为他的网络出版业不问收获地干上10年。

分析：在创业的过程中容易出现眼高手低、纸上谈兵等问题，高科技创业项目往往需要一大笔启动资金，创业风险和压力都非常大。创业者在创业过程中了解相关政策法规和相应的工作时间经验尤为重要。在强调团队合作的今天，创业者必须依靠团队，团队精神是创业者不可缺少的素质，大学生创业者往往会出现"一人是龙，二人是虫"的情形，在时代发展趋势来看，社会分工越来越细，越来越专业化。在创业取得一定进展后必须把握时机做大做强，而在面临一定的困难和挫折时，也有必要积极应对妥善解决问题，以努力提高创业成功率，在促进社会就业的同时，为科技创新与提升科技水平做出应有的贡献。

贴士

创业6大死穴：贪生求全死得快

1. 短视老板短命店

因为中国曾经缺乏创业环境，所以，我们的企业家就像个被带进烧饼店的饿鬼，抓到什么吃什么。很多企业家彼此的区别就是有的被带进了烧饼店，有的被带进了饺子店，不远处全聚德的招牌却没人看见。没有长远战略规划的企业是短命的。

2. 贪大求全死得快

企业在创建以后，成长是个必经的过程。如果过分追求成长速度，无异于拔苗助长。其实，企业经营好比一场马拉松比赛，不是看谁现在跑得快，而看谁能在关键时刻跑到别人的前面去。在创业的过程中，当企业效益逐渐凸显以后，创业都不能一味的扩大营运规模，而应关注并妥善处理资金预算、市场预测，以及材料、人员相关要素的协调等管理问题。如果对这些问题没做好充分的准备，高速的增长只能带来巨大的风险。

3. 熟人搭伙好开饭

很多创业者在选择"合伙人"时，总喜欢在熟悉的"圈子"里找。由于彼此熟悉了解。因此在创业初期常凭感情做事，忽视了必备的契约签订和严格的约束制度。于是，随着企业的成长，这种工作关系引发的矛盾和问题逐渐显露，不仅不利于企业发展，有时甚至导致企业步入破产境地。

4. 哪儿热闹奔哪儿

有些创业者在确定经营方向时爱盲目跟风，哪行赚钱就做哪行，总觉得这样能少走弯路。然而，市场运作有其自然周期及空间，一旦跟错了，就会掉进投资的陷阱。因此，创业前周密的市场调查和理性的分析尤为重要。

5. 你办事我不放心

无论作为老板的你有多能干，都不可能一个人做完所有的工作，在不同专业范围内雇佣有关的专才，给予他们发挥的空间，才能令公司得到最大利益。很多大老板就是学不会信任下属。商战的现实已经证明，一头狮子领导的绵羊是很难"走出非洲"的。

6. 跑得又快又省料

多快好省，这是理想化到几乎无理性的说法。又要马儿跑，又要马儿不吃草，似乎是在大多数老板心中对下属的魅力期待。在中国，高薪能不能养廉咱们另说，但没有高薪想聘到良将的机会相当渺茫。您要是觉得这么大的一个企业自己玩不转，想找几个帮手，请提前设计好激励机制。

第六篇 继续深造

随着国内高校的扩招，越来越多的学生走进了象牙塔，开始人生新的航程。但经过3年或4年的苦读，走进社会初期时，许多学生都会感觉无所适从：本科生毕业后面临的就业形势日趋严峻，大专生在就业时则更是常常遭遇尴尬。大学毕业生就业难的问题已经引起包括高校在内的社会各界的广泛关注。因此，提高就业竞争力也就成为当前大多数学生的迫切需要。而考研和出国深造无疑是提升就业竞争能力的最主要的两条途径。

三年的硕士研究生阶段的学习一方面可以提升自身的专业素养、打造专业的核心竞争力，从而在职场上取得更为明显的优势，另一方面也可为自身在专业领域继续深造奠定坚实的基础。

而在教育国际化的趋势下，享用国外大学的优质教育资源继续深造的同时增加人生阅历、增长英语能力的出国留学也开始成为许多大学生提升就业竞争能力的新选择。

现在的大学生面对着越来越严峻的就业压力，毕业之后往往会面临着人生的一大选择，是直接先找个工作来锻炼自己，从而获得一定的工作经验后再选择更适合自己的工作？还是选择加入考研与出国留学这个浩浩荡荡的队伍？不同的人可能有不同的答案。选择考研与出国深造，还是选择直接就业关系到自己以后的发展方向，需要你认真根据自己的个人情况来权衡利弊，同时家庭条件与自己所学习的专业知识跟当下的社会背景和就业前景的关系也是需要在选择之前做好思考的，你深思熟虑过了吗？

第九章 选择考研

我国高等教育经过改革开放20多年的高速发展，人才的存量资源已大大增长。过去，政府机关、事业单位和国有大中型企业单位长期以来是接收大学毕业生的主渠道。但近几年来，政府机构大幅度精简，而事业单位和国有大中型企业在实施减员增效后，对毕业生的吸纳量也在不断减少。再加上国际金融危机的影响，大学毕业生的就业难问题更是进一步加剧。在国内外就业日益严峻的形势下，考研已成为目前象牙塔里最流行的选择。根据教育部统计，全国报考2010年硕士研究生数量再次攀升，达到140万人，较2009年增加13%，这也是2001年以来硕士研究生报考人数的最高纪录。然而，流行并非理性，无奈不等于妥协，"考研"最终是否适合你，还得事先分析清楚，不要糊里糊涂地上了南辕北辙的发展道路，"白了少年头，空悲切"。因此，在你阅读下面的内容之前，请你先思考以下几个问题：

◆目前我国的考研形势以及国家相关的政策？

◆考研的意义何在？

◆目前我国硕士研究生的类型有哪些？

◆考研时如何选择适合自己的学校和专业？

◆如何准备硕士研究生的入学考试？

如果你已经明白了，就请再看看我们的观点以完善你对考研的认识。

如果你还不是很清楚，就请带着问题仔细阅读下面内容，帮助自己形成对考研的全面认识。

第一节 考研的形势

2010年硕士研究生招生报名工作已经结束。根据教育部统计，全国报考2010年硕士研究生数量再次攀升，达到140万人，较2009年增加13%，这也是2001年以来硕士研究生报考人数的最高纪录。然而，另据了解，2010年的全国硕士研究生招生规模与2009年基本持平，约为46.5万名，这就意味着，2010年考研的竞争将更加激烈。考研报名人数的增加，对于已经参加了2010年考研的考生来说，无疑是一场"恶战"。现将考研形势分析如下：

一、考研呈现持续升温趋势

从全国情况看，考研人数经历了从"突飞猛进"到"增幅回落"乃至下跌再到"持续升温"的过程：2001～2007 年，全国报考硕士研究生人数从 45 万增长到 128.2 万，增加了 83 万多人。2005 年报考人数比上年增长 24％；2006 年报考人数为 127.5 万，比上年增长 9％；2007 年报考人数为 128.2 万，仅比上年增长 0.55％；而 2008 年，被业内人士称为考研"拐点"，2008 年报名的人数为 120 万，有所下降。2008 年 11 月，金融危机真正开始对中国实体经济产生影响，但没有立即对考研人数产生影响；2009 年报名人数又重新开始增长，为 124.6 万人，其中又以北京、上海、天津等大都市的迅速增长尤为引人注目；2010 年报考人数为 140 万，比上年增长 13％。

二、报名呈现"三热"现象

"三热"是指热门专业、热门院校和热门地区。2010 年全国硕士研究生报考信息显示，报考工商管理硕士（MBA）联考的人数为 15 384 人，位居各专业报考人数之首，较 2009 年增加 2665 人，增幅为 21％；报考金融学专业的人数为 10 194 名，较 2009 年增加 815 人，增幅为 8.7％；报考法律硕士（非法学）联考的人数为 8840 人，较 2009 年增加 1346 人，增幅为 18％。报考人数居第 4 至 10 位的专业依次为计算机科学与技术、会计学、外国语言学及应用语言学、行政管理、企业管理、通信与信息系统和材料科学与工程。而其他升温速度较快的如民商法、外科学、西方经济学、财务管理、土木工程、控制理论、对外汉语等专业也非常值得关注。

2010 年比较热门的院校主要是北京大学、武汉大学、浙江大学、华中科技大学、南京大学、中国人民大学、复旦大学、清华大学、上海交通大学、四川大学、吉林大学等名校。除此之外，近年势头较猛的如北京航空航天大学、北京理工大学、西安交通大学、东南大学、同济大学、中国政法大学等院校也值得关注。这些院校主要为全国研究生自主招生院校或 985 院校，几乎集中了中国报考总人数的 20％。教育部统计资料显示，2010 年报考硕士研究生人数过万的招生单位就有北京大学、中国人民大学、北京师范大学、清华大学、北京理工大学、中国传媒大学和中国科学院研究生院（以下简称中科院）等 7 个。

2010 年报考的热门地区依然是北京、湖北、江苏、上海、浙江、广东等地，因为经济、教育相对发达，使之始终成为考生报考的首选地，导致竞争相应激烈，也增大了区域不平衡，导致异地考生备考难度大大提升。北京教育考试院的统计结果显示，2010 年全国共有 258 654 名考生报考北京高校及科研院所的硕士研究生，较 2009 年增加了 33 005 人，增幅为 14.6％。其中报考学术型专业的考生有 221 620 人，占 85.7%，报考全日制专业学位的考生有 37 034 人，占 14.3%。

三、报名呈现新趋势

与往年相比，2010 年硕士研究生招生报名呈现的新趋势值得关注——报考结构发生较大变化。这表现在全日制专业硕士报考人数增多。这种硕士类型有别于以往的全日制学术型硕士研究生，它更重视实践性和应用性的培养，其中最具代表性的就是法律硕士、工程硕士、会计硕士、工商管理硕士和公共管理硕士等。

2009 年 3 月，教育部下发相关文件，决定从 2009 年开始，除工商管理硕士（MBA）、公共管理硕士（MPA）、公共卫生硕士、艺术硕士、工程硕士的项目管理和软件工程、体育硕士的竞赛组织、教育硕士的教育管理等管理类专业和少数不适宜应届本科毕业生就读的专业学位外，其他专业学位面向应届毕业生招收专业学位研究生，实行全日制培养。

那么，什么是全日制专业学位研究生呢？全日制专业学位硕士研究生与学术型研究生属同一层次的不同类型。专业学位（professional degree）是我国研究生教育的一种形式，是相对于学术型学位（academic degree）而言的学位类型。根据国务院学位委员会的定位，其目的是培养具有扎实理论基础，并适应行业或职业实际工作需要的应用型高层次专门人才。

专业学位与学术型学位处于同一层次，培养规格各有侧重，在培养目标上有明显差异。学术型学位按学科设立，其以学术研究为导向，偏重理论和研究，培养大学教师和科研机构的研究人员；专业学位以专业实践为导向，重视实践和应用，培养在专业和专门技术上受到正规的、高水平训练的高层次人才。授予学位的标准要反映该专业领域的特点和对高层次人才在专门技术工作能力和学术能力上的要求。

从国务院学位办获悉，2009 年国家从应届本科毕业生中增招了 3.8 万名专业学位硕士生，实行全日制培养。另据了解，2010 年具有专业学位授权的招生单位要在 2009 年基础上按 5% 至 10% 减少学术型研究生招生人数，调减出的名额全部用于招收全日制专业学位硕士生。这意味着国家将来会逐步增大专业硕士的招生数量及招生比例，在将来使专业硕士和学术型硕士达到二分天下的格局。导致这种趋势的原因就在于国家政策导向和硕士的就业现状。来自国务院学位办的信息显示，增加专业硕士招生数量及比例就是为了促进研究生培养结构的重新调整，逐渐将硕士研究生教育从以培养学术型人才为主向以培养应用型人才为主转变，实现研究生教育结构的历史性和战略性转型，也利于硕士毕业生更好地适应社会实践的需要，提高就业率和就业质量。

上述分析显示，硕士研究生教育正在逐步从以培养学术型人才为主向以培养应用型人才为主转变。因此，以就业为导向的专业硕士吸引更多考生。

第二节　考研的意义

看着逐年攀升的考研人数，看着身边同学都开始着手搜集考研资料，很多尚未决定考研的同学又开始犹豫了——我要不要考研？考研的意义是什么……许多问题困扰着大家。其实对于在校生而言，同学们没有烦琐的工作关系需要处理，没有繁重的生活、家庭压力需要承担，因而如果你有考研梦想的话，那就抛开杂念，破釜沉舟吧。与其把本就坚信的历程想象得更加荆棘密布，还不如怀揣希望和梦想奔赴战场，因为，考研可以让你收获许多。

1. 积累更多的知识素养

硕士研究生阶段的主要学习任务是读文献、做实验、做项目、写论文等。经过这一阶段的学习，不仅能拓展学生对专业知识的深刻理解，还能很好地训练学生学术思维能力以及动手动脑解决问题的能力。因此，比起本科阶段在能力培养上的"广种薄收"来说，硕士研究生阶段的学习和训练更有针对性，更有深度。而硕士生日后无论是就业还是继续深造，这些思维方式和动手能力都是大有助益的。

2. 收获更多的应用能力

毫无疑问，通过考研，我们的思维能力、理解能力、总结归纳能力、写作能力、记忆能力等学习能力都将得到升华；我们抗挫折的能力、看待成败的人生态度、时间规划与管理能力等也将得到极大地提高或转变。这些能力的提高、态度的端正，对我们今后的人生无疑有极大促进作用。可以说，考研最大的收获，不是一张录取通知书，而是在考研过程中所获得的能力与收获的良好心态、态度和习惯等。

3. 创造更好的就业机会

受金融危机影响，国内外的就业形势都急转直下。国外方面，以美国为例，其 2009 年 9 月份的失业率达到了 9.8%，创下了 26 年来的最高纪录。而国内的就业形势，根据人力资源和社会保障部的统计数据：2009 年有 610 万应届高校毕业生需安排就业，加上历年没有就业的人员，超过 700 万毕业生需要解决就业。面对如此严峻的就业形势，考研也就成为众多大学生的首选了。选择考研一方面可以规避当前严峻的就业形势，而更为重要的可以通过三年硕士研究生阶段的学习，不断提升自身的专业素养和综合能力，为以后的就业奠定更坚实的基础。

4. 构筑更广的交流平台

众所周知，高校是学习资源、人才资源等相当丰富的地方。选择读研，不仅可以在专业领域锻炼自己，更可以在其他方面锻炼自己。人是社会的人，社会是人的社会，所以，将来的发展在一定程度上取决于我们的团队协作能力和人际交往能力，还有就是我们平时构筑的交流平台。有人曾说："你所结交的朋友的平均实力就是你自己实力的一个写照。"这话颇有道理！所以，在读研期间，我们可以进一步扩大自己的朋友圈，构筑一个良性的更高层次的交际平台，这样势必对自己以后的发展大有好处。

5. 选择更高质量的人生

考研是个沉淀积累的过程，它帮助你选择更高质量的人生。有些同学会误以为考研的高强度生活会让人远离人群与时尚，变得枯燥与孤僻。其实，通过考研的契机，你会重新审视自己的生活，有限的时间与精力将会强迫你做出取舍。在追求理想的路上，虽然你将会远离一些无关紧要的应酬、浪费生命的消遣，选择最舒适朴素的饮食起居，但是你也将学会如何鉴别选择高质量、高效率的生活，开始珍视青春的分秒流逝；虽然你将会远离通宵网游的战友、逛街杀价的姐妹，但是你也会碰到一些志同道合的研友，他们将与你携手并肩走过考研的征途。而当你带着荣耀凯旋时，你会发现真正的朋友其实并不曾远离。

其实，只要选择考研的路，这一路上的困扰和麻烦就一定会出现。就像河流经过沙漠，必然要改变生命的姿态，静默地穿越地下的沟渠，或者升上天空成为云朵。但是当穿越沙漠之时，我们将成为甘霖或者清泉，重新流淌成河。那时，经过洗礼的我们会更加纯净通透，汇聚到更加广阔的海洋中去。考研就像一次对生命的提纯，如果没有阻碍与挑战，胜利岂不来得太过单调乏味了些？希望所有考研的人都能够成功战胜种种困难，快乐地享受这场生命的奇妙旅程。

6. 追逐更合适的兴趣

高考志愿往往是被动而盲目的，许多学生因为各种各样的原因选择了自己不喜欢的学校和专业，一考定终身也造就了大学四年的无数遗憾。而考研就是改变这一情况的捷径。经过大学四年的学习，学生对高校、社会和自己的兴趣爱好都有了更深入的了解，知识积累也达到更高层次，在此基础上读研继续深造无疑可以更加充分施展自己的才华，毫无拘束地追逐自己的兴趣。"兴趣是最好的导师"，因为兴趣，所以专注；因为专注，所以专业；因为专业，所以高能；因为高能，所以高就。我们在阅读那些诺贝尔奖得主的故事时，感受最深的就是他们对专业的挚爱与痴情。只有热爱自己的专业，才能做出非凡的成绩。

同学们，如果你已经选择了考研，那将意味着随后的半年甚至更长的时间将告别多彩的生活，与书桌相伴。没有人能预言这样的选择是否值得，也无法用物质来衡量选择考研后将付出的一切，但相信在考研旅途上经历的事情都值得你们珍惜回忆。而且，不管成功与否，经历了考研，未来人生道路上的任何难关你们都可以微笑面对。所以，选择了就不要后悔，让实战来证明自己的选择没有错。

第三节　考研的门径

一、关于学校、专业的选择

既然已经决定考研，接下来要考虑的就是学校和专业的选择，选择好适合自己的学校和专业对考研的同学来讲非常重要，而且这一选择在很大程度上决定着你考研的成败。根据对历年来的考生报名情况分析，我们发现，有相当部分的考生在研究生报考上存在一定的盲目性，主要表现为在专业上盲目跟报热门专业，在学校上一窝蜂挤报名牌高校，在地域上大都报考北京、上海等大城市或沿海城市。我们认为，研究生报考要根据自己的实际情况，综合分析自己的兴趣、实力、社会需求和招生单位情况等各方面因素，在报考中做到"避热就冷"，从而最大限度地提高考研成功的几率。

1．如何选择学校

1）报考单位避开普通院校选研究院所

在 2010 年全国报考硕士生的考生中，考生志愿绝大部分集中在普通高等学校尤其是名牌高校。据了解，有 90% 以上的考生报考了普通高等学校。

在汹涌不息的考研大潮中，名校光环吸引了许多胸怀大志的报考者，各大高校研究生院提供的深造机会也成了芸芸众生趋之若鹜的香饽饽。但"僧多粥少"、门庭若市的高校门槛外挤满了美梦难圆的考研人，他们在不断地苦苦叩问自己的未来：究竟路在何处？

然而，行色匆匆的我们也许并没有注意到，林立的高校是如此耀眼，以至于遮蔽了许多独立研究院所的光芒，大家对此既不了解，也没有动力、途径去详细了解。现在，我们力图打破这个信息严重不对称的瓶颈，带你走近这些林林总总、云遮雾罩的独立研究院所，来欣赏这些不一样的风景。研究院所和普通高校相比，具有以下几大优势：

首先是科研实力强、科研环境好。由于是专业研究单位，研究院所一般具有雄厚的科研资金、优越的科研环境，这些都是得天独厚的优势。其次是人才资源丰富。研究院所集中着大量的科研人才和研究生导师，学术水平高，研究方向明确，研究的内容有意义且有实用价值。由于导师数量多，而招收研究生数量相对较少，往往一个导师只带一两位研究生，导师更有精力和时间来指导学生，而且导师往往有较多的科研项目，有可能给学生带来良好的发展机会。再次，研究院所具有较好的福利待遇，比如每月的生活补贴要比其他学校高一些，学生还具有较多的发展机遇。

据了解，2008年普通高校计530所，占招生单位的64.7%，招生314 251人，占招生总人数的96.7%。科研单位计289个，占招生单位的35.3%，招生10 689人，占招生总人数的3.3%，其中，中科院系统的招生单位计53个，招生人数计5598人，占招生总人数的1.7%；非中科院系统的科研单位计236个，招生人数5091人，占招生总人数的1.6%。虽然科研院所系统招生人数相对较少，但是招生单位多，具有得天独厚的优势。

2）地域上避开东中部考虑西部

有关统计数据显示，考生在报考地域选择上更加青睐中东部的大城市。实际上，中西部地区也有相当多的名牌高校和特色专业，有的综合科研实力也在国内国际处于领先水平。中西部高校也是考研者应予充分考虑的。

近年来，研究生复试的国家分数线不仅分学科来分别划定，还对中西部地区和部分艰苦行业进行特别照顾，根据招生单位所处地区的不同分为一区、二区和三区三类。一区系北京、天津、上海、江苏、浙江、福建、山东、河南、湖北、湖南、广东等11省（市）；二区系河北、山西、辽宁、吉林、黑龙江、安徽、江西、重庆、四川、陕西等10省（市）；三区系内蒙古、广西、海南、贵州、云南、西藏、甘肃、青海、宁夏、新疆等10省（区）。从三区划分上来看，自东、中、西部无论总分还是单科复试的分数线都是依次降低，体现了国家对报考中西部地区院校研究生的支持。

总之，研究生报考要根据自己的实际情况，综合考虑院校和科研院所等招生单位以及所处地域等因素，在研究生报考中尽量做到避热就冷，以便提高考研成功几率，从而实现自己的人生理想，走出自己独特的人生之路。

2. 如何选择专业

毫不夸张地说，考研在一定程度上就是考专业，选择了哪个专业，就选择了今后研究生生活的学习和研究对象，甚至决定了你的职业、你今后的人生道路。所以选择专业一定要慎重，所谓"知己知彼，百战不殆"。

然而，并非所有决定考研的学生对自己的未来都有清晰的判断和认识。从目前来看，考研的学生在选择报考专业出现的误区比较多，比较典型的大概有四类：

第一，专业选择过于理想化，没有结合实际分析。不同的专业考试科目是不一样的，例如文科跨工科，考试科目涉及数学，跨考难度大。考生如果没有从备考难易程度的方面全面分析自己的优劣势，就有可能陷入理想化的空想之中。

第二，喜欢单纯从专业名称的字面进行狭义理解。考生对专业的职业去向并没有研究，导致部分经济类和管理类专业热得很不正常，也导致了不少"伪兴趣"的产生。对此，建议考生要从专业的对口率、硕士培养模式、行业去向、招聘单位性质、基本薪资状况、岗位发展前景等多方面因素进行分析。

第三，片面追逐热门，扎堆现象严重。很多考生把报"热门专业"理解成"好专业"，2010 年中国十大考研热门专业的报考人数占到报考总人数的三分之一以上，这是很不正常的现象。

是否属于"热门"的标准，是以报考人数作为依据，与专业的好坏没有直接关系。同时，部分媒体或职业规划专家在做预测时，也侧重某些专业未来 20 年的职业前景和发展潜力，没有考虑目前专业的配套教学力量及行业发展水平，如生物、环境被评价成热门，也给考生造成了很大误解。因此，专业好不好的标准，应是是否适合考生的职业规划和考取的可能性。

第四，过于强调专业的对口，完全以本科专业为依据选专业。在中国很多专业是不对口的，但不对口并不意味着发展受限，如文史哲法管理等学科更看重综合素质和实践能力，看重的是思维水平。并且，硕士专业和本科专业不可能一一对应，如技术性专业在硕士阶段会分得更细，而职业性专业，考生在报考时则需要拓宽思路，结合兴趣及职业规划在更宽的学科领域里选择，不能拿着本科专业按图索骥，否则会出现偏差。

针对上述问题，我们提出以下几点建议供大家参考：

第一，专业选择应考虑职业取向。对于本科毕业生而言，考研是二次革命，是修正未来发展路径的好机会。目前，很多考生在选择研究生报考专业时，都会考虑到该专业今后发展前景。据统计，为了更好的职业前景而选择考研的学生占到 60％以上。

考生在专业选择上表现出的理性是一个可喜的现象。对于这种学生，要提醒的是，不能单纯地从"研究生"三个字的字面去理解，研究生教育不是也不应该是单纯地走"研究"的路线，不同专业的考研应该有不同的职业目标和价值取向。

例如，"理工农医"等技术含量高的专业要走"研究"路线，亦即考生要清楚这类专业的读研的目的是深化专业水平，让自己成为行业专家和研究型人才。"教育学、法学、经济、管理"类专业则一定强调读研的实践性，要走"职业"路线，即读研的目的是提高就业层次，提高职业竞争能力，实现职业的可持续发展。"文史哲"等专业的路线比较复合，既有可能是为了研究，也有可能是为了职业，或者规避本科的就业风险，报考这类专业的考生要着重提升个人综合素质，报考时尽量选择名牌院校或者综合类大学，读研的目的是提高个人品牌价值。

简单点讲，以职业规划为前提选择考研的专业是理性并且科学的，要么因为读研而"学术"，要么因读研而"职业"。

第二，专业选择应适当考虑个人兴趣。兴趣是一个人成功不可或缺的因素。很难想象一个人在不感兴趣的学业或者事业上还能做出多大的成绩。所谓兴趣所致，灵感所至，只有选择自己喜欢的专业，才可能在研究上有所建树。选专业最忌讳盲目跟风，因为别人所选择的不一定适合你；也不要迷信所谓的热门专业，热门专业并不一定适合每个人，你投入的时间、精力等未必能换回你期待的利益效应。每个人的心里都有一个孩提时代就有的梦想，但是成长和时间，让梦想偏离了之前的轨道。而考研恰恰给了我们一次圆梦的机会，可以重新拾回自己的梦想，何乐而不为？

第三，专业选择忌盲目"追热"。尽管每年考研的专业排位都会有所变化，但近五年来前十名的专业基本都包括工商管理（MBA）、法律硕士、金融学、会计学、计算机科学与技术、行政管理、企业管理、英语语言文学、通信工程等专业。

对于这些热门专业如何报考，我们建议考生，不能因为它们是热门就选择，必须看读研的价值取向是什么，适合自己的才是最好的。如果报考前十名的专业，其报考院校又是名校并且高校在这些专业的学科实力上又很突出，难度将是极大的，其录取分数、报录比例等都远远超过平均水平。如中国人民大学的法律硕士和企业管理；复旦大学、北京大学的金融学；厦门大学的会计学；北京航天航空大学、清华大学的计算机等。

另外，如果报考的专业偏重专业本身的技术含量，就尽量报考专业类院校，重点考察该校某专业的学科实力；如果是偏实践的文科专业或者文史类专业，则重点选择报考综合类大学，就不用过于倚重某校某专业的学科实力。也就是说，在专业和院校的搭配上要有所取舍，着重考虑其中一个指标，最大限度地提高考研成功率，选择投入产出比最高、风险最合理的方案。当然能力允许的情况下，可以报考名牌院校的强势专业。

根据近年来的发展情况，以及综合搜索信息，可以看出，以下人才极有可能成为未来就业领域的热门，分别是：网络人才、公关人才、未来体育明星的经纪人、企业家和外方代理、国际商务策划、投资顾问、房地产/小轿车/保险业务推销员、环保和能源专家、名校教师、时尚观测员、物业管理人员、心理医生。因此我们在选择专业时，眼光要放长些远，冷门专业不是绝对的，它终会随着社会的发展变化。

第四，专业选择慎报"新兴专业"。第一个吃螃蟹的人是需要勇气的。一些新兴的专业，由于没经受实践检验，所以报这些专业风险还是比较大的。而且新兴的专业在师资和别的方面也不是很完善，建议考生要慎重。例如，地理信息系统、生物技术、食品科学与工程、建筑电气与智能化资产评估、文化产业管理、煤及煤层气工程、生物医学工程、非织造材料与工程、雷电防护科学与技术等都是新兴的专业。不要被专业名称所吸引而忽视了对专业的深入了解，新兴专业有其出现的必然性，但也有其初生的不足，所以要谨慎选择。

第五，专业选择应考虑考研目的。考生考研的主要目的是什么，对选择专业和报考单位影响很大。就应届考生而言，一些考生就读于名校热门专业，皇帝女儿不愁嫁，考研的主要目的是获取更好的机会，成则更好，不成亦可；而许多本科专业和学校不理想的考生，则将考研作为人生转折的唯一机会，志在必得。在职考生也存在同样的问题，一部分考生工作很好，考研不过是锦上添花，而另一部分考生则是要通过考研跳出原来的小天地，创造新的人生。从这个角度来看，不论是应届考生还是在职考生，都可以分为两部分：一是以考一个好专业好学校为主要目的，二是只要能考上就行。前者选择专业和报考单位时当然主要看自己的喜好和未来的发展需要，而后者则要更加注意权衡选择，尽量增加成功的概率。

第六，专业选择应考虑专业类型。目前硕士层次的研究生除传统意义上的研究生外，近年又增加了许多注重应用的新型"专业硕士"。它们分别是工商管理硕士、公共管理硕士、法律硕士、教育硕士、建筑硕士、临床医学硕士、工程硕士、社会工作硕士、会计硕士等。与多倾向于"研究"的学术型硕士研究生相比，专业硕士在培养方向上更注重实践与应用，培养时间也短（一般为两年）。

一般来说，因为培养方向主要是在应用方面，因此，专业硕士的专业课水平要求较浅，更多的是考一些主要课程的基础知识。另外，专业硕士招生学校数目虽少，但一般招生量较大。鉴于此，对于一些跨专业考试的考生来说，似乎报考专业硕士更合适一些，至少可以在专业课上不被"科班出身"的考生拉下太大差距；对于"科班"出身的考生而言，则不妨扬长避短，报考学术型的硕士生。

最后，特别要提醒的是，近年许多学校的招生简章上公布的数字往往含有"保送生"在内，如果以此为据来考虑竞争程度及把握大小，显然就不准确了。因此报考前，最好与学校取得联系，弄清实际数字。

二、迎考策略

1. 政治理论迎考策略

相比其他科目，政治理论的复习历来是最不受重视的一门。从某种程度上讲，政治理论依靠后期突击过关不难，但是，对于有意在政治上冲击高分的考生而言，这就需要提前花费不少心思了。政治理论涉及的科目较多，知识点也很多，特别是从2010考研政治理论大纲变动后，考研政治理论包括五大科、十小科的内容（分别是马克思主义哲学、马克思主义政治经济学、科学社会主义、毛泽东思想、中国特色社会主义理论体系、中国近现代史纲要、思想道德修养、法律基础、形势与政策和当代世界经济与政治）。如果同学自己来复习的话，一是会占用大量的时间，二是抓不住重点，不一定会取得好的效果。所以说，考研政治理论的复习跟随老师的重点来听课是很重要的。

按照 2010 年考研政治理论大纲的要求，政治经济学这部分的难度和往年相比有所下降，考点的范围也有所删减。科学社会主义这部分内容，是 2010 年考研政治理论新增加的内容。就 2010 年考研政治理论的真题来看，马克思政治经济学和科学社会主义的部分一共出了 2～3 分的选择题。因此，考生在复习马克思主义哲学基本原理这部分内容的时候，应该把复习的重点放在马克思主义哲学基本原理上，而政治经济学和科学社会主义则以选择题的方式进行记忆。

最后，政治理论考的是分析问题、解决问题的能力，关键在于活学活用。考试中要求的就是运用基础原理分析、解决一些具体问题。因此，政治理论课的复习，要注重对基本理论观点和相应知识内容的理解，切忌单纯地死记硬背。要关心并自觉地运用公认的正确理论和观点，去分析观察历史上和现阶段我国经济、政治和社会生活中的一些重大问题和热点事件，切忌仅凭个人对历史上或现在一些政治事件的主观、片面的了解和看法进行分析问题。这不仅是复习备考试卷中时事政治部分的需要，而且是答好卷中整个主观性试题部分的重要基础。

一般来讲，考研政治理论不必复习得过早，对于大多数 2011 年的考生来讲，从 2010 年的 4 月份开始复习为宜。最后，送给同学们一句话"哲学就是生活，生活就是哲学"，好的生活方式造就好的生活，同样，得当的复习方法，也能帮助我们在考试中取得好的成绩。

2. 英语迎考策略

很多同学都对英语有种望而却步的感觉，有的同学觉得自己国家英语四、六级都没有过，考研英语又很难，因而不知从何下手；有的同学即使国家英语六级通过了，在做考研英语的阅读理解的时候，错误率很高，因而也没有足够的信心。由于英语水平的提高主要依赖于平时的积累，对大多数考生来说在统考科目中是比较难的一门，而且英语又是研究生考试的关键，因此我们对研究生考试的英语复习提出以下几点建议，供大家参考。

1）选择教材

俗话说"不打无准备的仗"。对考研英语复习来说，首先就是复习资料的准备——选取适合的参考书。但教科书市场上的相关辅导书可以用铺天盖地来形容，所以一定要谨慎选取权威、正规、适合自己的参考书。对于考研英语来说，最重要的参考书就是教育部的大纲。考试大纲是指导命题的法规性文件，也是命题的唯一依据，它规定了考试性质、考试方法、考试用时、试卷分类、各卷种适用的招生专业、题型及题型比例、考试内容和考试要求以及各科内容在试卷中的占分比例，并向社会公布样卷。考试内容不会超出大纲的要求。所以，考生复习时一定要认真学习考试大纲，依据考试大纲进行系统复习。

对于英语基础特别薄弱的考生，我们建议如果经济上允许的话，最好报一个权威的辅导班。通常情况之下，辅导班会有一个系统的针对英语薄弱考生的复习计划，对于学习依赖性比较强的考生来说，确实能起到督促和鞭策作用。另外最大的经济之处在于，省去了你在茫茫书海中无所适从，不知挑什么参考书的疑惑。一般知名辅导机构所提供的参考书通常都是考研名家的亲笔之作，还是具有很大的权威性的。基础薄弱的考生对考试技巧的依赖性的需求一般也能在辅导机构中得到满足。

2）背诵词汇

英语要考出好的成绩，首先需要解决的就是词汇。很多时候词汇就是考研成功的关键，词汇是基础，是考研英语其他一切的根本，词汇都没有学好，更加高深的题目你就更不会做了。如何才能够让自己把词汇记得牢固呢？这就要求我们从词汇的根本上着手，要对它产生浓厚的兴趣，这样才能真正地学好它。产生兴趣之后，就需要花大量时间记忆理解，反复的学习才能使自己永久地记住它。

3）加强阅读

谈考研英语，那就不得不说一下阅读了，这应该是一个老生常谈的话题了。有了大量的单词积累，还是不够的，这时就要求把大量的单词组合在一起，阅读就应运而生了。由于阅读理解在考研中所占将近50％以上的比重（新题型和翻译其实也是以另一种形式对阅读能力的考查），同学们在前期复习中，阅读能力的提升就成为必要的一项训练。再加上这几年反技巧的出题趋势越来越明显，考试越来越重视考生的真正阅读分析能力。所以，我们一定要提前打好基础，每天除了专门的阅读理解练习外，还要阅读一定量的英语报刊。据了解，考研的阅读理解很多都是摘自国外的一些著名报纸，如美国的《纽约时报》、英国的《泰晤士报》等。如果能找来的话，这些都是很好的阅读材料。而且还要刻意训练自己快速阅读的能力。考研英语的阅读量越来越大，里面不但有很多考查全文的主旨题，还有很多的细节题和作者态度题，这些内容的提炼都要我们在平时的阅读中渐渐地培养。

同时，阅读还有另外一个问题，那就是地区文化的差异，思想不同，信仰不同，同样的内容理解起来也是不同的，要想理解他们的思想，就要放弃自己平时的思维习惯，站在外国人的角度上去思考，去理解阅读文章的意思。

4）强化写作

最后是写作的问题了。近几年考研对写作能力的考查加大了比重，由原来的20分上升到30分。大纲要求考生应能写不同类型的应用文，包括私人和公务信函、备忘录、摘要、报告等，以及一般描述性、叙述性、说明性或议论性的文章。我们不认为写作是一个可以独立开来的问题，你若是真正能读懂文章，那就自然能写出纯英语而非半英半汉的文章了。当然我们所说的"懂"不能只是停留在表面的意思上，你要了解整篇文章的布局、分段和用词。你既要从宏观上把握它的构思，又要从微观上揣摩各个单词的意味。倘若你能真正体会到这句话或者那句话写得多么出色和玩味，在你自己写文章时你会不自觉地模仿和再创造。因此，我们建议同学们应该在早期复习当中就着手为写作做好准备。具体的准备素材可以去背诵新概念英语的文章。文章内容贴近生活，比较有趣，而且能扩充你的词汇量。

5）勤做真题

历年真题是最重要的参考资料，需要认真、反复地练习和总结。但是，这里我们建议在基础未打好之前最好不要去做真题，贸然去做的话，若成绩不好，会影响考生以后复习的信心。但是，这也要因人而异，有些人喜欢在复习之前了解一下自己的英语究竟处于何种水平。这时候，可以用真题来进行一下模拟。在以后的复习过程中，真题还是要大量的使用。但一定记住要给临考前的模拟考试留出两到三套的真题。因为在最后的复习过程中要进行大量的模拟训练。而市面上那些模考题的质量都很难达到真题的水平。

3. 数学迎考策略

考研数学总分值为150分，占考研总分500分的30%，数学成绩的好坏直接决定总分的高低。考研数学的复习和提高需要内外力的结合。这个比重大概为：内力60%，外力40%。通过大量题型的练习，提高解题的速度加上名师对于试卷命题特点的分析、解题技巧和应试能力的点拨，往往可以考到理想的分数。在整个考研数学的复习过程中，我们可以将其分为基础阶段、强化阶段、提高阶段、冲刺阶段，不同的阶段配备不同的课程、参考资料和复习策略：

第一是基础阶段（6月份之前）：这一阶段主要任务是掌握教材书的基本概念、基本方法和基本定理，同时做大部分课后习题，从而达到夯实基础、训练数学思维并掌握一些基础题型的解题思路和技巧的目的，为强化阶段打下坚实的基础。

第二是强化阶段（9月份前）：这一阶段应该对基本知识的思想有较为深刻的认识。增强高数、线代、概率三科之间的联系。掌握更多的解题思路和方法，积累更多的解题技巧，拓宽解题思路，从而培养较强的应试能力。

第三是提高阶段（10～11月）：这一阶段的主要任务是通过大量实战训练，逐步适应3个小时的考试，并通过对做错题目的总结，发现自己的不足从而对自己不足的地方进行集中训练，弥补不足。具体的方法是做历年真题，最好真题能够配有详细的解析，这样可以更好地帮助同学们分析真题的出题思路，掌握出题者的解题思路；同时，通过做真题套卷也能在一定程度上评估出自己的复习效果和应试实力。

第四是冲刺阶段（12月到考试前）：此阶段通过分析总结真题，把握真题出题规律与知识点的难易程度，总结每套真题中出现的问题并予以改正，做完真题和模拟题后回归到教材上，把握教材当中重要定理、定义、推论的来龙去脉，把以前做过的资料中相应知识点所对应的题型再做一遍，调整心态，积极迎考。切忌不要过于依赖题海战术，应该把注意力转到以前做过的错题上，尤其是纠正后的答题方法。

总之，数学的复习是一个漫长的过程，要想取得好成绩一定要早动手、勤练习、重视课本，千万不要一味地追求难题怪题，这样反而本末倒置。

4. 专业迎考策略

硕士研究生入学考试的专业课由各招生学校自主命题，由于各学校的教材不同，学术流派不同，教师的研究方向各异，因此，即便是同一专业的考题，各个学校的差异也较大。为此，在注意收集所报考学校推荐的复习用书及历年考试真题外，还应尽量参加报考学校的专业课辅导班，尤其是各系自己举办的辅导班。同时，我们建议如下：

首先，撒网式复习，理解是什么，书本由"薄"到"厚"。第一遍复习要求稳，要顾及到书本的角角落落，这样才能全面理解讲的是什么，为以后答题找相应内容打下坚实的基础。这是答题时能够有效组织语言的前提。

其次，框架式复习，领悟为什么，书本由"厚"到"薄"。第二遍复习要求深，不仅理解每个章节的内容，而且还要把每个章节串起来，对照目录思索为何如此安排章节，它们之间有什么逻辑关系等。这样能更有效地把握书本的脉络，把记忆提升到另一个高度，在答题时就能掌握宏观方向，不遗漏知识点。

最后，针对性复习，根据真题查漏补缺，总结升华。进行第三遍复习时，脑海里已经有相关知识的清晰脉络，但依然会有遗漏或遗忘。最好的方法就是针对真题查漏补缺，这样也在提醒你要及时回顾性地复习，温故而知新是此时最大的复习感受。

考研是一个循序渐进的过程，在备考过程中一定要保持积极向上的平和心态和良好的身体素质。古人云："取法乎上，得乎其中；取法乎中，得乎其下。"只要你们扎实完成每一天的学习计划，并选择适合自己的复习方法，就一定能够得到回报！

第十章　出国留学

如果你爱他，就把他送到纽约，因为那里是天堂；

如果你恨他，就把他送到纽约，因为那里是地狱。

《北京人在纽约》里的这句经典台词曾经带领国人去触碰留学生活的无尽神秘；如今，当这种神秘感渐渐褪去，当国外高校的 offer 开始飞入寻常百姓家的时候，家长和学生对留学的疑虑却是有增无减。去还是不去，好还是不好，一个个哈姆雷特式的问号早已冲出了留学"镀金说"的历史，出国留学已成为中国大学生运用全球视野追寻国际优质教育资源的平台，留学大众化的时代已经到来。

如果你有意出国留学，以下问题可能在你脑际闪过：

◆我如何才能申请到排名靠前的学校？

◆我如何才能考好雅思和托福？

◆我要不要找留学中介？

◆我要不要转换专业？

…… ……

是的，出国对于我们和我们的家庭而言都不会是一个随意的决定，因为它不仅是一笔不小的开支，更是我们人生轨迹的拐点，需要我们慎重地考虑。于是，林林总总的学校排名，大大小小的留学中介，各式各样的留学项目映入眼帘，使我们眼花缭乱。面对不同国别、不同层次、不同费用、不同途径的各种留学选择，你也许会问：哪一种才是最好的呢？

我们第一步的回答是：对你而言，出国留学选择没有最好的，只有最合适的。

那么如何才能找到最合适的呢？本章将为你介绍当前的留学政策和留学趋势，总结各类出国考试的成功方略，分享申请出国留学的成功案例，带领独一无二的你去寻找出国留学道路上属于你的那片天空……

第一节　　出国考试面面观

一、留学大众化时代

从新中国成立到改革开放之初的这段时间里，出国留学对于国人来说是极其陌生的，直到 1978 年国家公派 52 名留学生赴美深造才就此揭开了中国留学大潮的序幕。而让出国留学成为普通老百姓街头巷尾热议话题的，不得不提到 1993 年热播的电视连续剧《北京人在纽约》。该剧真实地反映了中国留学生在美国的留学生活，唤醒了人们对出国留学的渴望，至此出国留学热从轻波微澜演变成沧海巨浪。当历史的车轮驶入 21 世纪，出国留学也迎来了一个新的发展阶段——留学大众化时代。

当留学这种原本对于普通百姓来说遥不可及的事情现在也成为大众可以承受的消费品的时候，也就宣告了留学大众化时代的到来。探究形成这一趋势的缘由，主要有以下几个方面的因素：中国经济发展势头锐不可当，使中国民众的富裕程度有了很大程度的提高，高昂的留学费用已经落在可承受的区间范围之内，这是最核心的因素；中国优质教育资源稀缺和中国教育模式的种种弊病从客观上促使众多学生和家长把目光转移到出国留学上；经济全球化和一体化要求 21 世纪的人才需要具有国际视野和眼光，出国留学无疑在这方面优势明显；加之国内升学压力巨大、就业竞争日益激烈，自主创业难度逐渐加大等不利因素让原本火热的出国留学更受学生和家长的青睐。

随着出国留学大众化时代的到来，出国留学也呈现出以下一些新的特点：①出国留学人数飞速增长，已经由 5 年前的 10 万人左右增加到现在的 18 万人，平均每年增长 12%。即使是在全球金融危机肆虐的 2008～2009 年，出国留学人数更是不降反升，有些留学目的地国如澳大利亚，增幅更是在 20% 以上。按照保守的估算，到 2013 年中国留学生人数将突破 50 万大关。②留学生的家庭结构也发生了根本的变化，由原来的高端收入家庭、特殊权力家庭逐步向中等收入家庭转变。③留学人员的教育层次覆盖了各个教育层次，不仅仅是读博士、硕士，这几年到国外就读小学、中学、大专和本科留学生所占的比例越来越高。④留学生选择的留学国家也发生了变化，由传统的美国、英国、澳大利亚、加拿大、德国五个主要留学目的地国，发展到欧洲、美洲和亚洲各国，像意大利这样的小语种国家也受到了欢迎。⑤留学生所选择的专业也跳出了传统的经济、财会和管理的范畴，可谓五花八门，个性十足，同时也更具有理性。一些新兴行业的出现也使相关的专业如动漫、游戏设计专业、新能源、音乐产业管理等变得更为热门。

二、出国考试未雨绸缪

1. 出国考试的种类

读到这里，可能有些同学内心就会开始思考自己出国留学的可能性和可行性，憧憬自己将来多姿多彩的海外留学生活了。如果你有出国留学的打算，你的大学四年规划应该以出国留学为总体设计目标，最好是在大一的时候就按部就班地去设计并在四年中逐步实现自己的理想。无论你要到哪个国家去留学，参加各类考试肯定是必不可少的，所以同学们需要未雨绸缪，早早动手，争取在预想的时间内就可以顺利拿到所报读的海外学校的入学通知书。

出国考试主要是指语言考试，根据选择就读的国家的语种选择相应的语言测试。例如，你想就读英国、美国、澳大利亚、加拿大和新西兰等英语国家，你需要参加英语语言测试；如果到法国上大学，那就需要参加法语语言测试；去德国的话就要参加德语语言测试。我们在这里主要向同学们介绍英语国家的语言考试，毕竟选择英语国家出国留学的学生人数占到出国留学总人数的绝大多数。英语语言测试主要分五类，下面将逐一为同学们简要介绍。

（1）托福考试（Test of English as a Foreign Language，TOEFL）是美国教育考试服务处（Educational Testing Service，ETS）这一美国最大的考试机构举办的一种旨在确定非英语国家的学生赴美国、加拿大等国学习应该具有的英语水平和程度的考试。新托福分为听力、口语、阅读和写作四个部分。美国 ETS 宣布从 2005 年 9 月起逐步在全世界实施新形式的托福考试，即基于因特网环境的计算机化考试。新托福考试总分数为 120 分，每部分为 30 分。

（2）雅思考试即国际英语水平测试（International English Language Testing System，IELTS），由剑桥大学考试委员会、英国领事馆和澳大利亚国际发展计划（IDP）共同举办。被英国、澳大利亚、新西兰、北美以及许多母语不是英语，但许多专业课程用英语教学的国家的众多院校采用。雅思考试包括：听力、阅读、口语和写作四个部分。计分方式：每一项测验的得分是由 1 分（最低分）到 9 分（专家分）。总体评分是按四单项得分平均计算，这项测验没有所谓及格和不及格的分数。国外大学一般要求入学者的总体评分为 6 分或 6.5 分，一些难度大的课程则要求 7 分。一些国外大学也会注意听力、阅读、写作及口语各单项的分数。

（3）GRE 考试（Graduate Record Examination）是美国研究生入学考试资格考试，由 ETS 主办。GRE 考试分为两种：GRE General Test 和 GRE Subject Tests。General Test 所考察的能力与考试者的专业背景无关，而 Subject Tests 则是衡量考试者在某一特定专业领域的知识水平。GRE 考试一般分三部分：词汇、数学、分析能力。

（4）GMAT 考试（Graduate Management Admission Test）即研究生管理学入学考试，是由美国多所有管理学专业的管理学研究生委员会（GMAC）发起、由美国考试中心（ETS）提供的管理学研究生入学考试。GMAT 考试不仅考查申请人的语言能力和数学能力，还要测试其头脑反应、逻辑思维和解决实际问题的能力。一般来说，GMAT 考试可以比较真实地反映应试者的英语水平，因而受到越来越多的专业和学校的重视和好评。目前，全世界有近千所大学采用 GMAT 考试。

（5）SAT 考试是美国高中生进入美国大学需要参加的考试，被多数大学用作比较不同地区、不同高中、不同评分制度的标准。其重要性相当于中国的高考，也是其他国家高中生申请进入美国大学本科学习能否被录取、能否得到奖学金的重要参考。

如果要去北美国家的大学的话，一般需要参加 TOEFL 和 GRE 的考试，而如果要去英联邦国家的话，考取 IELTS 就可以。GMAT 主要是针对想报读管理学专业的研究所的考试，SAT 是美国高中生进入美国大学所必须参加的考试。因此对于已经是大学生的同学来说，需要考的就是 TOEFL、GRE 或者是 IELTS。而这几种考试的词汇要求如下：IELTS 要求约 6500 个词汇量，TOEFL 要求约 8500 个词汇量，GRE 在改革之后要求约 16 500 个词汇量。相比较之下，其难度比也可以初见端倪。

2. 雅思和新托福考试的比较

比较上述几种英语语言考试，我们不难发现这些考试都有很多共同之处，特别是雅思和新托福考试，考试的出发点和所依据的英语教学理论都基本相同。从考试的出发点看两者都依据实用为原则，注重英语的实际表达能力，走英语能力考试的路线，相对全面地考查学生听、说、读、写四个方面的综合英语水平。两者所依据的英语教学理论相同，二者都毫无疑问地提出了英语教学中的 Integrated Method（系统化教学），而不是简单的听、说、读、写分门别类的独立分科教学。语言作为一种沟通、理解的工具，是一个复合的整体，应该也必须包含语言信息的输入与输出以及二者的有机联系。只有正确的语言信号输入，我们才可能对别人的语言进行反映，然后进行整理，最后是反馈，也就是正确的输出。任何割裂语言信息输入与输出的有机联系的教学方法都是值得怀疑的。雅思和新托福考试在这方面都站在很高的起点上，对考生提出了非常高的要求。

而对于大多数中国学生而言，衡量其英文水平的标准是大学公共英语四、六级考试。但国内的四、六级英语考试命题思路和考查的重点都与雅思和新托福考试有本质上的区别，两者可以说是相去甚远。所以经常出现国内学生的大学英语四、六级考试都是优秀，但是考雅思或者新托福的时候成绩非常不理想的情况。看了雅思和新托福考试的共性之后，你就会体会到中国考生在四、六级考试中取得的高分并不真正代表其对英语语言的运用有很强的驾驭能力。所以雅思和新托福考试对中国考生提出了更高的要求：考生不仅要拥有扎实的语言基本功，还要有灵活实际的语言运用能力，能够在高强度的考试压力下，迅速找到并答出正确的信息。

虽然雅思和新托福考试在许多方面有共同之处，但是它们毕竟属于不同的考试系统，在考试形式、考试内容、学生自由发挥程度、成绩报告上都有很多差异。接下来我们将着重为大家从以上几个方面加以比较，以便学生对两者有更加清晰的认识，选择适合自己的考试种类，做到扬长避短。

（1）考试形式不同。雅思考试现在还是以传统的笔试为主，至少在近一两年，在国内还是只能进行笔试，而且根据题库出题。而新托福则是以网考的形式进行，整个新托福考试的运行都要通过电脑加网络来完成。首先，考生要用电脑作答，所有的考题都是在电脑屏幕上显示，通过耳机传送音频材料，考生通过点击鼠标、敲击键盘或对着麦克风说话作答。其次，考试的题目是通过网络随机派送的，也就是说一个考场里的考生可能考题都不一样，而且考生的回答也都将通过网络系统传送给位于 ETS 总部的考试中心阅卷人员。托福考试中心也一再申明不建题库，避免考题的重复。新托福的这一变化提升了效率，同时也对考试的公正性和客观性有一定的提升。另外，由于计算机和网络的使用，新托福考试打破了地域和考试时间的限制，使考试更加灵活。

（2）考查的具体内容上不同。雅思考试的内容涉及社会生活、政治经济和科研领域等内容，但新托福考试更加注重于考查考生与美国校园生活、学习相关的内容，大部分内容直接来源于美国大学校园。这一改变使得该考试更加有利于准备出国深造的应试者以此作为语言的标准，为将来的学习提前打下一定的基础。另外虽然两者都是分为听、说、读、写四科分别测试，但雅思考试的四科测试要相对独立。例如，听力部分结束以后，之后的读写测试就不会再涉及听力材料。而新托福考试中的一个难点则是综合技能的测试，在说和写的测试中也融入了听和读的考查。典型的例子是考生在回答口语的第三和第四道问题或者写作的第一道考题时，要先读一段文字，然后再听一段听力材料，之后再针对这段文字和这段听力材料之间的联系说一分钟或者写一篇 150～225 字的作文。可以看出新托福考试把语言技能的综合运用作为考查的重点。

（3）学生自由发挥程度不同。雅思考试的主观题部分基本上是考生自由发挥创作的过程。如雅思写作的第二篇作文，一般是让考生针对某个当代社会问题展开讨论，提出自己对于某个问题的观点。观点的提出是很自由的，论证的过程也可以极具个性化，因为雅思写作考察的不是观点的正误，而是考生用合适的论据证明自己观点的能力。雅思的口语考试也是如此，所有的问题都是没有标准答案的，每个考生都可以结合自己的经历和理解给出完全不同的回答。而在新托福考试的主观题部分，考生的回答是有"标准答案"的。因为就像前文所提到的那样，在学生综合技能考察中所涉及的阅读和听力的材料间都存在某种形式的内在联系，考生在回答此类问题的时候如果没有准确地发现这种内在联系，或即使发现了但不能够精确有效地把这种联系表达出来，那分数就一定会受到影响，从这个角度来说，新托福考试的口语和写作有一半分值的考题是不能由考生任意发挥而是有思路的限制的。

（4）成绩报告不同。雅思事先划分了0~9分的成绩标准，考生根据自己的实际得分对照得出自己英语的相应水平。听、说、读、写分项记分，然后再加总分求平均值。考生的成绩单上会列出单科成绩以及最后的总成绩。新托福考试也采用单科记分的方式，但每一科为30分，考试总分120分，最后各部分直接求和，得出考生总分。考生除了最后可以获知总分和各科得分之外，还可以得到一个英语学习诊断书，指出考生目前的英语水平和需要加强的地方等。所以在成绩报告方面，新托福考试做得更加人性化，但对其公正性我们拭目以待。

综上所述，雅思考试和新托福考试存在一些共同点，但在许多方面也存在着较大的差异。相信在较长的一段时间内，新托福和雅思都会成为出国留学语言类考试的主流。我们有必要强调语言教学的本质以及语言本身的交际功能。只要我们对英语本身的掌握达到了能够灵活运用的程度，什么样的考试都没有问题；在没有达到要求的程度时，仅仅靠技巧是很难解决问题的。对于选择哪一种考试，考生需要结合自身情况，特别是成绩接收机构的要求做出决定。

3. 考试准备小贴士

对于那些想顺利通过考试最终达到出国留学的同学来说，总的来讲，最重要的是做好个人发展规划，统筹安排大学四年的学习时间。因为语言学习是一个极其漫长而又艰难的过程，需要长期的积累，是一个从量变到质变的过程。有些同学认为只要在考试前几个月好好准备一下就可以万事大吉了，这种想法是很幼稚的，甚至会毁了个人原本锦绣的前程。以下关于怎样准备考试的小贴士和大家一起分享，希望对同学们今后的学习有所帮助。

（1）收集与考试相关的信息。要在考试中取得理想成绩，首先要充分了解与考试相关的信息，不放过任何一个细节，做到心中有数，这样接下去的准备工作也就能有的放矢了。例如，每年考试的日程安排和考试的地点、考试时间及其分配、考试的评分标准、试题的结构和内容特点、历年考试真题、考试的答题技巧和与考试相关的权威资料和培训信息等。细节决定成败，同学们一定要从大处着眼小处着手，做到胸有成竹。

（2）从词汇和语法入手，打好基本功。同学们应该利用大学四年的宝贵时间，制定一套适合自身英语能力提升的方案，然后努力加以实现。正所谓工夫不负有心人，每天一点一滴的进步，就可以达到从量到质的飞跃。万丈高楼平地起，英语学习中最基本的就是词汇和语法这两个方面，同学们要在英语学习的过程中找到适合自己的学习方法。现在市面上有关英语学习的资料可谓琳琅满目，相信其中不乏一些精品能够会对你的学习有所裨益。

（3）从写作和口语突破，全面提升英语能力。从历年中国考生的成绩和各国考生平均成绩的比较结果可以发现，写作和口语成为中国学生的薄弱环节。这很大程度上是中国英语教育的模式缺陷所造成的，因为国内现今的英语教育还是着眼于应试，对语言的综合应用能力的培养不够重视。我们提倡学生利用学校的各种资源和环境，克服自身的语言障碍，敢于开口说英语。另外尽可能多地阅读一些英语原著和文章，培养自身的语言欣赏能力，这对学生的写作能力会带来很大程度的提高。这不仅有助于学生在考试中取得理想成绩，也为学生将来适应国外的学习和生活带来很大的帮助。

（4）使用权威英语学习和备考的资源。如雅思官方推出的"雅思之路"和"英语大课堂"、托福官方的考试进阶指导等。很多与考试有关的信息都是第一时间发布在官方网站上的，其他一些媒体和机构都是在这个基础上进行解读，其中不免曲解和误解。所以同学们要学会从这些权威资源渠道获取第一手的信息，如与考试变化有关的信息、报考信息、复习资料等。

第二节　申请攻略

一、确定申请的专业和学校

学生拿到理想的考试成绩之后，接下来就可以准备申请学校了，但是在这之前我们还要解决一个问题，那就是如何选择留学的专业和学校。想必这也是很多同学关心的问题，因为这直接关系到同学们毕业之后的发展前景。对于选择什么样的专业，往往我们会考虑到以下几个方面的因素：兴趣爱好、自身条件、专业前景和个人发展规划。

（1）兴趣好爱。俗话说，兴趣是学习的最大动力。因此，要结合自己的专业特长和兴趣爱好，选择较易发挥和把握的专业，这样可以学得比较轻松，而且成功的几率也较大。

（2）自身条件。每个个体都是有差异的，包括学习的能力、英语语言水平、沟通协作技能、实践应用能力等方面的差别，所以在选择专业的时候一定要充分考虑到自身的条件，切忌跟风盲从，别人选什么专业，什么专业热门，自己也就学什么专业。

（3）专业前景。专业前景是同学们在选择专业时考虑最多的，的确选择一个好的专业很大程度上决定了自己人生的航向。我们认为在选择专业时一定要有前瞻性，要看到这个专业就业市场的缺口是否够大，而不是着眼于眼前的一时热门。以目前的形势看，今后几年国内外IT、金融、休闲旅游、医药、创意等行业都将继续保持良好的发展势头，那么与之相关的专业必定会有不错的发展前景。这些专业包括软件工程、电子工程、金融、会计、酒店管理、医学、艺术设计专业，这些专业下面又有很多细分的专业可供选择。

（4）个人发展规划。留学生毕业之后无非是两条路，一是回国寻找发展机会，二是继续在海外开拓自己的发展空间。对于那些要回国的学生来说，你在考虑专业的时候最好选择那些在中国比较有前景的专业，以免回国之后发现竟然找不到自己的市场价值。对于希望通过技术移民拿绿卡的学生，那么选择容易移民的专业就非常重要了。因为每个国家都会对各个专业进行评估，那些就业市场中紧缺或者对该国具有重大战略意义的专业，移民局在移民申请的受理过程中都会加以倾斜。至于你选择的这个专业在某个国家受欢迎的程度到底如何，那你就需要登录该国移民局的网站查阅相关信息了，在这里受于篇幅的限制就不再展开论述了。

至于选择什么样的学校，我想你选择好了专业之后这个问题也就不成为问题了。因为每个学校都有自己的优势专业，你可以根据自身的情况和学校的入学要求来决定。在选择学校的时候，切忌只看学校的名气和学校的综合排名。诚然名气大的学校、综合排名靠前的学校的整体教学质量和管理会更好些，但是就某个具体专业我们是不能仅凭这一点来判断的，毕竟很多一般的学校会有很多强势的专业，而这些学校就是值得你选择的。比如在澳洲的会计专业，麦考瑞大学和迪肯大学虽然不是TOP8大学，但是它们的会计专业在业内是享有盛誉的。

二、准备申请学校的材料

选择好专业和学校之后，你就要开始着手准备申请学校的材料了。国外大学的申请考察全面，涉及英语水平、学习成绩、个人特点、爱好特长、教师评价等。学校考察的是申请人，不是一大堆冰冷的数字。负责招生的老师们会依照申请材料反映出的情况决定是否接收你、是否颁发奖学金。英美留学申请材料、申请手续不尽相同，不同学校、不同专业也有差异，但有部分材料是共通的。关键就在于学生所准备的申请材料是否吸引招生老师的眼球，是否有真材实料，接下来我们将从必备材料和辅助材料两方面为你逐一分析。

1. 必备材料

（1）个人陈述（personal statement，PS）。学校希望听到每个申请人的声音，因为不是每个学校都有足够资金、人力来支撑一对一海外申请人面试，因此，个人陈述就成为珍贵的"发言机会"。个人陈述需包括：①我选择这所学校的理由；②这所学校将如何帮助我实现梦想；③这个学校适合我的原因；④我是该校优秀人选的理由。校方希望了解申请人的背景、价值观、人生目标，而透过个人陈述的撰写了解申请人的表达能力、逻辑思维、分析解决问题能力。校方最注重的是申请人的综合素质。

（2）推荐信（letter of recommendation）。推荐信是申请人的材料进入审核阶段的前提条件。没有推荐信，校方不予以考虑。其重要程度可见一斑。美国申请一般需要提交三封推荐信：两封学校主要任课老师的推荐信和一封班主任或校长的推荐信。英国、澳大利亚申请一般需要提交两封推荐信，校方往往不会详细规定推荐人（申请人亲属除外），但前提条件是推荐人非常了解申请人，能够对申请人进行客观公正的评价。现在，很多院校提供推荐表格，推荐人根据提问一一作答即可。

（3）申请表格（application form）。申请表是申请人基本信息的汇总，包含姓名、性别、年龄、生日、国籍、住址、通信地址、电话、电邮、教育背景等，只需按申请表一项一项填写完整，保证信息准确无误即可。传统申请表分为纸质和电子版两种，目前，越来越多的学校开始推广在线申请，节省了等待信函的时间，申请人还可以在线实时查看申请状态。

（4）中英文成绩单（official transcript）及毕业证书（diploma）。成绩单需要到申请人就读学校的教务处办理。成绩单需要用学校的信封封口，并加盖教务处公章。如果学校仅提供中文成绩单，申请人需要翻译成英文版本，并到公证处进行公正。毕业证书也需要提供中英文版本，一般要求复印件即可。

（5）英语语言成绩（english language proficiency），即托福和雅思成绩，校方一般要求申请人提交语言成绩单原件。其中，托福考生可以在填写报名的过程中申请寄送最多4所美国或加拿大大学。雅思考生可以在填写报名表时申请寄送最多5份额外成绩单，无手续费用；报名截止日期后，每份成绩单60元人民币。

2. 辅助材料

不是所有学校都要求申请人提供以下材料，因此被称作辅助材料。作为展示申请人能力和潜力的一部分，辅助材料在必需材料准备不足的情况下虽不能"雪中送炭"，但在"必需"材料完备的前提下却可以"锦上添花"，作用不可小觑。

（1）个人简历（CV）。如果申请人有工作经验，应着重写相关内容。如果没有，可以写实习情况、校园内外的兼职、课外活动等。所以学生在大学学习期间，在时间和精力允许的情况下，尽可能多地参加各种社会实践活动、各种社团组织的活动和校外的兼职，这不仅可以客观上提高自身的综合素质，对于将来申请学校也大有好处。

（2）奖励和荣誉证书（certificates）。奖状、奖学金、各类资格证书和获奖证明都需要提供中英文版本。这些材料可以体现申请人全方位的发展。

（3）材料的准备在留学申请中起着至关重要的作用。英美国家本国学生都会用很长的时间来准备材料，并请人不断修改。因此建议找母语是英语或熟悉留学申请的人进行指导或选择规模大、信誉好的留学中介辅助准备。

三、准备申请签证基本材料

经过一番努力终于拿到了学校签发的入学通知书，接下来要做的就是办理签证。而签证问题是海外留学最难成功的临门一脚，不少自己办留学的人都常常因为"不知道为什么就被拒签了"而功亏一篑。这可能是由多方面的原因造成的，如签证材料准备不够齐全或签证材料本身存在瑕疵都有可能导致被拒签。所以在准备签证材料之前必须要弄清楚各国学生签证所需的材料，以免造成不必要的麻烦。此外学生还必须对各国每年与之相关的签证政策的变化有所了解。下面以申请美国、英国、澳大利亚三国学生签证所需的基本材料为例向同学们做简单的介绍，其他国家的学生签证虽然细节上有所差异，但是很多地方都是大同小异。

1. 美国签证材料基本材料

（1）有效护照：有效期应在 6 个月以上。

（2）两张照片：于 6 个月内拍摄的 5×5 厘米正方形白色背景的彩色正面照；

（3）完整填写的签证申请表格。

（4）英文成绩：TOEFL、GRE、GMAT 或 IELTS 成绩单。

（5）学历材料：学历、学位原件及中英文证明原件；中英文在读证明原件；中英文成绩单证明原件等。

（6）在中国有牢固约束力的证明：出示经济、社会、家庭或其他方面约束力的文件，以帮助您证明您在美国短暂停留后有意愿返回中国。

（7）资金证明：证明您有能力无需工作即可支付在美停留整个期间的费用。例如：①父母工作证明材料；②Ⅰ-20 表自付费用；提供相应存款证明；提供相应存单原件；近期存款需提供历史证明材料；③如有家庭产业，提供企业营业执照（副本）原件、税证、相关证书；④房产证等。

（8）研究/学习计划：计划好的在美期间学习或研究工作的详细信息。

（9）个人简历：详细描述您过去在学习、学术和工作方面的经历。

2. 英国签证基本材料

（1）VAF9 签证申请表；

（2）有效期 6 个月以上的护照原件；

（3）无框白底正面彩照一张；

（4）学历学位原件或在读证明原件；

（5）成绩单原件；

（6）雅思成绩单原件或大学 EASE 考试成绩单原件；

（7）学习录取确认号码 CAS（Confirmation of Acceptance for Studies）；

（8）存款证明（存款证明必须在递签前 28 天内开具）；

（9）存单或存折复印件。

3. 澳大利亚签证基本材料

（1）签证申请表——157A 表格；

（2）填写家庭成员表格——54 表；

（3）入学通知书 ECOE；

（4）无犯罪记录证明及其公证；

（5）出身证明及其公证；

（6）雅思成绩单原件；

（7）高中成绩单和毕业证书原件及其公证；

（8）大学在读证明和大学前三个学年的成绩单（申请时大学尚未毕业的）或者大学毕业证书、大学学位证书的原件和公证件（大四毕业学生）；

（9）6 张护照照片；

（10）户口本原件及其公证；

（11）父母书写的表明愿意支付子女在澳期间全部费用的中英文申明各一份；

（12）父母工作收入证明及翻译；

（13）存款证明或银行贷款证明，包括中英文贷款合同原件、中英文对照的发放贷款证明原件、官方出具的存款证明原件、相关存款单的复印件；

（14）学生的护照和身份证原件；

（15）缴纳相关的费用，包括签证申请费、体检费和签证邮寄费用等。

四、美英澳三国签证政策最新变化

1. 美国面签注意三方面因素

据美国官方数据显示，2006～2007 学年申请赴美的中国学生同比增加 18%，而同期的签出率高达 88%。据留学专家分析，学生被拒签主要存在三方面的原因：申请人是否有移民倾向、财务担保是否明确、提供的材料是否有说服力。

有移民倾向是被拒签最常见的理由，为此申请人在面签时，应该准备合情合理的学习计划和毕业后的归国打算，并且主动向签证官显示本人在国内有牢不可分的"约束力"，如申请人家庭在国内拥有自己的公司，归国后需要继承发展等。

美国一年留学总费用在 20 000～40 000 美元不等，申请人须根据自己的情况来确定资金担保的数额，资金存期最好达到 6 个月以上，并提供详细清楚的资金来源记录。

材料准备是申请签证的首要条件，签证官在面谈前往往会初步审核申请材料，如果不认可，则可能在面谈时对申请人不提出任何问题，而直接做出拒签处理。因此，在签证材料的准备上要保证有说服力。

2. 英国签证利好新政不断

2007 年，英国留学在签证方面的变化比较大，一是采用生物指纹检验技术，二是国际毕业生计划，三是启用新的短期学生签证种类。

据留学专家分析，新政策对留学生制订留学计划提出了更高要求。首先，要确定今后的发展方向；其次，结合职业发展目标、专业背景、兴趣爱好选择专业和学校。

3. 澳大利亚电话调查不可忽视

学生在准备签证时要提供可靠的材料，并且做好随时被电话调查的准备。据了解，这项电话调查虽然是抽查，但在能否成功签出中却占有 60％以上的比重，对方可能对学生的同事、家长甚至本人进行电话调查，所以大家还是要重视。

五、国外工作机会

1. 各国留学生就业形势概况

进入 2008 年 9 月以来，美国金融市场风云再起，雷曼兄弟控股公司破产、美洲银行收购美林集团、AIG 集团陷入危机，强烈震撼了美国金融市场，并在国际金融市场掀起滔天巨浪，旷日持久的美国次贷危机转化为严峻的世纪性金融危机。由此，全球经济陷于不同程度的衰退，就业市场阴云密布，以美国为首的发达国家的失业率直线上升。在此背景下准备出国留学的同学们又应该做好哪些准备呢？首先让我们对在金融危机下各国的留学生就业形势进行简单的了解。

（1）英国。想在英国找份稳定的工作较难。相比之下，生物、物理、化学等相关应用科学专业的毕业生，就业机会较多，主要是去机构、协会从事研究工作。这些机构对毕业生的学历要求较高。

（2）美国。虽然现在拿到美国签证不如以前难，但要在美国就业并不容易。由于经济不景气，很多大企业都裁员。不过，经学校推荐或有教授推荐信者，以及有实习经验的毕业生，就业成功率相对较高。教育、建筑工程、金融服务等专业的毕业生较容易就业。

（3）澳大利亚。应聘相同的职位，留学生的技术和学历必须超过当地人，才有机会被雇佣。澳大利亚移民部每年都会公布紧缺职业，如果所学专业与这些紧缺职业相关，那么就业的希望就大大提高。如教育、土木工程、IT、汽车修理、园艺等专业都深受欢迎。由于澳大利亚人口老龄化加深，护士也十分奇缺。

（4）加拿大。加拿大的就业机会相对较多，如工程师、计算机、会计和金融领域。对留学生来说，如果事先制订一个周详的计划，就业成功率将会提高。

（5）法国。对想留在法国工作的留学生来说，必须要掌握法语。获得法国高等专业文凭的留学生，由于参加过很多实习，因此被认为有一定的工作经验，将拥有更多的就业机会。

（6）新加坡。具有高技术专业知识的人才在新加坡找工作难度不大，尤其是通信、电子及其他领域和金融领域的专业人才，将被优先引进。

（7）荷兰。荷兰有大批的海外投资企业，对管理、技术和金融人才有一定需求。想要留在荷兰就业，留学生学习期间的专业成绩必须突出，最好能拿到知名企业提供的全额奖学金，所学专业要与求职职位对口，留学生一般很难获得在荷兰永久工作的权利。

2. 中国留学生海外求职的劣势

（1）语言沟通能力有待提高。中国留学生在海外求职最大的问题之一就是语言沟通能力。可能有些同学会问，留学生不是在国外经历了2～3年的学习生活了吗，怎么语言还是问题呢？首先，很多中国学生到了国外之后，都喜欢抱团，即喜欢和来自中国甚至是自己的老乡交往，不愿意或者很难融入其他国家学生的社交圈里面。除了在上课的时候听的是英语，说少量的英语之外，在日常学习和生活中基本上不需要说英文。其次，中国学生在海外虽然说不缺语言环境，但是缺的是融入这个环境的意愿和行动。他们很多不愿参加学校、社团和社区的活动，就失去了接触当地人的机会，也就很难在语言能力上有所提高。在毕业求职的过程中，某一个职位留学生必须要经历好几轮的面试。面试中学生会遇到各种各样的问题和情况，试想如果你没有很好的语言沟通能力，即使你有很好的专业技能，怎能让招聘者对你情有独钟呢？

澳大利亚联邦政府委托专门机构完成了名为《英语熟练度和求职准备工作是如何影响高校留学生就业的》的报告。报告指出，留学生在就业市场中的确处于不利地位，许多人根本得不到面试的机会。该研究项目主任，墨尔本大学高等教育研究中心的阿尔库迪斯在分析结果时表示，留学生求职难的一个重要原因在于他们缺乏与当地人交际的能力。留学生常常误以为交际能力无关紧要，只要职业技术过硬就行了，但这很可能就是他们求职的瓶颈。她进一步解释说："留学生们在专业课程上都十分用功，但很多人并不注重提高社会交际能力，以至于他们不能很好地适应澳洲的职场文化。"很多留学生的求职简历上各方面都是很优秀的，得到了面试的机会，但是在面试的过程中，由于心里紧张或者对自己不是特别自信，表达起来思路不清晰、用词不当，更有甚者说话结结巴巴。用人单位需要的不仅是一个专业能力突出，而且需要的是富有团队协作能力和沟通能力的人才。

（2）跨文化交际能力欠缺。跨文化交际能力是除了语言之外中国留学生的又一大软肋。中西文化由于本身就不同根同源，所以难免在思维模式、行为规范、价值取向等方面存在差异，如果留学生在留学期间不在这方面加以学习和培养，在毕业求职过程中和今后工作上会造成很多困扰和不便。对于那些即将毕业而又想在异国寻求发展的学生来说，中西文化的冲突对其求职产生很大的障碍。比如在性格上，有的中国学生去面试的时候特别放不开，给招聘者留下不好的印象。因为老外凡事都比较随便，不喜欢被束缚。与人接触的过程中谨小慎微会让人觉得你是一个不太容易沟通和交往的人。另外在面试的过程中，招聘单位都会让你提问，如对所应聘的职位还有什么需要了解、对薪资待遇方面有什么要求，这其实是一个很好的机会和招聘者进行坦率沟通，但是中国学生都会比较害羞，心里其实有很多问题、很多疑虑，但是嘴上却说什么都清楚了。在跨文化交际能力方面，中国学生的确需要多多学习和培养。

（3）过于谦虚，不善于自我推销。中国人注重谦虚，在与人交际时，讲求"卑己尊人"。在别人赞扬我们时，我们往往会自贬一番，以表谦虚有礼。西方国家却没有这样的文化习惯，当他们受到赞扬时，总会很高兴地说一声谢谢以表示接受。由于中西文化差异，我们认为西方人过于自信，毫不谦虚；而当西方人听到中国人这样否定别人对自己的赞扬或者听到他们自己否定自己的成就，甚至把自己贬得一文不值时，会感到非常惊讶，认为中国人不诚实。由于中国学生的专业能力和学历上都有很大的优势，但是往往在向招聘者推销自己的时候，变得谨言慎行，生怕把自己夸过头了。明明自己有十分的实力，偏偏说成是七分。而老外就刚好相反，对自己的欣赏和赞扬毫不吝啬，不由得让人对他在今后工作中的表现充满了期待。这恰恰符合了招聘者的心理，毕竟招聘单位需要的是对自己充满自信心的应聘者，需要的是将来对公司会有贡献的员工。

3. 中国留学生海外求职的建议

（1）提高语言能力。中国留学生在留学期间需要通过各种途径加强自身语言能力的培养。以下是几点关于提高海外留学生语言能力的建议：首先要走出家门，习惯当地语言。很多留学生喜欢把自己关在宿舍里，沉迷于网络，热衷于和国内的朋友联系以消除孤独。而这样就浪费了与外界学习语言的良好环境，丧失了快速提高英语水平的机会。走出家门，多和当地人接触，了解对方的表达方式和语言口音，习惯当地人的语言习惯。其次增加阅读量。在国外有大量的渠道接触到英语，英语可以说是铺天盖地，如日常生活中有报纸、电视、广播、广告和招贴画等，在学校阅览室里有大量原版的英语著作，这些都可以扩大自己的阅读量，增加自己的词汇和丰富表达方式。最后，建议同学们走出自己狭窄的中国人社交圈，多交外国朋友。在和外国朋友的交往中，一方面可以了解对方国家的风土人情，开阔自己的视野，了解对方的文化；另一方面在沟通中提高了语言表达能力，学会地道的表达方式，可谓一举两得。总之，同学们需要利用一切可以利用的资源，抓住学习生活中的各种学习语言的机会提高自己的语言能力，为将来在当地就业做好语言准备。

（2）做个生活的有心人，培养跨文化意识。上面谈到学生在毕业求职过程中由于中西文化差异造成了很多麻烦，这就要求同学们在日常学习和生活中做一个有心人，有意识地培养自己的跨文化能力。首先，我们需要多观察周围的人和事，从点点滴滴来学习西方人的思维方式和行为习惯，进而分析他们的价值取向。其次，我们可以交几个外国朋友，多和他们就一些社会问题作出探讨，从他们的言谈举止中体会中西方文化的差异。此外，同学们还可以多研读一些与跨文化交际有关的论著，这有助于从理论的高度来理解文化冲突形成的原因、文化冲突的表现形式和如何提高跨文化沟通能力。

（3）求职简历做到不拘一格。留学生们将求职简历称为"CV"。同一个人一般会有几个版本。这不是说简历造假，而是求职者要根据应聘职务不同，在每个CV上凸显自己的特定能力。比如说一个工作很需要协调性，那么CV上就要着重说明自己曾参加过哪些活动，而这些活动是非常需要与他人的配合协作的。也就是说同学们要对自己所要应聘的职位进行分析，分析该职位需要应聘者有什么样的性格、能力和特长，在自己的简历中就要在特别显的位置突出自己的这些特点，力求招聘者第一眼看到你的简历就被吸引。招聘单位很不希望看到没什么"特色"、千篇一律的CV。此外你还可以找一些在职场中打拼已久的前辈，让他们对你的简历加以指点和修改。毕竟一份让人眼前一亮的简历能给你赢得一个面试的机会。

（4）出色的面试技巧让你受用不少。好不容易获得了一个面试的机会，那就要好好把握，充分展示自己的能力。首先，最好能够在四五分钟之内把自己的经历按照时间顺序讲述一遍。在讲到一些转折之处，如换专业、换工作等，务必简要说明。其次，能够举出至少两个理由说明为什么你对申请的工作有兴趣，理由并不用冠冕堂皇，但求真实可信。如我对你们公司的业务有兴趣；这个工作很符合我的背景；我喜欢这种富有挑战性的工作；这个职位需要跟很多不同的人合作而我喜欢跟人打交道；这个职位和我长期的职业规划相符（当然你要准备好自己长期的职业规划是什么）。再次，对于自己为何能够胜任这项工作的理由无非就是自己的能力＋经验＋兴趣，最重要的是你要合理组织语言。此外，需要有良好的沟通技巧，不要一味地回答对方的问题，这样会比较被动。如果可能的话，你可以引导谈话的方向，这样就可以避免很多被面试官难倒的尴尬。最后，保持面试过程的轻松和愉快是非常重要的，在紧张和压力中进行的面试其结果可想而知。

📖 拓展阅读 ❄ ❄ ❄

1.《新东方出国留学系列——留学百问》。该书收集了到美国、加拿大、英国等九个国家留学必须了解的相关信息、可能遇到的问题以及相应的解雇方法，涵盖内容全面而广泛。所收集的问题也非常具有代表性，从语言考试的准备到如何选择和联系学校、如何进行申请材料的准备、如何办理护照以及签证等，不一而足。有了这本申请留学的工具书，您在申请的道路上碰到拦路虎时拿起它随便翻翻，也许困扰您多天的问题就迎刃而解了。

2.《中国公民出国留学指导》。该书介绍了13个国家的高等教育概况、接收留学生的政策及规定、与留学生活相关的社会服务以及自然、民族、文化、宗教、风土人情等情况，为中国公民迈出国门、在一个陌生国度里求学生活提供了有效的专业咨询。该书"集多国于一书"，以较少的篇幅刊载尽量多的信息，以满足读者在更广的范围内对出国留学的目的国作出适合自己的选择的需要。

3.《留学美国的日子》。这是一部反映当代中国留学生在美国求学生涯的纪实小说。20世纪90年代初，一批中国留学生为了追求事业和对美好生活的向往，来到西海岸美利坚这块新大陆上"洋插队"。他们为了拿到高学位获取"绿卡"顺利地实现进入美国主流社会的理想，在这块陌生的土地上奋斗着。作品以此为背景真实地描述了留学生们求学生涯的曲折经历、中西方文化的冲突、家庭的悲欢离合等。

4.《跨文化交际研究：与英美人交往指南》。该书征引的文献数以百计，且资料翔实，例证有趣生动，文风活泼风趣。作者信手拈来，任意挥洒，读来兴趣盎然，有很大的实用性。本书在普及跨文化交际知识、促进中外沟通等方面让人颇受启发。

第三节　成功申请的案例及分析

[案例]　把握机会

小吴2008年9月报名参加了所在学校的一个免学费的交换生项目，由于对方是英国一个很普通的学校，排名不被很多同学看好，以至于两个指标只有她一个人报名。在英国的一个学期她取得了加权90%的优异成绩，后来通过两位教授的推荐加上自己取得的CPA的考试成绩，她顺利取得华威大学的入学通知书。她用较低的成本和较短的时间实现了攻读国外著名高校硕士的愿望，让其他同学深表佩服，可是小吴却说："我要感谢老师当初鼓励我去参加这个交换生项目，虽排名不高，却让我有机会感受到全新的教学环境，没有这段经历我申请国外读研可能要难很多。"

分析：这一案例有两点值得深思。一是很多同学片面以国外学校的排名作为自己留学选择的依据其实有失偏颇。申请出国更应关注的是受到什么样的教育，什么样的教育管理体制。二是留学路要自己亲自体验，方有对其酸甜苦辣的真切感悟，不要人云亦云或杞人忧天。只要自己在国外脚踏实地，认真读书，取得好的成绩，积极跟同学、老师们沟通、不断寻找机会，就能够实现自己的目标。机会总降临在那些付诸实践并做好准备的人身上。

这是"天生我材必有用"的一个例证。留学路上必将遇到一个全新的环境，这正是完善自己、突破自己的一个契机。比如文化冲击、社交活动等都将对自己的思维方式产生一定的影响。成功申请出国留学只是万里长征走完了第一步，我们要善于利用对比思考和换位思考将在国外留学过程中的所见、所闻、所感融入自己的知识体系中，留学一载，受益一生。

参 考 文 献

《出国留学指南》编写组.2010.出国留学指南 [M].北京：经济科学出版社

窦俊洁.2005.当代大学生教育 [M].北京：中央编译出版社

高宝营.2003.大学生心理学基础知识读本 [M].西安：西北工业大学出版社

高校入学教育编写组.2009.赢在校园——大学新生入学必读 [M].北京：中国国际广播出版社

戈登·德莱顿，珍妮特·沃斯.1997.学习的革命 [M].顾瑞荣等译.上海：上海三联书店

葛操.2000.当代大学生心理分析 [M].北京：工商出版社

哈佛中国教育研究中心.2004.出国留学全程顾问 [M].海口：海南出版社

韩延明.1999.大学教育现代化 [M].济南：山东教育出版社

华鹰.2000.大学生安全知识读本 [M].南昌：江西科技出版社

黄炜，岳素娜，张才纯.2008.大学生就业不难 [M].北京：科学出版社

来云，鲍昭等.2009.大学生职业生涯规划 [M].北京：新华出版社

楼锡锦，石华琴.2005.大学生思想道德修养与法律基础 [M].杭州：浙江大学出版社

马建青.2003.大学生心理卫生 [M].杭州：浙江大学出版社

马树杉，乔启生.2007.大学生生活指南 [M].北京：北京理工大学出版社

纽曼.2001.大学理想 [M].徐辉，顾建新，何曙荣译.杭州：浙江教育出版社

彭齐林，何少庆等.2009.大学生职业发展与就业指导 [M].北京：新华出版社

孙斌.2007.留学：孤独左转 坚强右行 [M].北京：光明日报出版社

唐代兴，马恒东，赖先朴.2007.学会学习：大学生学业导航 [M].上海：复旦大学出版社

王敬群，傅小玲.2002.大学生心理健康 [M].南昌：江西人民出版社

辛立洲.1998.大学生社会学 [M].南宁：广西科学技术出版社

徐朝亮.2004.大学生安全启示录 [M].北京：中国青年出版社

徐宪江.2009.出国留学早知道 [M].北京：九州出版社

许兴建.2006.大学生心理健康实用教程 [M].杭州：浙江科学技术出版社

嫣烈洲.2007.大学生学习与职业生涯规划 [M].武汉：武汉理工大学出版社

姚永红，涂强，纪军.2007.大学生健康教育 [M].南昌：江西高校出版社

俞涛.2006.大学生行为指导与训练 [M].上海：上海大学出版社

张大均，吴明霞.2007.大学生心理健康 [M].北京：清华大学出版社

张卫滨.2009.大学生求职、考研、出国实务——大学生职业发展点睛 [M].北京：对外经济贸易大学出版社

职业生涯与发展规划课题研究组.2009.大学生职业生涯与发展规划教程 [M].北京：中国传媒大学出版社

周建胜.2008.大学生职业生涯规划与就业指导 [M].北京：科学出版社

后 记

　　本书为江西省高校合作进行教材建设的成果。自2009年秋季策划到后来的正式写作，都是在江西省高等教育学会教材建设专业委员会的指导下进行的，委员会各成员单位有关领导高度重视，在全省范围内组织资源进行本课题的研究，然后聘请各方面的资深专家或行家负责写作，多方协调，以确保本教材编写的高效率和教材内容的高质量。

　　本书为集体编写，参与写作的主要作者简介如下：

　　杜华平，江西师范大学文学院教授、硕士生导师，江西师范大学教学名师，江西省古典文学专业委员会秘书长，南昌市诗词楹联家协会副主席；所著《花木趣谈》由中华书局和上海古籍出版社联合出版；主编的《诗词曲赋鉴赏》列入国家"十一五"规划教材、获江西省优秀教材一等奖，参与主编的《中国古代文学作品选》，获江西省优秀教材二等奖。

　　唐婷，江西师范大学文学院。曾获第四届写作杯全国文学艺术作品大赛"全国指导一等奖"、"全国优秀辅导员"、江西省写作大赛"优秀指导奖"等荣誉称号。

　　朱倩，江西师范大学文学院，国家二级职业指导师。获2007年度江西省"优秀辅导员"，2004年度江西师大瑶湖校区"学生工作贡献奖"，2005年度江西师大"社会实践优秀工作者"。

　　李沐珍，南昌航空大学大学生心理健康教育与咨询中心主任。参加教育部哲学社会科学研究重大课题委托研究项目"高校师生思想变化轨迹和规律研究"子课题。

　　姚永红，南昌航空大学医院院长、主任医师，从事临床外科和大学生健康教育教育。曾主编《大学生健康教育》一书，主持江西省科技厅科技计划课题《基于现状评估的大学生医疗保障策略研究》。

王迪旻，华东交通大学，先后参与编写《大学生安全知识读本》、《大学生安全启示录》两书。

彭小波，江西农业大学招生就业处副处长，从事思想政治教育及招生就业工作。发表有《创新教育与创新人才培养研究》等论文，参与编写《大学生职业生涯与发展规划教程》。

涂雯雯，任职于江西农业大学招生就业处。发表有《新时期大学生职业规划课程体系构建的研究》等论文。

陶春海，江西财经大学研究生招生办公室工作，从事统计学产业核算方向研究。

夏贤锋，江西财经大学国际学院工作，从事管理科学与工程研究。成果《江西高校双语教育现状、问题与对策研究》获江西省教育科学规划优秀成果三等奖。

在编写的过程中，我们参阅了相关领域的研究成果，主要参考文献列在书末，谨向这些学者致敬！

在本书付梓之际，我们要向以下人员表示深深的谢意：江西省高等教育学会教材建设专业委员会的领导、科学出版社高等教育出版中心副主任陈亮先生、责任编辑王剑虹女士还有参与本书写作的所有作者。

尽管我们尽了一定的努力，但由于时间仓促，书中不尽如人意的地方一定很多，欢迎读者朋友赐正。

本书编写组

2010 年 6 月